W
NEW WORLD™

Spanish Vocabulary and Verbs

Compiled by
LEXUS
with
Aurora Luelmo
and
Carmen Alonso-Bartol de Billinghurst

Macmillan ■ USA

INTRODUCTION

This Spanish vocabulary and verb book has been compiled to meet the needs of those who are learning Spanish.

A total of over 6,000 vocabulary items divided into 65 subject areas gives a wealth of material for vocabulary building, with the words and phrases listed being totally relevant to modern Spanish. The majority of vocabulary items are listed in thematic groupings within each section, thus enabling the user to develop a good mastery of the relevant topic.

An index of approximately 2,000 words has been built up. This index is given in English with cross-references to the section of the book where the Spanish vocabulary item is given.

The verb section conjugates over 200 model Spanish verbs. It then provides an index of 2400 related verbs with similar conjugations.

Abbreviations used in the text:

m	masculine
f	feminine
pl	plural
R	registered trade mark
inv	invariable

CONTENTS

PART II VERBS

Part I
Vocabulary

1. LA DESCRIPCION DE PERSONAS
DESCRIBING PEOPLE

ser	to be
estar	to be
tener	to have
parecer	to look
tener aspecto	to seem, to look
medir	to measure
pesar	to weigh
describir	to describe
bastante	quite
más bien	rather
muy	very
demasiado	too
un poco	a little, a bit
la descripción	description
la apariencia	appearance
el aspecto	appearance, look
la altura	height
la estatura	height
el peso	weight
el pelo	hair
el cabello	hair
la barba	beard
el bigote	moustache
los ojos	eyes
la piel	skin
el cutis	complexion
un grano	pimple
un lunar	mole, beauty spot
las pecas	freckles
una arruga	wrinkle
las gafas	glasses
joven	young
viejo	old
alto	tall

bajo	small, short
de mediana estatura	of average height
gordo	fat
obeso	obese
delgado	thin, slim
escuálido	skinny
musculoso	muscular
fuerte	strong
guapo	beautiful, good-looking, handsome
agraciado	good-looking
lindo	sweet, cute
mono	pretty, cute
rico	sweet, cute (*child*)
gracioso	graceful, cute
atractivo	attractive
elegante	elegant
feo	ugly
moreno	dark-haired, sun-tanned
rubio	fair-haired
blanco	fair-skinned
pálido	pale
tener los ojos . . .	to have . . . eyes
azules	blue
verdes	green
grises	grey
castaños	brown
castaño claro	hazel
negros	black

¿cómo es él/ella?
what's he/she like?

aparenta mucha más edad de la que tiene
he/she looks much older than he/she actually is

es alto
he's tall

está alto
he has grown

es morena
she's dark-haired

está morena
she's sun-tanned

mido 1 metro 75
I'm 1.75 meters (5 feet 9 inches) tall

esa mujer tiene un aspecto un poco raro
that woman looks a bit odd

parece cansada
she looks tired

un hombre de aspecto enfermizo
a sick-looking man

See also Sections **2 CLOTHES, 3 HAIR AND MAKE-UP, 4 BODY** *and* **61 DESCRIBING THINGS.**

2. LA ROPA Y LA MODA
CLOTHES AND FASHION

vestir/vestirse	to dress/to get dressed
desvestir/desvestirse	to undress/to get undressed
ponerse	to put on
quitarse	to take off
cambiarse	to change
probarse	to try on
llevar	to wear
llevar puesto	to have on
estrenar	to wear for the first time
sentar bien	to suit, to fit

la ropa
clothes

un abrigo	coat, overcoat
una gabardina	raincoat
un anorak	anorak
una cazadora	jacket, windbreaker
un chaquetón	jacket
un traje	suit
un traje de señora	lady's suit
un smoking	dinner jacket
un uniforme	uniform
unos pantalones	trousers, pants
unos pantalones de esquiar	ski pants
unos vaqueros	jeans
unos tejanos	jeans
un chandal	tracksuit
un pantalón corto	shorts
un vestido	dress
un traje de noche	evening dress
una falda	skirt
una minifalda	miniskirt
una falda pantalón	culottes
un jersey	pullover, sweater
un jersey de cuello alto	turtleneck

un chaleco	vest
una chaqueta	jacket
una camisa	shirt
una blusa	blouse
un camisón	nightgown
un pijama	pajamas
un batín	robe (*for men*)
una bata	robe (*for women*)
un bikini	bikini
un bañador	swimsuit/trunks
un sujetador	bra
unas bragas	underwear
una camiseta	T-shirt, undershirt
una combinación	slip
una enagua de medio cuerpo	half-slip
un liguero	garter belt
unas medias	stockings
unos leotardos	tights (*thick*)
unas medias panty	tights (*sheer*)
unos calcetines	socks
unos calcetines hasta la rodilla	knee-length socks
unos calcetines de lana	woollen socks
unos calcetines de algodón	cotton socks

el calzado — footwear

unos zapatos	shoes
unas botas	boots
unas botas de goma	rubber boots
unos deportivos	sneakers
unas botas de esquiar	ski boots
unas sandalias	sandals
unas zapatillas	slippers
la suela	sole
el tacón	heel
los tacones planos	flat heels
los tacones altos	high heels
un par de	a pair of

los complementos

accessories

un sombrero	hat
una gorra	beret, cap
un gorro	bonnet, cap
una bufanda	scarf
un pañuelo (de cabeza)	(head)scarf
unos guantes	gloves
unas manoplas	mittens
una corbata	tie
una pajarita	bow tie
unos tirantes	suspenders
un cinturón	belt
un cuello	collar
unos gemelos	cufflinks
un pañuelo	handkerchief
un paraguas	umbrella
un bolso	handbag
una cinta	ribbon
un botón	button
una cremallera	zipper
unos cordones de zapatos	shoelaces

las joyas

jewelry

una joya	piece of jewelry
la plata	silver
el oro	gold
el coral	coral
una piedra preciosa	precious stone
una perla	pearl
un diamante	diamond
una esmeralda	emerald
un rubí	ruby
un zafiro	sapphire
un anillo	ring
una alianza	wedding ring
una sortija	ring (costume jewelry)
unos pendientes	earrings
una pulsera	bracelet
un broche	brooch, clasp

un collar	necklace
una cadena	chain
un colgante	pendant
un reloj de pulsera	(wrist)watch
un collar de perlas	pearl necklace

la talla — size

la talla	size (*clothes*)
el número	size (*shoe*)
la medida del cuello	collar size
el contorno de cadera	hip measurement
el contorno de pecho	bust/chest measurement
el contorno de cintura	waist measurement
pequeño	small
mediano	medium
grande	large
corto	short
largo	long
ancho	wide
amplio	loose-fitting
estrecho	narrow
ceñido	tight

los estilos — style

el modelo	model, design, style
el color	color
el tono	shade
el estampado	pattern
liso	plain
estampado	printed
bordado	embroidered
de cuadros	check(ed)
de flores	flowered, flowery
plisado	pleated
de lunares	with polka-dots
a rayas	striped
elegante	elegant, smart
de vestir	formal
de sport	casual

sencillo	simple, plain
sobrio	sober
de moda	fashionable
pasado de moda	out of fashion
hecho a la medida	custom-made
escotado	low-cut

la moda

fashion

una colección (de invierno)	(winter) collection
la confección	clothing industry
el corte y confección	dressmaking
la ropa confeccionada	ready-to-wear
la alta costura	haute couture, high fashion
una modista	dressmaker
un modisto	fashion designer
un diseñador de modas	fashion designer
una modelo	fashion model
un desfile de modelos	fashion show
un maniquí	dummy, mannequin

lleva un vestido azul
she has a blue dress on

querría una falda a juego con esta camisa
I'd like a skirt to match this shirt

¿puedo probarme estos pantalones?
can I try these pants on?

¿qué talla tiene/número calza?
what is your size/shoe size?

el rojo no me sienta bien
red doesn't suit me

estos pantalones te sientan bien
these pants suit you

antes tengo que cambiarme
I have to get changed first

See also Sections **14 LIKES AND DISLIKES, 18 SHOPPING, 62 COLORS** *and* **63 MATERIALS.**

3. EL PELO Y EL MAQUILLAJE
HAIR AND MAKE-UP

peinar/peinarse	to comb/to comb one's hair
cepillarse el pelo	to brush one's hair
teñirse el pelo	to dye one's hair, to have one's hair dyed
cortarse el pelo	to cut one's hair, to have one's hair cut
igualarse el pelo	to trim one's hair, to have one's hair trimmed
rizarse el pelo	to curl one's hair, to have one's hair curled
secarse el pelo (con secador de mano)	to dry one's hair, to have a blow-dry
maquillarse	to put one's make-up on
desmaquillarse	to remove one's make-up
perfumarse	to put on perfume
pintarse las uñas	to paint one's nails
afeitarse	to shave

el largo del pelo — hair length

tener el pelo ...	to have ... hair
corto	short
largo	long
ni corto ni largo	medium-length
ser calvo	to be bald

el color del pelo — hair color

tener el pelo ...	to have ... hair
rubio	blonde, fair
castaño	chestnut, brown
negro	black
rojizo	red, ginger
canoso	greying, grey
blanco	white

11

ser . . .	to be . . .
rubio	blonde, fair-haired
moreno	dark-haired
pelirrojo	redheaded

los peinados

hairstyles

una melena	loose hair
un flequillo	bangs
una cola de caballo	ponytail
un moño	bun
una trenza	braid, pigtail
un rizo	curl
un mechón	lock (of hair)
las mechas	locks (of hair)
un corte (de pelo)	haircut
una permanente	perm

tener el pelo . . .	to have . . . hair
rizado	curly
liso	straight
graso	greasy
seco	dry

un peine	comb
un cepillo (del pelo)	hairbrush
un pasador	bobby pin
una horquilla	hairpin
un rulo	roller, curler
una peluca	wig
el champú	shampoo
la laca	hair spray

los cosméticos

make-up

la belleza	beauty
la crema hidratante	moisturizing cream
la leche limpiadora	cleansing lotion
los polvos	powder
el maquillaje	foundation cream
la barra de labios	lipstick
el rímel	mascara
la sombra de ojos	eye shadow

el esmalte de uñas	nail polish
la acetona	nail polish remover
el perfume	perfume
la colonia	cologne
el desodorante	deodorant

el afeitado   shaving

la barba	beard
el bigote	moustache
la maquinilla de afeitar	razor
la máquina de afeitar eléctrica	electric shaver
la hojilla de afeitar	razor blade
la brocha de afeitar	shaving brush
el jabón de afeitar	shaving lotion, cream
la loción para después del afeitado	after-shave

4. EL CUERPO HUMANO
THE HUMAN BODY

las partes del cuerpo

parts of the body

la cabeza	head
el tronco	body
las extremidades	limbs
un órgano	organ
un miembro	limb
un músculo	muscle
un hueso	bone
el esqueleto	skeleton
la carne	flesh
la piel	skin
la sangre	blood
una vena	vein
una arteria	artery

la cabeza

the head

el cráneo	skull
el cuero cabelludo	scalp
el cerebro	brain
el pelo	hair
el cabello	hair
el cuello	neck
la nuca	nape, back of the neck
la garganta	throat
la cara	face
las facciones	features
la frente	forehead
las cejas	eyebrows
las pestañas	eyelashes
los ojos	eyes
los párpados	eyelids

las pupilas	pupils
la nariz	nose
las mejillas	cheeks
los carrillos	cheeks
los pómulos	cheekbones
los oídos	ears (*inner*)
las orejas	ears
la mandíbula	jaw
la barbilla	chin
un hoyuelo	dimple
la boca	mouth
los labios	lips
la lengua	tongue
un diente	tooth
una muela	molar
un diente/una muela de leche	baby tooth
una muela del juicio	wisdom tooth

el tronco — the body

un hombro	shoulder
el pecho	chest
el busto	bust
los pechos	breasts
el estómago	stomach
el vientre	stomach
la espalda	back
la cintura	waist
la cadera	hip
el trasero	behind, bottom
la columna vertebral	spine
una costilla	rib
el corazón	heart
los pulmones	lungs
el aparato digestivo	digestive tract
el hígado	liver
los riñones	kidneys
la vejiga	bladder

las extremidades

the limbs

el brazo	arm
el codo	elbow
la mano	hand
la muñeca	wrist
el puño	fist
un dedo	finger
el dedo meñique	little finger, pinkie
el índice	index finger
el pulgar	thumb
una uña	nail
la pierna	leg
el muslo	thigh
la rodilla	knee
la pantorrilla	calf
el tobillo	ankle
el pie	foot
el talón	heel
un dedo del pie	toe

See also Sections **6 HEALTH** *and* **7 MOVEMENTS AND GESTURES.**

5. ¿COMO TE SIENTES?
HOW ARE YOU FEELING?

sentirse	to feel
encontrarse	to feel
estar . . .	to be . . .
en forma	fit, in form
en plena forma	very fit, in top form
fuerte	energetic
hambriento	starving, ravenous
cansado	tired
rendido	exhausted
aletargado	lethargic
débil	weak
bien de salud	in good health
sano	healthy, in good health
bien	well
mal	unwell
enfermo	sick, ill
desvelado	unable to get to sleep
inquieto	agitated, restless
medio dormido	half asleep
adormilado	half asleep
dormido	asleep
calado	soaked
helado	frozen
cómodo	comfortable
a gusto	at ease, at home
a disgusto	ill at ease, unhappy
contento	happy
encantado	delighted
satisfecho	satisfied
harto	fed up
tener . . .	to be . . .
calor	hot
frío	cold
hambre	hungry
un hambre canina	ravenous
sed	thirsty
sueño	sleepy

demasiado	too
totalmente	totally
completamente	completely
muy	very
un poco	a bit, a little
algo	a bit, a little

> **me encuentro algo débil**
> I feel a bit weak
>
> **tengo muchísimo calor**
> I'm very hot
>
> **¡qué cansada estoy!**
> I'm really tired!
>
> **¡no puedo más!**
> I'm worn out!

See also Sections **6 HEALTH** *and* **12 EMOTIONS.**

6. LA SALUD, LAS ENFERMEDADES Y LOS IMPEDIMENTOS HEALTH, ILLNESSES, AND DISABILITIES

ponerse enfermo	to fall ill
doler	to hurt, to be sore
sangrar	to bleed
vomitar	to vomit
toser	to cough
estornudar	to sneeze
desmayarse	to faint
estar en coma	to be in a coma
recaer	to have a relapse
estar/sentirse ...	to be/feel ...
bien	well
mal	ill
mejor	better
peor	worse
tener ...	to have ...
catarro	a cold
dolor de muelas/oídos	toothache/earache
dolor de cabeza	a headache
hipo	the hiccups
tos	a cough
fiebre	a temperature, a fever
padecer de	to suffer from
padecer del corazón	to have a heart condition
romperse una pierna/un brazo	to break one's leg/arm
torcerse un tobillo	to twist one's ankle
lastimarse la mano/espalda	to hurt one's hand/back
coger un catarro	to catch a cold
tratar	to treat
vendar	to dress (*wound*)
curar	to cure, to dress
pedir hora	to make an appointment

reposar	to rest
estar convaleciente	to be convalescing
curarse	to heal up
reponerse	to recover
estar a régimen	to be on a diet
inflamarse	to swell
infectarse	to become infected
empeorar	to get worse
morir	to die
enfermo	ill, sick
indispuesto	not well
curado	cured
sano	in good health
embarazada	pregnant
anémico	anemic
epiléptico	epileptic
diabético	diabetic
estreñido	constipated
muerto	dead
doloroso	painful, sore
contagioso	contagious
grave	serious
infectado	infected
inflamado	swollen
una enfermedad	disease, illness
una epidemia	epidemic
la fiebre	fever, temperature
el dolor	pain
el pulso	pulse
el grupo sanguíneo	blood group
la tensión	blood pressure
una infección	infection
un ataque	fit, attack
la muerte	death
la medicina	medicine (*science*)
la higiene	hygiene
la salud	health
la contracepción	contraception

las enfermedades	illnesses
las anginas	throat infection
el ardor de estómago	heartburn
la artritis	arthritis
el asma (*f*)	asthma
la bronquitis	bronchitis
el cáncer	cancer
el catarro	cold
la cistitis	cystitis
la depresión nerviosa	nervous breakdown
la diarrea	diarrhea
la epilepsia	epilepsy
el estreñimiento	constipation
la fiebre del heno	hay fever
las fiebres tifoideas	typhoid
la gripe	flu
la leucemia	leukemia
las paperas	mumps
la pulmonía	pneumonia
el reumatismo	rheumatism
la rubéola	German measles
el sarampión	measles
el SIDA	AIDS
la tos ferina	whooping cough
la tuberculosis	TB
la varicela	chickenpox
la viruela	smallpox
la regla	period
un aborto	miscarriage, abortion
una hernia	hernia
una herida	wound, sore
una fractura	fracture
una hemorragia	hemorrhage
una indigestión	indigestion
una insolación	sunstroke
una conmoción cerebral	concussion
un infarto	heart attack
una úlcera (de estómago)	ulcer

los problemas de la piel

skin complaints

una quemadura	burn
una cortadura	cut
un arañazo	scratch
una mordedura	bite
una picadura	insect bite
el picor	itch
un furúnculo	abscess, boil
una erupción	rash
el acné	acne
los granos	pimples
las varices	varicose veins
una verruga	wart
un callo	corn
una ampolla	blister
un cardenal	bruise
una cicatriz	scar

el tratamiento

treatment

cuidar	to look after, to nurse
reconocer	to examine
recetar	to prescribe
operar/operarse	to operate on/to have an operation
hacer una radiografía	to X-ray
un hospital	hospital
una clínica	hospital, clinic
la consulta del médico	(doctor's) surgery
un caso urgente	emergency
una ambulancia	ambulance
una camilla	stretcher (*wheeled*)
una operación	operation
la anestesia	anesthetic
una transfusión de sangre	blood transfusion
una radiografía	X-ray
un régimen	diet

la convalecencia	convalescence
una recaída	relapse
la mejoría	recovery
un médico	doctor
el médico de guardia	doctor on call
un especialista	specialist, consultant
una enfermera	nurse
un enfermero	nurse (*male*)
un enfermo	patient
un paciente	patient

las medicinas — medicines

una medicina	medicine (*remedy*)
un medicamento	medicine (*remedy*)
una receta	prescription
una farmacia	drugstore, pharmacy
un antibiótico	antibiotic
un analgésico	pain killer
una aspirina	aspirin
un calmante	tranquilizer, pain killer
un somnífero	sleeping pill
un laxante	laxative
las vitaminas	vitamins
una pastilla	tablet
una píldora	pill
unas gotas	drops
una pomada	ointment
el algodón	cotton
una tirita	Band-Aid®, adhesive bandage
una venda	bandage, dressing
el esparadrapo	sticking plaster
una escayola	plastercast
una compresa	sanitary napkin
un tampón	tampon
una inyección	injection
una vacuna	vaccination

la consulta del dentista

at the dentist's

un dentista	dentist
un empaste	filling
una dentadura postiza	denture
una caries (*pl* caries)	tooth decay
un flemón	abscess

los impedimentos

disabilities

minusválido	disabled
retrasado mental	mentally handicapped
mongólico	Down's syndrome
ciego	blind
tuerto	one-eyed
daltónico	colorblind
miope	shortsighted
astigmático	farsighted
sordo	deaf
sordomudo	deaf and dumb
cojo	crippled
un minusválido	handicapped/disabled person
un retrasado mental	mentally handicapped person
un ciego	blind person
un mudo	dumb person
un sordomudo	deaf-mute
un bastón	walking stick
unas muletas	crutches
una silla de ruedas	wheelchair
un audífono	hearing aid

> **tengo ganas de vomitar**
> I feel sick
>
> **¿dónde te duele?**
> where does it hurt?
>
> **me he puesto el termómetro**
> I took my temperature
>
> **tengo 38**
> I've got a temperature of 101

se operó del riñón/de anginas
he/she had a kidney operation/his/her tonsils (taken) out

le han dado hora a las 10
he has an appointment at 10 o'clock

See also Section **4 BODY.**

7. LOS MOVIMIENTOS Y LOS GESTOS
MOVEMENTS AND GESTURES

las idas y venidas

comings and goings

andar hacia atrás	to walk backwards
aparecer	to appear
apresurarse	to hurry
atravesar	to go through
bajar	to go/come down(stairs)
bajarse de	to get off (*train, bus, etc.*)
caminar	to walk
cojear	to limp
continuar	to continue
correr	to run
cruzar	to cross
desaparecer	to disappear
deslizarse	to slide (along)
entrar en	to go/come in
esconderse	to hide
ir a dar una vuelta	to go for a walk
ir hacia atrás	to move back
ir(se)	to go, to leave
llegar	to arrive
marcharse	to go away
pararse	to stop
pasar (por)	to pass (by)
pasear(se)	to have a walk, to stroll
ponerse en marcha	to get going
presentarse	to appear suddenly
quedarse	to stay, to remain
regresar	to return
saltar	to jump
seguir	to go on, to follow
subir	to go up(stairs)
subir a	to get on (*train, bus, etc.*)

tambalearse	to stagger
tropezar	to trip
venir	to come
volver/volverse	to come back/to turn round
volver a salir/bajar	to go back out/down
el comienzo	beginning
la entrada	entrance
el fin	end
el final	end
la ida	going, departure
la llegada	arrival
la partida	departure
el principio	beginning
el regreso	return
la salida	departure, exit
la vuelta	return
la manera de andar	way of walking
un paso	step
un salto	jump
un brinco	hop
paso a paso	step by step
a hurtadillas	stealthily
poco a poco	little by little
a carreras	at full speed, hastily

las acciones   actions

abrir	to open
acabar	to finish
agarrar	to catch hold of
apretar	to squeeze, to hold tight
arrastrar	to drag
bajar	to lower, to pull down
bostezar	to yawn
caérsele a uno	to drop
cerrar	to close
coger	to take
colocar	to place
dejar	to put down
empezar	to start

empujar	to push
esconder	to hide (*something*)
golpear	to hit, to knock
lanzar	to throw
levantar	to lift, to raise
mover	to move
poner	to put
quitar	to remove
rasgar	to tear, to rip
sujetar	to hold
terminar	to finish
tirar	to throw (away)
tirar de	to pull
tocar	to touch
ponerse de codos en	to lean on (*with elbows*)
apoyarse (en)	to lean (on)
ponerse en cuclillas	to squat down
arrodillarse	to kneel down
tumbarse	to lie down, to stretch out
sentarse	to sit down
agacharse	to stoop
ponerse en pie	to stand up
levantarse	to get up
asomarse	to lean (out)
inclinarse	to lean (over)
descansar	to (have a) rest

las posturas

postures

en cuclillas	squatting
de codos	leaning on one's elbows
arrodillado	kneeling
de rodillas	on one's knees
tumbado	lying down
boca abajo	face down
apoyado	leaning
a cuatro patas	on all fours
sentado	sitting, seated
acostado	lying down, in bed
de pie	standing
tendido	lying stretched out

asomado	leaning out
inclinado	leaning
colgado	hanging

los gestos

gestures

bajar la vista	to look down, to lower one's eyes
echar un vistazo a	to have a (quick) look at
echar una ojeada	to (cast a) glance
encogerse de hombros	to shrug (one's shoulders)
fruncir el entrecejo	to frown
guiñar	to wink
hacer una mueca	to make a face
hacer una señal	to make a sign
hacer una señal con la mano	to signal with one's hand
inclinar la cabeza	to nod
levantar la vista	to look up, to raise one's eyes
parpadear	to blink
pegar un puñetazo a	to punch
pegar una bofetada a	to slap
pegar una patada a	to kick
reír	to laugh
señalar	to point at
sonreír	to smile
una bofetada	slap
un bostezo	yawn
un gesto	gesture, grimace
un guiño	wink
un movimiento	movement
una patada	kick
un puñetazo	punch
una señal	sign, signal
una sonrisa	smile
un vistazo	glance

> **"lo siento", dijo encogiéndose de hombros**
> "sorry," he/she said with a shrug

> **"vale", dijo asintiendo con la cabeza**
> "OK," he said with a nod

a Pedro se le cayeron las gafas
Pedro dropped his glasses

voy al colegio a pie
I walk to school

bajó corriendo
he ran downstairs

cruzó la calle corriendo
she ran across the street

entró tambaleáendose
he staggered in

8. LA IDENTIDAD
IDENTITY

el nombre   name

bautizar	to christen
llamarse	to be called
llamar	to call, to name
firmar	to sign
la identidad	identity
el carné de identidad	I.D. card
la firma	signature
el apellido	surname, last name
el nombre (de pila)	name, first name
las iniciales	initials
el señor (Sr.) Martínez	Mister (Mr.) Martínez
don (D.) José Martínez	Mr. José Martínez
la señora (Sra.) Fernández	Mrs. Fernández
doña (Da.) Isabel Fernández	Mrs. Isabel Fernández
la señorita (Srta.) Lanza	Miss Lanza

el sexo   sex

una mujer	woman
una señora	lady, woman
una señorita	young lady
una chica	girl
una muchacha	girl
un hombre	man
un señor	gentleman, man
un señorito	young gentleman
un caballero	gentleman
un chico	boy
un muchacho	boy
masculino	masculine
femenino	feminine
varón	male
hembra	female

el estado civil

marital status

nacer	to be born
casarse	to get married
casarse (con)	to marry
divorciarse	to divorce
morir	to die
soltero	single
casado	married
divorciado	divorced
separado	separated
un solterón, una solterona	confirmed bachelor/ (older) single woman
el marido	husband
el esposo	husband
la mujer	wife
la esposa	wife
el ex-marido	ex-husband
la ex-mujer	ex-wife
el novio	fiancé, boyfriend, bridegroom
la novia	fiancée, girlfriend, bride
los recién casados	newlyweds
un viudo, una viuda	widower/widow
un huérfano	orphan
la ceremonia	ceremony
el nacimiento	birth
el bautismo	christening
la petición de mano	engagement
la boda	wedding
el divorcio	divorce
la muerte	death
el entierro	funeral

las señas

address

vivir	to live
habitar	to live
alquilar	to rent
compartir	to share

las señas	address
la dirección	address
el domicilio	place of residence
el piso	floor
el código postal	zip code
el número	number
el número de teléfono	phone number
la guía de teléfonos	telephone directory
el dueño	landlord
el inquilino	tenant
el compañero de piso	roommate
el vecino	neighbor
en casa	at home
en casa de Juan	at Juan's
en la ciudad	in town
en las afueras	in the suburbs
en el campo	in the country

la religión religion

católico	Catholic
protestante	Protestant
anglicano	Anglican
musulmán	Muslim
judío	Jewish
ateo	atheist

¿cómo te llamas?
what is your name?

me llamo María
my name is María

¿cómo te apellidas/se apellida Vd.?
what is your last name?

me apellido Moreno
my last name is Moreno

vivo en la calle Ramón y Cajal, número 5, piso segundo
I live at 5, calle Ramón y Cajal, second floor

vivo en casa de Paco
I'm living at Paco's

See also Section **29 FAMILY AND FRIENDS.**

9. LA EDAD
AGE

joven	young
viejo	old
la edad	age
la infancia	childhood
la juventud	youth
la adolescencia	adolescence
la madurez	middle age
la vejez	old age
la tercera edad	old age
la fecha de nacimiento	date of birth
el cumpleaños	birthday
un recién nacido	newly born baby
un bebé	baby
los niños	children
un niño	little boy, child
una niña	little girl, child
un adolescente	teenager
un adulto	adult
los mayores	grown-ups
los pequeños	little ones
los jóvenes	young people
una (chica) joven	young girl
una señora mayor	elderly woman
un señor mayor	elderly man
un viejo, una vieja	old man/woman
un anciano, una anciana	old man/woman
los viejos	old people
las personas de edad	the elderly
menor de edad	minor
mayor de edad	of age, adult

¿cuantos años tienes/tiene Vd.?
how old are you?

¿qué edad tienes/tiene Vd.?
how old are you?

tengo veinte años
I'm 20 years old

nací el 1 de marzo de 1960
I was born on the first of March 1960

un bebé de un mes
a one-month old baby

un niño de ocho años
an eight-year old boy

una mujer de unos treinta años
a woman of about thirty

un hombre de mediana edad
a middle-aged man

¿disculpe, joven!
excuse me, young man/woman!

en la flor de la vida
in the prime of life

10. LOS OFICIOS Y EL TRABAJO
JOBS AND WORK

trabajar	to work
estudiar	to study
hacer un curso de formación	to do a training course
tener ambiciones	to be ambitious
tener experiencia	to have experience
carecer de experiencia	to have no experience
estar sin trabajo	to be unemployed
estar parado	to be unemployed
estar cobrando el paro	to collect unemployment
buscar trabajo	to look for work
solicitar un puesto	to apply for a job
rechazar	to reject
aceptar	to accept
tomar	to take on
contratar	to take on
pagar	to pay
encontrar trabajo	to find a job
tener éxito	to be successful
ganar	to earn
ganarse la vida	to earn a living
tomarse unas vacaciones	to take a vacation
tomarse un día de permiso	to take a day off
despedir	to dismiss
dimitir	to resign
dejar	to leave
jubilarse	to retire
estar en huelga	to be on strike
ponerse en huelga	to go on strike, to strike
difícil	difficult
fácil	easy
interesante	interesting
apasionante	exciting
aburrido	boring

peligroso	dangerous
importante	important
útil	useful

la gente y su trabajo

people at work

un abogado	lawyer
un acomodador	usher
un actor, una actriz	actor/actress, comedian, movie star
un aduanero	customs officer
un agricultor	farmer
un albañil	bricklayer
un ambulanciero	ambulance driver
un arquitecto	architect
un asesor	adviser, consultant
un asistente social	social worker
un astronauta	astronaut
una azafata	flight attendant (*female*)
un azafato	flight attendant (*male*)
un basurero	sanitation worker
un bombero	fireman
una camarera de habitaciones	hotel maid
un camarero, una camarera	waiter/waitress
un camionero	truck driver
un cantante	singer
un capataz	foreman
un carnicero	butcher
un carpintero	carpenter
un cartero	mailman
una chica de servicio	maid
un científico	scientist
un cirujano	surgeon
un cobrador (de autobús)	(bus) ticket taker
un cocinero	cook
un comerciante	shopkeeper, dealer
un conductor	driver

un conductor de autobús	bus driver
un confitero	pastry chef
un conserje	porter
un constructor	builder
un contable	accountant
un criado	servant
un cura	priest
un decorador	interior decorator
un dentista	dentist
un dependiente, una dependienta	shop assistant
un dibujante	graphics artist, cartoonist
un director	manager, director, principal
un ejecutivo, una mujer ejecutivo	executive/woman executive
un electricista	electrician
un empleado	employee
un empleado de banco	bank clerk
un encárgado, una encargada	foreman/woman
un enfermero	nurse
un escritor	writer
un estudiante	student
un farmacéutico	chemist, pharmacist
un fisico	physicist
un florista	florist
un fontanero	plumber
un fotógrafo	photographer
un funcionario	civil servant
un garajista	garage owner, garage mechanic
un granjero	farmer
un guardia civil	policeman (*in countryside or small town*)
un policía, una mujer policía	policeman/woman
un portero, una portera	janitor, doorman
un presentador	newscaster, newsreader
un profesor	teacher
un psicólogo	psychologist

un psiquiatra	psychiatrist
un recepcionista	receptionist
un religioso, una religiosa	monk, nun
un relojero	watchmaker
un repartidor	delivery man
un reportero	reporter
un revisor	ticket inspector
un sacerdote	priest
un sastre	tailor
un secretario	secretary
un soldado	soldier
un taquimeca	stenographer
un taxista	taxi driver
un técnico	technician
un tendero de ultramarinos)	grocer
un torero	bullfighter
un traductor	translator
un vendedor	salesperson
un veterinario	veterinary surgeon
un viajante de comercio	traveling salesman
un zapatero	shoe repairer

el mundo del trabajo

the world of work

el patrón	employer
el empresario	employer
el jefe	boss, owner, manager
el director	director, manager
la dirección	management
un guía de turismo	tourist guide
un hombre de negocios	businessman
un ingeniero	engineer
un intérprete	interpreter
un jardinero	gardener
un joyero	jeweler
un(a) juez	judge
un librero	bookseller
un maestro	primary school teacher

un marinero	sailor
un médico	doctor
un mecánico	mechanic
un militar	serviceman
un minero	miner
un(a) modelo	model
un modisto	dressmaker, fashion designer
un monitor	instructor
un monje, una monja	monk/nun
una mujer de limpieza	cleaning lady
una niñera	nanny
un obrero	laborer, unskilled worker, factory worker
un obrero especializado	skilled worker
un oficial (del ejército)	(army) officer
un oficinista	office worker
un operador	switchboard operator
un panadero	baker
un pastor	shepherd
un pastor protestante	minister
un peluquero	hairdresser, barber
un periodista	journalist
un pescadero	fish seller
un pescador	fisherman
un(a) piloto	pilot
un pintor	painter, artist
un pintor (de brocha gorda)	painter and decorator
un político	politician
el personal	staff, personnel
un trabajador	worker
un aprendiz	trainee, apprentice
un parado	unemployed person
un candidato	applicant
un afiliado	trade unionist
un huelguista	striker
un jubilado	retired person
el futuro	the future
la carrera	career
la profesión	profession, occupation

el oficio	job, trade (*learnt*)
las salidas	openings
la posición	job
el puesto	job
el empleo	employment
un curso de formación	training course
el aprendizaje	apprenticeship
la formación	training
los títulos	qualifications
una licenciatura	degree
un certificado	certificate
un diploma	diploma
el sector	sector
la investigación	research
la informática	information technology
los negocios	business
la industria	industry
el comercio	trade
un sindicato	trade union
una empresa	company
una compañía	company
una oficina	office
una fábrica	factory
un taller	workshop
una tienda	shop
un laboratorio	laboratory
un trabajo	work, job
un anuncio	ad(vertisement)
las ofertas de empleo	help wanted
una solicitud de empleo	job application
un formulario	form
una entrevista	interview
el contrato de trabajo	contract of employment
el despido	dismissal
el sueldo	salary, wages
el salario	wages
la paga	wages
los impuestos	taxes

una paga extraordinaria	bonus
un aumento de sueldo	pay raise
la pensión de jubilación	pension
un trabajo provisional	temporary job
un trabajo de media jornada	part-time job
un trabajo de jornada completa	full-time job
un horario de 40 horas semanales	forty-hour week
el horario	schedule
el horario flexible	flextime
las vacaciones	vacation
un permiso	time off, leave
el permiso de enfermedad	sick leave
un viaje de negocios	business trip
una huelga	strike
un mitin	meeting

¿en qué trabaja usted?
what do you do for a living?

es médico
he's a doctor

¿qué te gustaría ser de mayor?
what would you like to be when you grow up?

me gustaría ser pintor
I'd like to be an artist

¿qué planes tienes para el futuro?
what are your plans for the future?

quiero estudiar medicina
I intend to study medicine

lo que más me interesa es el sueldo/el tiempo libre
what matters most for me is the pay/free time

11. EL CARACTER Y EL COMPORTAMIENTO
CHARACTER AND BEHAVIOR

comportarse	to behave
portarse	to behave
dominarse	to control oneself
obedecer	to obey
desobedecer	to disobey
reñir	to scold
llevarse una regañina	to get scolded
enfadarse	to get angry
pedir disculpas	to apologize
perdonar	to forgive
castigar	to punish
recompensar	to reward
premiar	to reward
atreverse	to dare
insultar	to insult
el carácter	character
la manera de ser	character
el comportamiento	behavior
la conducta	behavior
el instinto	instinct
una disculpa	excuse
un castigo	punishment
una recompensa	reward
una reprimenda	reprimand
la alegría	cheerfulness
la amabilidad	kindness
la arrogancia	arrogance
la astucia	craftiness, trick
la bondad	goodness, kindness
la buena educación	politeness
los celos	jealousy
la crueldad	cruelty
la desidia	heedlessness
el encanto	charm

la envidia	envy
la fanfarronería	boastfulness
la grosería	coarseness
la habilidad	skillfulness
la honradez	honesty
la humanidad	humanity
el humor	mood, humor
la impaciencia	impatience
la insolencia	insolence
la inteligencia	intelligence
la intolerancia	intolerance
la locura	folly, madness
la mala educación	rudeness
la maldad	wickedness
la obediencia	obedience
el orgullo	pride
la paciencia	patience
la pereza	laziness
la prudencia	caution
el sentido común	common sense
la timidez	shyness, timidity
la tristeza	sadness
la vanidad	vanity
la vergüenza	shame, embarrassment
aburrido	boring, bored
agradable	nice, pleasant
alegre	cheerful
amable	kind, nice
arrepentido	sorry
arrogante	arrogant
astuto	astute
atolondrado	scatterbrained
avergonzado	embarrassed
bueno	good, good natured
celoso	jealous
cruel	cruel
curioso	curious
decente	decent
descarado	impudent
descuidado	careless

desobediente	disobedient
desordenado	untidy
despreocupado	thoughtless
discreto	discreet
distraído	absent-minded
divertido	amusing
educado	polite
encantador	charming
enfadado	angry
envidioso	envious
estupendo	terrific
extraño	strange, odd
fanfarrón	boastful
feliz	happy
gracioso	funny
grosero	rude, coarse
habilidoso	skillful
hablador	talkative
honrado	honest
idiota (*m/f*)	stupid
imbécil	stupid
impaciente	impatient
impulsivo	impulsive
indiferente	indifferent
ingenioso	witty
ingenuo	naïve
insociable	unsociable
insolente	insolent
instintivo	instinctive
inteligente	intelligent
intransigente	intolerant
latoso	troublesome
loco	mad
maleducado	rude
malo	wicked, bad
modesto	modest
natural	natural
obediente	obedient
optimista (*m/f*)	optimistic
orgulloso	proud

paciente	patient
perezoso	lazy
perspicaz	shrewd
pesimista (*m/f*)	pessimistic
pobre	poor
posesivo	possessive
presumido	vain
prudente	cautious, careful
raro	strange, funny
razonable	sensible, reasonable
respetable	respectable
respetuoso	respectful
salado	witty, amusing
sensible	sensitive
serio	serious
simpático	friendly, nice
sorprendente	surprising
terco	stubborn
tímido	shy, timid
tolerante	tolerant
tonto	silly, stupid
torpe	clumsy
trabajador	industrious
tranquilo	quiet, calm
travieso	mischievous, naughty
triste	sad, unhappy
valiente	courageous
vanidoso	vain

yo la encuentro muy simpática
I think she's very nice

está de (muy) buen/mal humor
he's in a (very) good/bad mood

tiene buen/mal carácter
he is good/ill-natured

perdone que le moleste
I'm sorry to disturb you

lo siento (mucho)
I'm (really) sorry

le ruego me disculpe por llegar tarde
I do apologize for being late

12. LAS EMOCIONES
EMOTIONS

el mal humor — anger

tener mal genio	to be bad tempered
enfadarse	to get angry, to lose one's temper
indignarse	to become indignant
excitarse	to get excited/worked up
chillar	to shout
golpear	to hit
abofetear	to slap (on the face)
el mal humor	bad mood, anger
el mal genio	bad temper
la indignación	indignation, anger
la furia	fury
la tensión	tension, stress
un grito	cry, shout
un golpe	blow
una bofetada	slap (on the face)

estar . . .

	to be . . .
de mal humor	in a bad mood, sullen
enfadado	angry
indignado	indignant
furioso	furious
rabioso	in a rage

la tristeza — sadness

llorar	to weep, to cry
echarse a llorar	to burst into tears
sollozar	to sob
suspirar	to sigh
consternar	to dismay
decepcionar	to disappoint
deprimir	to depress
afligir	to distress
conmover	to move, to touch

afectar	to affect, to hurt
angustiar	to trouble, to distress
apiadarse de	to take pity on
consolar	to comfort, to console
la decepción	disappointment
la morriña	homesickness
la melancolía	melancholy
la nostalgia	nostalgia, homesickness
la depresión	depression
la pena	grief, sorrow
la tristeza	sadness
el sufrimiento	suffering
la angustia	anguish, distress
el fracaso	failure
la mala suerte	bad luck
la desgracia	misfortune, bad luck
una lágrima	tear
un sollozo	sob
un suspiro	sigh
decepcionado	disappointed
desilusionado	disappointed, disillusioned
melancólico	gloomy
triste	sad
apenado	distressed, sorry
deprimido	depressed
inconsolable	heartbroken
destrozado	shattered

el miedo y las preocupaciones

fear and worry

tener miedo (a/de)	to be frightened (of)
temer	to fear
asustar	to frighten
asustarse	to get a fright
atemorizar	to frighten
estar preocupado (con/por)	to be worried (about)

temblar	to tremble, to shake
estremecerse	to shiver
el miedo	fear
el temor	fear
el terror	terror, dread
la inquietud	anxiety
un susto	fright, shock
un problema	problem
una preocupación	worry
un escalofrío	shiver
aprensivo	fearful, apprehensive
asustado	afraid
muerto de miedo	scared stiff
preocupado	worried, anxious
nervioso	nervous
espantoso	frightening

la alegría y la felicidad

joy and happiness

divertirse	to enjoy oneself
sonreír	to smile
echarse a reír	to burst out laughing
reírse (de)	to laugh (at)
reírse a carcajadas	to roar with laughter
besar	to kiss
la felicidad	happiness
la alegría	joy
la satisfacción	satisfaction
la risa	laughter
el amor	love
la suerte	luck
el éxito	success
una sonrisa	smile
una carcajada	burst of laughter
un flechazo	love at first sight
una sorpresa	surprise
un beso	kiss

encantado	delighted
contento	pleased
feliz	happy
radiante	radiant
enamorado	in love

tiene miedo de los perros
he/she's frightened of dogs

echa de menos a su hermano
he/she misses his/her brother

13. LOS SENTIDOS
THE SENSES

la vista
sight

ver	to see, to watch
mirar	to look at, to watch
observar	to observe, to watch
examinar	to examine, to study closely
ver de refilón	to catch a glimpse of
mirar de soslayo	to look sideways at
echar un vistazo a	to glance at
mirar fijamente	to stare at
mirar a hurtadillas	to peek at
encender	to switch on (*the light*)
apagar	to switch off (*the light*)
deslumbrar	to dazzle
cegar	to blind
alumbrar	to light up
aparecer	to appear
desaparecer	to disappear
reaparecer	to reappear
ver la tele	to watch TV
observar al microscopio	to observe under the microscope
la vista	sight (*sense*), view
el color	color
la luz	light
la claridad	brightness
la oscuridad	darkness
un espectáculo	sight (*seen*), show
una escena	sight (*seen*), scene
el ojo	eye
las gafas	glasses
las lentillas	contact lenses
la lupa	magnifying glass
los prismáticos	binoculars
el microscopio	microscope

el telescopio	telescope
el braille	Braille
brillante	bright
pálido	pale
claro	light
chillón	bright
deslumbrante	dazzling
oscuro	dark

el oído — hearing

oír	to hear
escuchar	to listen to
aguzar el oído	to prick up one's ears, listen up
susurrar	to whisper
cantar	to sing
tararear	to hum
silbar	to whistle
zumbar	to buzz, to hum (*engine*)
crujir	to creak
sonar	to ring
retumbar	to thunder
ensordecer	to deafen
callarse	to be silent
dar un portazo	to slam the door
atravesar la barrera del sonido	to break the sound barrier
un ruido	noise, sound
un sonido	sound
un estrépito	racket
un susurro	whisper
una canción	song
la voz	voice
un zumbido	buzzing
una explosión	explosion
un crujido	creaking
un estruendo	din
el eco	echo

el oído	inner ear, hearing
la oreja	ear
un audífono	hearing aid
un aparato (de sordo)	hearing aid
un altavoz	loudspeaker
los auriculares	earphones, headphones
una radio	radio
una sirena	siren
el morse	Morse code
ruidoso	noisy
silencioso	silent
melodioso	melodious
fuerte	loud
alto	loud
débil	faint
ensordecedor	deafening
sordo	deaf
algo sordo	hard of hearing
mudo	dumb

el tacto / touch

tocar	to touch
acariciar	to stroke
rozar	to graze
frotar	to rub
golpear	to knock, to hit
rascar	to scratch
el tacto	touch
las puntas de los dedos	fingertips
el roce	graze
una caricia	stroke
un golpe	blow
un apretón de manos	handshake
liso	smooth
áspero	rough
suave	soft, smooth
blando	soft, tender
duro	hard

caliente	hot
frío	cold

el gusto

taste

probar	to taste
degustar	to taste
paladear	to savor
saborear	to savor
comer	to eat
masticar	to chew
salivar	to salivate
tragar	to swallow
engullir	to gobble up
beber	to drink
lamer	to lick
sorber	to sip
salar	to salt
endulzar	to sweeten
sazonar	to spice, to season
aderezar	to garnish
el gusto	taste
la boca	mouth
la lengua	tongue
la saliva	saliva
las papilas gustativas	taste buds
el apetito	appetite
sabroso	tasty
apetitoso	appetizing
rico	mouth-watering, delicious
delicioso	delicious
bueno	good
malo	awful
insípido	tasteless
dulce	sweet
azucarado	sweet
salado	salted, salty
soso	tasteless, unsalted
ácido	tart
agrio	sharp, sour

amargo	bitter
rancio	rancid
picante	spicy, hot
fuerte	strong, hot

el olfato   smell

oler (a)	to smell (of)
olfatear	to sniff
oler bien/mal	to smell nice/bad
apestar	to stink
perfumar (se)	to perfume
el olfato	(sense of) smell
la nariz	nose
un olor	smell
un aroma	scent
un perfume	perfume
una fragancia	aroma, fragrance
una peste	stench
perfumado	fragrant, scented
maloliente	stinking
inodoro	odorless
nasal	nasal

oí cantar a la niña/al niño
I heard the child singing

es suave al tacto
it feels soft

ise me hace la boca agua!
it makes my mouth water

este café sabe a jabón
this coffee tastes like soap

este chocolate tiene un sabor raro
this chocolate tastes funny

esta habitación huele a humo
this room smells of smoke

14. LOS GUSTOS Y LAS PREFERENCIAS
LIKES AND DISLIKES

gustar	to please
agradar	to please
encantar	to please
querer	to want, to love (*people*)
desagradar	to displease
detestar	to detest
odiar	to hate
despreciar	to despise
preferir	to prefer
elegir	to choose
escoger	to choose
comparar	to compare
necesitar	to need
desear	to want, to wish
el gusto	taste
la afición	liking
la aversión	strong dislike
el odio	hatred
le desprecio	scorn
la elección	choice
la comparación	comparison
la preferencia	preference
el contraste	contrast
la diferencia	difference
el parecido	similarity
la necesidad	need
el deseo	wish, desire
la intención	intention
las ganas	desire
distinto (de)	different (from)
igual (a/que)	the same (as)
idéntico (a/que)	identical (to)

parecido (a)	similar (to), like
similar (a)	similar (to)
como	like
en relación con	in relation to
más/menos	more/less
mucho	a lot
muchísimo	enormously, a great deal
mucho más/menos	a lot more/less
bastante más/menos	quite a lot more/less

este libro me gusta
I like this book

el rojo es mi color preferido
red is my favorite color

prefiero el café al té
I prefer coffee to tea

le encantan las aceitunas
he/she loves olives

tengo ganas de salir
I'd like to go out

See also Sections **4 BODY, 6 HEALTH, 16 FOOD** *and* **62 COLORS.**

15. LA RUTINA COTIDIANA Y EL SUEÑO
DAILY ROUTINE AND SLEEP

despertar(se)	to wake up
estar medio dormido	to be half asleep
desperezarse	to stretch
estirarse	to stretch
bostezar	to yawn
levantarse	to get up
correr las cortinas	to open the curtains
abrir las contraventanas	to open the shutters
subir la persiana	to roll the blind up
ir al servicio/cuarto de baño	to go to the toilet/bathroom
lavar(se)	to wash (oneself)
lavarse la cara	to wash one's face
lavarse las manos	to wash one's hands
lavarse los dientes	to brush one's teeth
lavarse el pelo	to wash one's hair
lavarse la cabeza	to wash one's hair
ducharse	to take a shower
bañarse	to take a bath/to bathe
jabonarse	to soap oneself down
secarse	to dry oneself
secarse las manos	to dry one's hands
afeitarse	to shave
peinarse	to comb one's hair
cepillarse el pelo	to brush one's hair
maquillarse	to put on make-up
pintarse	to put on make-up
ponerse las lentillas	to put in one's contact lenses
ponerse la dentadura postiza	to put in one's false teeth
vestirse	to get dressed
hacer la cama	to make the bed

poner la radio/televisión	to switch the radio/ television on
desayunar	to have breakfast
dar de comer al gato/perro	to feed the cat/dog
regar las plantas	to water the plants
prepararse	to get ready
quitar la radio/televisión	to switch the radio/ television off
ir al colegio	to go to school
ir a la oficina/al trabajo	to go to the office/to work
coger el autobús	to take the bus
volver a casa	to go/come home
volver del colegio/trabajo	to come back from school/work
hacer los deberes	to do one's homework
merendar	to have an afternoon snack
descansar	to rest
echarse la siesta	to take a nap
ver la televisión	to watch television
leer	to read
jugar	to play
cenar	to have dinner
echar el cerrojo	to lock the door
dar las buenas noches	to say good night
acostarse	to go to bed
bajar la persiana	to roll the blind down
correr las cortinas	to draw the curtains
cerrar las contraventanas	to close the shutters
desvestirse	to undress
desnudarse	to undress
meterse en la cama	to get into bed
poner el despertador	to set the alarm clock
apagar la luz	to switch the light off
dormirse	to fall asleep
dormir	to sleep
quedarse dormido	to fall asleep, to oversleep
tener insomnio	to suffer from insomnia
pasar la noche en vela	to have a sleepless night

el aseo

washing

el jabón	soap
la pasta de dientes	toothpaste
el champú	shampoo
las sales de baño	bath salts
la piedra pómez	pumice stone
el desodorante	deodorant
el papel higiénico	toilet paper
una toalla	towel
una toalla de baño	bath towel
un albornoz	bathrobe
un gorro de ducha	shower cap
un guante de crin	massage glove
una esponja	sponge
un cepillo	brush
un peine	comb
un cepillo de dientes	toothbrush
un secador del pelo	hair dryer
un peso de baño	bathroom scales

la cama

bed

una almohada	pillow
una sábana	sheet
una manta	blanket
un edredón	quilt, comforter
una colcha	bedspread
una manta eléctrica	electric blanket
una bolsa de agua caliente	hot-water bottle
un colchón	mattress
un somier	bedsprings
unas literas	bunk beds
una cama de matrimonio	double bed
generalmente	usually
por la mañana	in the morning
por la tarde	in the evening/afternoon
por la noche	at night
todos los días	every day
luego	then

puse el despertador a las siete
I set my alarm clock for seven

no soy trasnochador; me acuesto temprano
I'm not a night owl; I go to bed early

**esta mañana me quedé dormida y llegué tarde al
    trabajo**
this morning I overslept and was late at work

he dormido como un lirón
I slept like a log

See also Sections **16 FOOD, 17 HOUSEWORK, 23 MY ROOM**
and **54 DREAMS.**

16. LA COMIDA
FOOD

comer	to eat
beber	to drink
probar	to taste
picar	to have a snack, to nibble
delicioso	delicious
sabroso	tasty
rico	delicious

las comidas   meals

el desayuno	breakfast
la comida	lunch
la merienda	tea (*afternoon snack*)
la cena	dinner
un entremés	appetizer
el primer plato	first course
el segundo plato	main course
el postre	dessert/fruit (*after a meal*)
las tapas	savory snacks
una ración	a portion
un bocadillo	sandwich

las bebidas   drinks

el agua (*f*)	water
el agua mineral (*f*)	mineral water
un agua mineral (*f*) con/sin gas	sparkling/still mineral water
la leche	milk
el té	tea
un té con limón	tea with lemon
un té con leche	tea with milk
el café	coffee
un café solo	black coffee
un café con leche	regular coffee (*with milk*)
un cortado	coffee (*in a small cup*)

una infusión	herb tea
la tila	lime tea
la manzanilla	camomile tea
un zumo de manzana	apple juice
un zumo de naranja natural	fresh orange juice
un zumo de limón natural	fresh lemon juice
un granizado	crushed-ice drink
un refresco de naranja	orange-flavored drink
un refresco de limón	lemon-flavored drink
una coca-cola	Coke®
la gaseosa	lemonade
una botella de cerveza	a bottle of beer
una caña	glass of beer
una clara	ginger beer
la sidra	cider
el vino	wine
el (vino) tinto	red wine
el (vino) blanco	white wine
el (vino) rosado	rosé wine
la sangría	sangria
el jerez	sherry
el coñac	brandy, cognac
el champán	champagne
los licores	liquors
el anís	aniseed-flavored liqueur
la ginebra	gin

los condimentos

seasonings and herbs

la sal	salt
la pimienta	pepper
el pimentón	paprika, cayenne pepper
el azúcar	sugar
la mostaza	mustard
el vinagre	vinegar
el aceite	oil
el ajo	garlic
la cebolla	onion
las especias	spices

el perejil	parsley
el tomillo	thyme
una hoja de laurel	bay leaf
la nuez moscada	nutmeg
el azafrán	saffron
la canela	cinnamon

el desayuno · breakfast

el pan	bread
el pan integral	whole wheat bread
una barra de pan	French bread
un rebanada de pan con miel	slice of bread with honey
el pan tostado	toast
un bollo	bun, bread roll
la mantequilla	butter
la margarina	margarine
la mermelada	jam, marmalade
la miel	honey
los churros	long doughnuts

las verduras y hortalizas · vegetables

los guisantes	peas
las judías verdes	green beans
un puerro	leek
una patata	potato
una zanahoria	carrot
una col	cabbage
una berza	cabbage
un repollo	cabbage
una coliflor	cauliflower
las coles de Bruselas	Brussels sprouts
una lechuga	lettuce
las espinacas	spinach
los champiñones	mushrooms
una alcachofa	artichoke
un espárrago	asparagus
un pimiento	pepper

una berenjena	eggplant
un calabacín	zucchini
un rábano	radish
un tomate	tomato
un pepino	cucumber
la ensalada	salad
una ensalada variada	mixed salad
las patatas fritas	french fries, potato chips
el arroz	rice
las lentejas	lentils

las carnes   meat

la carne de cerdo	pork
la ternera	veal
la carne de vaca	beef
el cordero	lamb
la carne de caballo	horsemeat
el pollo	chicken
el pavo	turkey
el pato	duck
el conejo	rabbit
un filete	steak
un biftec	steak, beefsteak
una chuleta	chop
un escalope	escalope
el solomillo	sirloin steak
la ternera asada	roast veal
un estofado	stew
la carne picada	mincemeat
una hamburguesa	hamburger
los riñones	kidneys
el hígado	liver
los fiambres	cold meat, ham and pâtés
los embutidos	sausages, salami
una salchicha	sausage
la morcilla	blood sausage
el salchichón	salami-type sausage
el chorizo	cured red sausage
el jamón serrano/York	cured leg of pork/cooked ham

los pescados

la pescadilla	whiting
el bacalao	cod
las sardinas	sardines
el lenguado	sole
el atún	tuna fish
el bonito	tuna fish
la trucha	trout
el salmón	salmon
el besugo	sea bream
la merluza	hake
los mariscos	seafood
la langosta	lobster
las ostras	oysters
las gambas	prawns/large shrimp
los mejillones	mussels
las almejas	clams
los calamares	squid
el pulpo	octopus

fish

los huevos

un huevo duro	hard-boiled egg
un huevo pasado por agua	soft-boiled egg
un huevo frito	fried egg
huevos revueltos	scrambled eggs
una tortilla (francesa)	omelette
una tortilla española	potato omelette
una tortilla de patata	potato omelette

eggs

las pastas alimenticias

los tallarines	noodles
los fideos	thin noodles
los espaguetis	spaghetti
los macarrones	macaroni

pasta

los platos típicos

traditional dishes

el gazpacho	cold cucumber and tomato soup
la sopa de mariscos	seafood soup
la fabada	bean casserole with pork and sausage
el cocido madrileño	noodle soup, chickpeas, meat and red sausage
la paella	rice with seafood or chicken
lechazo al horno	small whole roast lamb
los calamares a la romana	squid rings fried in batter
el pulpo a la gallega	octopus in red sauce
el pisto	vegetables cooked in oil
el bacalao al pil-pil	cod in green sauce
en su punto	done just right
poco hecho	rare (*meat*)
pasado	overcooked (*rice*), well done (*meat*)
empanado	covered in breadcrumbs
relleno	stuffed
frito	fried
hervido	boiled
asado	roast
salteado	lightly fried

los postres

desserts

una manzana	apple
una pera	pear
un albaricoque	apricot
un melocotón	peach
una ciruela	plum
un melón	melon
una sandía	water melon
una piña	pineapple
un plátano	banana

una naranja	orange
un pomelo	grapefruit
una mandarina	tangerine
una fresa	strawberry
una mora	blackberry
una cereza	cherry
las uvas blancas/negras	green/black grapes
la fruta	fruit
la macedonia de frutas	fruit salad
la tarta	cake
los pasteles	pastries
el flan	crème caramel
las natillas	cold custard
el helado	ice cream
el yogur	yogurt
el queso	cheese

las golosinas

sweet things

el chocolate	chocolate
una chocolatina	chocolate bar (*small*)
una tableta de chocolate	chocolate bar (*large*)
las galletas	biscuits
el turrón	nougat
un polo	popsicle
un bombón helado	fudgesicle
los caramelos	candy
los bombones	chocolates
el chicle	chewing gum
las almendras garrapiñadas	almonds coated in caramel
un chupa-chups®	lollipop

los sabores

tastes

dulce	sweet
salado	salty, savory
amargo	bitter
ácido	sour
picante	hot (*spicy*)
insípido	tasteless

fumar

to smoke

un cigarrillo	cigarette
un cigarro	cigarette
una pipa	pipe
un puro	cigar
el tabaco	tobacco
una cerilla	match

See also Sections **5 HOW ARE YOU FEELING?,
17 HOUSEWORK, 60 QUANTITIES** *and*
61 DESCRIBING THINGS.

17. LOS QUEHACERES DOMÉSTICOS
HOUSEWORK

las faenas

chores

hacer la comida/cena	to prepare lunch/dinner
fregar los platos	to wash the dishes
lavar la ropa	to do laundry
hacer la limpieza	to clean
hacer limpieza general	to do spring cleaning
barrer	to sweep
limpiar el polvo	to dust
pasar la aspiradora	to vacuum
hacer las camas	to make the beds
fregar el suelo	to wash the floor
poner la mesa	to set the table
quitar la mesa	to clear the table
ordenar	to tidy up
recoger	to put away, to clear
lavar	to wash
aclarar	to rinse
secar	to dry
coser	to sew, to mend
zurcir	to darn
planchar	to iron
preparar	to prepare
cortar	to cut, to chop
picar	to chop
rallar	to grate
pelar	to peel
cocinar	to cook
hervir	to boil
freír	to fry
asar	to roast
tostar	to grill, to toast
ayudar	to help
echar una mano	to give a hand

los que hacen el trabajo

people who work in the house

el ama de casa (*f*)   housewife
la señora de la limpieza   cleaning lady
la asistenta   home help
la chica de servicio   maid
la au-pair   live-in maid
la niñera   nanny
el mayordomo   butler

los electro- domésticos

electrical appliances

una aspiradora   vacuum cleaner
una lavadora   washing machine
una secadora   dryer, tumbledryer
una plancha   iron
una máquina de coser   sewing machine

una batidora   mixer
una licuadora   blender
un (horno) microondas   microwave oven
un frigorífico   fridge
el congelador   freezer, freezer compartment
un lavaplatos   dishwasher
una cocina eléctrica/de gas   electric/gas stove
el horno   oven
un tostador   toaster

el gas   gas
la electricidad   electricity

los utensilios

utensils

una tabla de plancha   ironing board
una escoba   broom
un cepillo y un recogedor   dustpan and brush
un cepillo   brush
una bayeta   floorcloth
un trapo del polvo   cloth, rag
un plumero   feather duster

un paño de cocina	dishtowel
un escurreplatos	dish drainer, dish rack
una cacerola	saucepan
un cazo	(long-handled) saucepan
una sartén	frying pan
una olla a presión	pressure cooker
un rodillo	rolling pin
un abrelatas	can opener
un abrebotellas	bottle opener
un sacacorchos	corkscrew
un mortero	mortar and pestle
los productos de limpieza	houshold cleansing products
el lavavajillas	dishwashing liquid
el detergente	detergent
la lejía	bleach

los cubiertos / cutlery

una cuchara	spoon
una cucharilla	teaspoon
un tenedor	fork
un tenedor de postre	dessert fork
un tenedor de pescado	fish fork
una pala de pescado	fish knife
un cuchillo	knife
un cuchillo de postre	dessert knife
un cuchillo de cocina	kitchen knife
un cuchillo de pan	bread knife

la vajilla / dishes

un plato	plate
una taza	cup
un vaso	glass
una copa	(stemmed) glass
un plato sopero	soup bowl
un plato hondo	soup bowl
un plato liso	dinner plate
un plato de postre	dessert plate
una fuente	dish, platter
una sopera	soup tureen

un salero	saltcellar
un azucarero	sugar bowl
una tetera	teapot, kettle
una cafetera	coffeepot

el trabajo de la casa lo hacemos entre los dos
we share the housework

See also Sections **16 FOOD** *and* **24 THE HOUSE.**

18. LAS COMPRAS
SHOPPING

comprar	to buy
costar	to cost
gastar	to spend
regatear	to haggle
cambiar	to exchange
pagar	to pay
vender	to sell
saldar	to sell at a reduced price
ir de compras	to go shopping
ir de tiendas	to go shopping
hacer la compra	to do the shopping
barato	cheap
caro	expensive
gratis	free
rebajado	reduced
de oferta	on special offer
de segunda mano	secondhand
usado	secondhand
la clientela	customers, clientele
el cliente	customer
el dependiente	shop assistant

las tiendas y los establecimientos comerciales

shops and businesses

la agencia de viajes	travel agent's
la carnicería	butcher's
el centro comercial	shopping center
la confitería	candy store
la droguería	drugstore
el estanco	smoke shop, cigar store
la farmacia	pharmacy, drugstore
la ferretería	hardware store
la floristería	florist's

el fotógrafo	photographer
la frutería	grocery store, vegetable store
los grandes almacenes	department store
el hiper (mercado)	mall
la joyería	jeweler's
el kiosko de prensa	newsstand
la lavandería	laundry
la lavandería automática	laundry
la librería	bookstore
el mercadillo	street market
el mercado	market
el mercado cubierto	indoor market
la mercería	dry-goods store
la óptica	optician's
la panadería	baker's
la papelería	stationery store
la pastelería	pastry shop
la peluquería	hair salon
la pescadería	fish market
el supermercado	supermarket
la tienda de artículos de piel	leather goods shop
la tienda de artículos de regalo	gift shop
la tienda de comestibles	grocery store
la tienda de deportes	sporting goods store
la tienda de discos	record shop
la tienda de souvenirs	souvenir shop
la tienda de ultramarinos	grocery store
la tienda de vinos y licores	liquor store
la tintorería	dry cleaner's
la zapatería	shoe store
el zapatero	shoe repair shop
un carrito	pushcart
un cesto (de la compra)	shopping basket
una bolsa	bag
una bolsa de plástico	plastic bag
el precio	price
la caja	check-out

el dinero suelto	(small) change
la vuelta	change
un cheque	a check
una tarjeta de crédito	credit card
las rebajas	sales
el mostrador	counter
la sección	department
el probador	fitting room
el escaparate	shop window
el número (de calzado)	size (*for shoes*)
la talla	size

me voy a la compra
I'm going to do the shopping

¿qué deseaba?
can I help you?

quería un kilo de manzanas
I would like two pounds of apples please

¿tiene queso manchego?
have you got any Manchego cheese?

póngame un cuarto de aceitunas
can I have a quarter of a pound of olives?

¿alguna cosa más?
anything else?

no, nada más
that's all, thank you

¿cuánto es?
how much is it?

son 450 pts.
that comes to 450 pesetas

¿es para regalo?
do you want it gift-wrapped?

¿dónde está la sección de calzado?
where is the shoe department?

me encanta ver escaparates
I love window-shopping

no llevo nada suelto
I haven't got any change

le di 1.000 pts. y me dió 300 de vuelta
I gave her/him 1,000 pesetas and she/he gave me 300 change

See also Sections **2 CLOTHES, 10 JOBS AND WORK** *and*
31 MONEY.

19. LOS DEPORTES
SPORTS

correr	to run
nadar	to swim
bucear	to (skin-)dive
zambullirse	to dive in
remar	to row
saltar	to jump
lanzar	to throw
esquiar	to ski
patinar	to skate
pescar	to fish
cazar	to hunt
entrenar (se)	to train
montar a caballo	to go horseback riding
jugar	to play
jugar al fútbol/balón volea	to play football/volleyball
ir de caza	to go hunting
ir de pesca	to go fishing
marcar un gol	to score a goal
marcar un autogol	to score a goal against own team
ganar	to win
perder	to lose
ir a la cabeza	to be in the lead
batir el récord	to beat a record
trotar	to trot
galopar	to gallop
sacar	to serve (*tennis*)
tirar	to shoot
profesional	professional
amateur	amateur
aficionado a	a fan of, a follower of
entusiasta (*m/f*) de	big fan of

los distintos deportes

types of sports

el deporte	sport
el aerobic	aerobics
el alpinismo	mountain climbing
el atletismo	athletics
el baloncesto	basketball
el balonmano	handball
el balón volea	volleyball
el boxeo	boxing
la braza	breast stroke
la caza	hunting
el ciclismo	cycling
el cricket	cricket
el crol	crawl
el culturismo	body building
los deportes de invierno	winter sports
el esquí acuático	water-skiing
la equitación	horseback riding
la esgrima	fencing
la espalda	backstroke
la espeleología	cave exploration
el esquí	skiing
el footing	jogging
el fútbol	football
la gimnasia	PE, gymnastics
el golf	golf
el hockey sobre hielo	ice hockey
el judo	judo
el kárate	karate
el levantamiento de pesos	weightlifting
la lucha libre	wrestling
la mariposa	butterfly stroke
el montañismo	mountain climbing
la natación	swimming
el paracaidismo	parachuting

el patinaje	skating
el patinaje artístico	figure skating
la pelota vasca	jai alai (*similar to squash*)
la pesca	fishing
la pesca submarina	underwater fishing
el ping-pong	table tennis
el piragüismo	canoeing
el rugby	rugby
el salto de altura	high jump
el salto de longitud	long jump
el tenis	tennis
el tiro al plato	skeet shooting
la vela	sailing
el vuelo sin motor	gliding

los artículos de deporte

sports equipment

un balón	ball (*large*)
las barras paralelas	parallel bars
un bate	bat
una bici(cleta)	bicycle
una caña de pescar	fishing rod
un cronómetro	stopwatch
los esquís	skis
los guantes de boxeo	boxing gloves
un palo de golf	golf club
una pelota	ball (*small*)
una piragua	canoe
una raqueta de tenis	tennis racket
una red	net
una silla de montar	saddle
una tabla de surf	surfboard
una tabla de vela	sailboard
un trampolín	diving board
un velero	sailing boat

los lugares

places

el campo	field, ground
un campo de deportes	playing field

un campo de golf	golf course
una cancha	court
las duchas	showers
un estadio	stadium
un frontón	pelota (jai alai) court
un gimnasio	gym(nasium)
una piscina	swimming pool
una pista de esquí	(ski) slope
una pista de patinaje	skating rink
un polideportivo	sports center
los vestuarios	locker rooms

la competición   competing

el entrenamiento	training
una competición	sporting event
un campeonato	championship
un torneo	tournament
un rallye	rally
una eliminatoria	(preliminary) heat
una prueba	event, heat
la liga	league
la final	final
el récord	record
el récord mundial	world record
el final de copa	cup final
los Juegos Olímpicos	Olympic Games
un equipo	team
el equipo vencedor	winning team
un partido	match
el primer tiempo	first half
el segundo tiempo	second half
el intermedio	half time
un gol	goal
el marcador	scorer, scoreboard
el empate	tie, dead heat
una prórroga	extra time
un penálty	penalty kick
el Mundial	World Cup
una carrera	race
una etapa	stage, leg, lap

el pelotón	pack (*cycling*)
una carrera contra reloj	race against the clock
un esprint	sprint
un maratón	marathon
la Vuelta Ciclista a España	Spanish national cycle race
una medalla	medal
una copa	cup
un trofeo	trophy

los deportistas   people

un deportista	sportsman/woman
un alpinista	mountain climber
un boxeador	boxer
un ciclista	cyclist
un corredor	runner
un esquiador	skier
un futbolista	football player
un guardametas	goalkeeper
un jugador	player
un jugador de balonmano	handball player
un jugador de tenis	tennis player
un nadador	swimmer
un patinador	skater
un portero	goalkeeper
el árbitro	referee
el entrenador	coach
un campeón	champion
un monitor	instructor
un hincha	fan

es una entusiasta de la natación
she follows swimming

Marisa es cinturón negro de judo
Marisa is a black belt in judo

el resultado fue empate a 2
the teams were tied at 2 apiece

tuvieron que prolongar el partido
they had to go into extra time

el corredor ha llegado a la meta
the runner crossed the finish line

el caballo iba al trote; de repente se lanzó al galope
the horse was trotting along; suddenly he set off at a gallop

preparado(s) ... listo(s) ... ¡ya!
ready, set, go!

See also Section **2 CLOTHES.**

20. LAS ACTIVIDADES RECREATIVAS
LEISURE AND HOBBIES

divertirse	to enjoy oneself
aburrirse	to be bored
leer	to read
dibujar	to draw
pintar	to paint
hacer fotos	to take photographs
coleccionar	to collect
cocinar	to cook
coser	to sew
hacer punto	to knit
bailar	to dance
cantar	to sing
tocar	to play (*musical instrument*)
jugar	to play (*game*)
ganar	to win
perder	to lose
hacer trampa	to cheat
apostar	to bet
pasear	to go for walk
ir a dar una vuelta en bici	to go bike riding
montar en bici	to ride a bike
ir a dar una vuelta en el coche	to go for a drive
ir de pesca	to go fishing
ir de caza	to go hunting
ir de excursión	to go on a trip
interesante	interesting
fascinante	fascinating
apasionante	thrilling
aburrido	boring
un hobby	hobby
un pasatiempo	pastime

el tiempo libre	free time
el tiempo de recreo	leisure
un club	club
el casino	club, social club, casino
un miembro	member
la lectura	reading
un libro	book
una revista	magazine
la poesía	poetry
una poesía	poem
un poema	poem
el dibujo	drawing
la pintura	painting, paint
el pincel	brush
la escultura	sculpture
la alfarería	pottery
la cerámica	ceramics, pottery
los trabajos manuales	craftwork
el bricolaje	Do-it-yourself (*work*)
un martillo	hammer
un destornillador	screwdriver
un clavo	nail
un tornillo	screw
un taladro	drill
una sierra	saw
una lima	file
la cola (de pegar)	glue
la fotografia	photography
una cámara fotográfica	camera
un carrete	film
una foto	photograph
un tomavistas	movie camera
el vídeo	video
la informática	computer science
una computadora	computer
la filatelia	stamp collecting
un sello	stamp
un álbum	album, scrapbook

una colección	collection
la cocina	cooking
una receta	recipe
la caza	hunting
la pesca	fishing
la costura	dressmaking
una máquina de coser	sewing machine
una aguja	needle
el hilo	thread
un dedal	thimble
un patrón	pattern
el punto (de media)	knitting
una aguja de hacer punto	knitting needle
un ovillo de lana	ball of wool
el ganchillo	crochet work
un ganchillo	crochet hook
la danza	dancing
el baile	dancing
el ballet	ballet
la música	music
el canto	singing
una canción	song
un coro	choir
una coral	choir
la música pop	pop music
un instrumento	instrument
el piano	piano
el violín	violin
el violoncelo	cello
el clarinete	clarinet
la flauta	flute, recorder
una guitarra	guitar
un tambor	drum
la batería	drums
un juguete	toy
un juego	game
una partida	game
el ajedrez	chess
las damas	checkers

el dominó	dominoes
un rompecabezas	jigsaw puzzle
la baraja	deck of cards
una carta	card
un dado	dice
una apuesta	bet

me gusta leer/hacer punto
I like reading/knitting

a Ramón le apasiona el cine
Ramón is a big movie fan

¿echamos una partida de ajedrez?
shall we have a game of chess?

voy a clase de ballet
I take ballet lessons

¿a quién le toca?
whose turn is it?

te toca a ti
it's your turn

See also Sections **19 SPORTS, 21 MEDIA, 22 EVENINGS OUT** *and* **43 CAMPING.**

21. LOS MEDIOS DE COMUNICACION DE MASAS
THE MEDIA

escuchar	to listen to
ver	to watch
leer	to read
poner	to turn on
encender	to turn on
quitar	to turn off
apagar	to turn off
cambiar de emisora/cadena	to switch channels
sintonizar	to tune into

la radio — radio

un aparato de radio	(radio) set
un transistor	transistor radio
los auriculares	earphones
una emisión (radiofónica)	(radio) broadcast, program
el boletín informativo	news bulletin
las noticias	news
una interviú	interview
una entrevista	interview
un single	a forty-five (record)
un maxisingle	twelve-inch single (record)
un elepé	LP
un anuncio (comercial)	commercial, ad
un locutor	speaker
un oyente	listener
una emisora	radio station
la emisión	program
la onda corta/media	short/medium wave
la frecuencia modulada	FM
la recepción	reception
la interferencia	interference

la televisión — television

TV	TV
la tele	TV
un televisor	television set
la televisión en color	color television
la televisión en blanco y negro	black and white television
una antena	antenna
una cadena	channel
un programa de television	TV program
las noticias	news bulletin, newscast
el Telediario	Spanish TV news
un documental	documentary
una serie	series
la publicidad	commercial(s)
un concurso	quiz show
un programa de actualidad	current affairs program
un presentador	newsreader, newscaster
un telespectador	viewer
la televisión vía satélite	satellite TV
un vídeo	video recorder

la prensa — press

un periódico	newspaper
un periódico matinal/vespertino	morning/evening paper
un diario	daily paper
un semanario	weekly
una revista	magazine
la prensa sensacionalista	tabloids
el periodismo	journalism
un periodista	journalist
un reportero	reporter
el redactor jefe	editor in chief
un reportaje	press report
un artículo	article

los titulares	headlines
una sección fija	(regular) column
las páginas deportivas	sports pages
el correo del corazón	lonely hearts column
los anuncios publicitarios	commercial ads
los anuncios por palabras	classified ads
el horóscopo	horoscope
una rueda de prensa	press conference
una agencia de información	news agency
la tirada	circulation

en directo desde Sevilla
live from Seville

22. LAS DIVERSIONES Y LOS ESPECTACULOS
EVENINGS OUT

salir	to go out
bailar	to dance
ir a bailar	to go dancing
invitar	to invite
reservar	to book
sacar una entrada	to buy a ticket
aplaudir	to applaud
acompañar	to accompany
volver a casa	to go/come home
solo	alone
acompañado	accompanied

los espectáculos — shows

la cartelera de espectáculos	billboard
la taquilla	ticket office
una entrada	ticket
un programa	program
el público	audience, spectators
los espectadores	spectators
los aplausos	applause
el teatro	theater
el cine	movies
los conciertos	concerts
el flamenco	flamenco dancing
el ballet	ballet
los toros	bullfighting
la fiesta nacional	bullfighting
la tauromaquia	bullfighting
la ópera	opera
el circo	circus
los fuegos artificiales	fireworks
un teatro	theater
el escenario	stage

el decorado	set
los bastidores	wings
el telón	curtain
el guardarropa	checkroom, coat check
el patio de butacas	orchestra
el anfiteatro	dress circle
un palco	box
el gallinero	rear balcony
el entreacto	intermission
una plaza de toros	bullring
el tendido de sol/sombra	rows of seats in the sun/shade
la banda de música	band
la muleta	muleta (*stick with red cloth attached*)
la capa	cape
el estoque	sword
las banderillas	banderillas
el traje de luces	bullfighter's costume
una cogida	goring
una obra (de teatro)	play
una comedia	comedy
una tragedia	tragedy
una ópera	opera
una opereta	operetta
una zarzuela	Spanish light opera
un ballet	ballet
un concierto de música clásica	concert of classical music
un concierto de rock	rock concert
una corrida de toros	bullfight
un recital de poesía/canciones	poetry reading, songs
el acomodador	usher
un actor, una actriz	actor/actress
un bailarín de ballet	ballet dancer
un bailaor de flamenco	flamenco dancer
el director de orquesta	conductor
los músicos	musicians

un cantante	singer
un cantaor	flamenco singer
un torero	bullfighter
el matador	matador
la cuadrilla	team of bullfighters
el toro	bull
un prestidigitador	magician
un payaso	clown
un domador	animal trainer

el cine

the movies

una película	film, movie
una sala de cine	movie
la sesión	showing
la pantalla	screen
el proyector	projector
los dibujos animados	cartoon
un documental	documentary
una película de terror	horror movie
una película de ciencia-ficción	science fiction movie
una película del Oeste	Western
una película en versión original (V.O.)	film in the original language
los subtítulos	subtitles
una película en blanco y negro	black and white film
un director de cine	film director
un cineasta	filmmaker
un actor/una actriz de cine	star

las discotecas y los bailes

discos and dances

un baile	dance
una verbena	outdoor dancing (*at night*)
una sala de baile	dance hall
un tablao flamenco	flamenco stage
una discoteca	disco(theque), dance club

una boîte	night club
la barra	bar
un disco	record
la pista de baile	dance floor
el conjunto	group (*music*)
el disc-jockey	DJ

en el restaurante / eating out

un restaurante	restaurant
una cafetería	coffee shop, café
un café	café, bar
un bar	café, bar
un camarero	waiter
una camarera	waitress
el maitre	maître d'
el menú del día	today's special
la carta	menu
la carta de vinos	wine list
la cuenta	bill, check
la propina	tip
un restaurante chino	Chinese restaurant
un restaurante típico	restaurant serving typical Spanish food
una pizzería	pizzeria
un restaurante vegetariano	vegetarian restaurant

las invitaciones / parties

una fiesta	party, celebration
un guateque	party
los invitados	guests
el anfitrión	host
un regalo	present, gift
las bebidas	drinks
la sangría	sangria
un cóctel	cocktail
los pinchitos	hors d'oeuvres
los canapés	canapés
un cumpleaños	birthday

una tarta de cumpleaños birthday cake
las velitas candles

    el público gritaba '¡otra, otra!'
    the audience shouted 'more!'

See also Section **16 FOOD.**

23. MI HABITACION
MY ROOM

el suelo	floor
la moqueta	(deep pile) carpet
el techo	ceiling
la puerta	door
la ventana	window
las cortinas	curtains
las contraventanas	shutters
la persiana	blind
las paredes	walls
un radiador	radiator
un enchufe	socket; plug

los muebles | furniture

la cama	bed
una colcha	bedspread
una manta	blanket
una sábana	sheet
una almohada	pillow
la mesilla de noche	bedside table
una cómoda	chest of drawers
un tocador	dresser
un armario	wardrobe, closet
un armario empotrado	built-in wardrobe
un armario de luna	mirrored wardrobe
un baúl	chest
un escritorio	desk
una silla	chair
una banqueta	stool
un taburete	rounded ottoman
un sillón	armchair
una repisa	shelf
unos estantes	shelves
una estantería	bookcase
una librería	bookcase

los objetos

objects

un flexo	adjustable table lamp
una lámpara	lamp
una pantalla	lampshade
una bombilla	light bulb
una vela	candle
un despertador	alarm clock
una alfombra	rug, carpet
un poster	poster
un cuadro	painting, picture
una foto	photograph
un portarretratos	picture frame
una planta	plant
una maceta	flowerpot
un macetero	flowerpot holder
un jarrón	vase
un espejo	mirror
un libro	book
una revista	magazine
un revistero	magazine rack
una televisión portátil	portable TV
un transistor	transistor radio
un ordenador	computer
un oso de peluche	teddy bear
un juguete	toy

See also Sections **15 DAILY ROUTINE** *and* **24 THE HOUSE.**

24. LA CASA
THE HOUSE

vivir	to live
habitar	to live in, to occupy
cambiarse de casa	to move
el alquiler	rent
la hipoteca	mortgage
la mudanza	moving
el inquilino	tenant
el dueño	owner, landlord
el propietario	owner
el portero	doorman, janitor
la vivienda	apartment
una casa	house
un piso	apartment
una vivienda protegida	low cost housing
un apartamento	apartment
un ático	attic, top floor
un piso amueblado	furnished apartment

las partes de la casa
parts of the house

el sótano	basement
la planta baja	ground floor, first floor
el primer piso	second floor
el desván	loft, attic
el portal	entrance (*of building*)
el rellano de la escalera	landing
la(s) escalera(s)	stair(s)
un escalón	step
el pasamanos	bannister
la barandilla	bannister
un ascensor	elevator
un rincón	corner (*inside*)
una esquina	corner (*outside*)
el tejado	roof

una teja	roof tile
un tejado de pizarra	slate roof
la chimenea	chimney, fireplace
una puerta	door
la puerta de entrada	front door
una ventana	window
un ventanal	big window
un balcón	balcony
el jardín	garden
el huerto	vegetable garden
el corral	yard
la terraza	terrace
el garaje	garage
arriba	upstairs
abajo	downstairs

las habitaciones   the rooms

la entrada	entrance (hall)
el pasillo	hallway
la cocina	kitchen
la despensa	pantry
el comedor	dining room
el cuarto de estar	living room
el salón	living room
el despacho	study
el cuarto de estudio	study
la biblioteca	library
el dormitorio	bedroom
el cuarto de baño	bathroom
el aseo	toilet
el váter	toilet

los muebles   furniture

un aparador	buffet
un armario	wardrobe, cupboard, closet
una estantería	bookcase, shelves
una mecedora	rocking chair
una mesa	table
una mesa de despacho	desk

una mesita auxiliar	coffee table
un piano	piano
un reloj de pared	grandfather clock
una silla	chair
un sillón	armchair
un sofá	sofa
la bañera	bath
la ducha	shower
el lavabo	bathroom sink
el bidet	bidet

los objetos y los accesorios

objects and fixtures

una alfombra	carpet, rug
una alfombrilla de baño	bathroom rug
la cadena del váter	handle (*toilet*)
la calefacción central	central heating
un candelabro	candlestick
un cenicero	ashtray
la cerradura	keyhole
un cerrojo	bolt (*in door*)
un cojín	cushion
el cubo de la basura	garbage can
una escalera de mano	ladder
un espejo	mirror
un felpudo	doormat
el fregadero	kitchen sink
un grifo	tap
un jarrón	vase
una lámpara de pie	floor lamp
la llave	key
un marco	frame
los objetos de adorno	ornaments
una papelera	wastepaper basket
un paragüero	umbrella stand
un perchero	coat rack
el picaporte	door handle
una reproducción	reproduction
un revistero	magazine rack

el timbre	doorbell
un buzón	mailbox
una televisión portátil	portable television set
un tocadiscos	record player
un equipo estereofónico	stereo
un magnetofón	tape recorder
una grabadora	cassette recorder
un radiocassette	radio cassette player
una cassette	cassette
una cinta	tape
un disco	record
una máquina de escribir	typewriter
el césped	lawn
el invernadero	greenhouse
una sombrilla	umbrella
un carretillo	wheelbarrow
una manga de regar	hose
una regadera	watering can

See also Sections **17 HOUSEWORK** *and* **23 MY ROOM.**

25. LA CIUDAD
THE CITY

una ciudad	town, city
la capital	city, capital
la gran ciudad	big city
los suburbios	suburbs
las afueras	outskirts
un barrio	neighborhood, area (*in a town*)
una zona industrial	industrial area
una zona residencial	residential area
la parte antigua	old town
la parte moderna	new (part of the) town
el centro	town/city
la ciudad universitaria	university town, campus
la zona azul	restricted parking area
los alrededores	surroundings
una avenida	avenue
una calle	street
una calle comercial	shops
un centro comercial	shopping center, mall
una calle peatonal	pedestrian walk
la calle principal	main street
una calleja	narrow street, alleyway
un callejón sin salida	dead end
una carretera de circunvalación	bypass
un paseo	boulevard
una manzana de casas	block of houses
una plaza	square
la calzada	road
la acera	sidewalk
un aparcamiento	parking lot
un aparcamiento subterráneo	underground parking lot

una alcantarilla	gutter
los desagües	sewers
una farola	streetlight
un parque	park
los jardines públicos	park, public gardens
un cementerio	cemetery
un puente	bridge
el puerto	harbor
el aeropuerto	airport

los edificios — buildings

un edificio público	public building
el Ayuntamiento	town/city hall
la Diputación	town council
el Palacio de Justicia	courthouse
una biblioteca	library
la comisaría de policía	police station
el cuartel de la Guardia Civil	rural and traffic police headquarters
el parque de bomberos	fire station
la oficina de objetos perdidos	lost and found office
una cárcel	prison
una fábrica	factory
un hospital	hospital
la Casa de la Cultura	community arts center
el Palacio de la Opera	opera (house)
un museo	museum
una galería de arte	art gallery
un castillo	castle
un palacio	palace
una torre	tower
un rascacielos	skyscraper
la catedral	cathedral
una iglesia	church
el campanario	church tower, steeple
una mezquita	mosque
un monumento	memorial, monument

el monumento a los caídos	war memorial
una estatua	statue
una fuente	fountain

la gente   **people**

un habitante	inhabitant
los habitantes de la ciudad	city dwellers
los ciudadanos	citizens
los vecinos	neighbors, residents
los peatones	pedestrians
los paseantes	strollers
un turista	tourist
un vagabundo	burn

> **anduvimos callejeando por la parte antigua**
> we strolled around the old town

> **los vecinos del barrio de la Concepción**
> those who live in the Concepción district

> **viven en el centro**
> they live in town

See also Sections **18 SHOPPING, 22 EVENINGS OUT, 26 CARS, 41 PUBLIC TRANSPORTATION, 45 GEOGRAPHICAL TERMS** *and* **64 DIRECTIONS.**

26. LOS COCHES
CARS

conducir	to drive
arrancar	to start the car
aminorar la marcha	to slow down
frenar	to brake
acelerar	to accelerate
cambiar de marcha	to change gear
parar	to stop
aparcar	to park
estacionarse	to park
adelantar	to overtake
dar la vuelta	to make a U-turn
encender los faros	to turn on one's lights
apagar los faros	to turn off one's lights
atravesar	to cross, to go through
ceder el paso	to yield
tener prioridad	to have right of way
tocar el claxon	to honk (the horn)
derrapar	to skid
remolcar	to tow
reparar	to repair
averiar(se)	to break down
quedarse sin gasolina	to run out of gasoline
llenar el depósito	to fill up
cambiar una rueda	to change a tire
cometer una infracción	to commit a traffic violation
respetar el límite de velocidad	to keep to the speed limit
saltarse un semáforo	to jump a red light
saltarse un stop	to ignore a stop sign

los usuarios de la carretera
road users

un automovilista	motorist
un conductor	driver
los ocupantes del coche	passengers

un viajero	passenger
un camionero	truck driver
un motorista	motorcyclist
un ciclista	cyclist
un auto-estopista	hitchhiker
un peatón	pedestrian

piezas y accessorios — car parts

el acelerador	accelerator
un ala	fender
el asiento delantero/trasero	front/back seat
la baca	luggage rack
la batería	battery
la bocina	horn
la bujía	spark plug
la caja de cambios	transmission
la calefacción	heating
el capot	hood
el carburador	carburetor
la carrocería	body
el chasis	chassis
el cinturón de seguridad	seat belt
el claxon	horn
la correa del ventilador	fanbelt
el depósito de gasolina	tank
un embellecedor	hub cap
el embrague	clutch
el faro antiniebla	fog light
los faros	lights
el freno de mano	handbrake
los frenos	brakes

los vehículos — vehicles

un coche	car
un automóvil	car
un coche automático	automatic transmission
un cacharro	old car
un coche de segunda mano	used car

un (coche de) dos/cuatro/ puertas	two/four/five-door car
un utilitario	station wagon
un turismo	sedan
un coche de carreras	racing car
un deportivo	sports car
un coche de tracción delantera	car with front-wheel drive
un coche de cuatro ruedas motrices	car with four-wheel drive
un descapotable	convertible
la cilindrada	cylinder capacity
la marca	make
un camión	truck
un camión articulado	tractor trailer
una camioneta	van
un furgón	van
una furgoneta	van
la grúa	tow truck
una moto	motorbike
un vespino	moped
un combi	minivan, camper
una caravana	trailer
una rulota	trailer
un remolque	trailer
rápido	fast
lento	slow
el indicador de aceite/gasolina	oil/gasoline gauge
el intermitente	signal lever
un limpiaparabrisas	windshield wiper
la luz de carretera	headlight
la luz de cruce	headlight
las luces de posición	parking lights
el maletero	trunk
la matrícula	license plate
el motor	engine
un neumático	tire
la palanca de marchas	gearshift lever

el parabrisas	windshield
el parachoques	bumper
un pedal	pedal
una pieza de repuesto	spare part
los pilotos	taillights
una puerta/portezuela	door
el radiator	radiator
el ralentí	neutral
el retrovisor	(rearview) mirror
una rueda	tire
una rueda de repuesto	spare tire
el starter	choke
la suspensión	suspension
el tablero de mandos	dashboard
el tapón	gas tank cap
el tubo de escape	exhaust
las velocidades/marchas	gears
la marcha atrás	reverse
la primera	first gear
la segunda	second gear
la tercera	third gear
la directa/cuarta	fourth gear
la quinta/superdirecta	fifth gear, overdrive
el punto muerto	neutral
el velocímetro	speedometer
una ventanilla	window
el volante	steering wheel
la gasolina	gasoline
la gasolina normal	regular gasoline
la gasolina super	high octane
el combustible	fuel
el gasóleo	diesel
el aceite	oil
el anticongelante	antifreeze

las pegas

problems

un taller	workshop
un garaje	garage
una gasolinera	gas station
una estación de servicio	service station

un poste de gasolina	gas pump
un mecánico	car mechanic
el seguro	insurance
una póliza de seguros	insurance policy
el carné de conducir	driver's license
el Código de Circulación	Rules of the Road
la velocidad	speed
el exceso de velocidad	speeding
una infracción	violation
una multa	parking ticket
una señal de aparcamiento prohibido	no parking sign
un pinchazo	flat tire
una avería	breakdown
un atasco (de tráfico)	traffic jam
una desviación	traffic diversion
las obras	men working
la visibilidad	visibility

las carreteras roads

el tráfico	traffic
la circulación	traffic
un mapa de carreteras	road map
una carretera	highway
una carretera nacional	interstate highway
una carretera comarcal	state, provincial highway
una autopista	turnpike
una calle de dirección única	one-way street
un stop	stop sign
un paso de peatones	pedestrian crossing
un paso de cebra	pedestrian crossing
una curva	bend
un cruce	intersection
un empalme	junction
una glorieta	traffic circle
un carril	lane
un semáforo	traffic lights
el peaje	toll
la zona de servicios	service area

una señal de tráfico   road sign
la zona azul   restricted parking area

> **¿de qué marca es tu coche?**
> what make is your car?

> **¡mete la tercera!**
> go into third gear!

> **iban a 100 (kilómetros) por hora**
> they were going 62 miles an hour

> **en Inglaterra se circula por la izquierda**
> in England, they drive on the left

> **le retiraron el carné de conducir**
> he lost his driver's license

> **¡nos hemos equivocado de carretera!**
> we've gone the wrong way!

See also Section **51 ACCIDENTS**.

27. LA NATURALEZA
NATURE

el paisaje	**landscape**
el campo	the country
un campo	field
un prado	meadow
una pradera	meadow
un bosque	woods, forest
un claro	clearing
una llanura	prairie, plain
una meseta	plateau
una montaña	mountain
una colina	hill
una monte	hill
el monte	woodland
un desierto	desert
la selva	jungle

las plantas	**plants**
la raíz	root
el tronco	trunk
una rama	branch
un brote	bud (*tree, leaf*), shoot
un capullo	bud (*flower*)
una flor	flower, blossom
una hoja	leaf
el follaje	foliage
la corteza	bark
la copa	treetop
una bellota	acorn
una baya	berry
una planta	plant
un árbol	tree
un arbusto	shrub, bush
los matorrales	bush, thicket
las algas	seaweed

los brezos	heather
una seta	(edible/poisonous)
(comestible/venenosa)	mushroom
los helechos	ferns
la hierba	grass
el muérdago	mistletoe
el acebo	holly
la hiedra	ivy
las (malas) hierbas	weeds
el musgo	moss
un junco	reed
el trébol	clover

los árboles   trees

un árbol de hoja caduca	deciduous tree
un árbol de hoja perenne	evergreen tree
una conífera	conifer
un álamo	poplar
un abedul	birch
un abeto	fir tree
un castaño	chestnut tree
un castaño de Indias	horse chestnut tree
un cedro	cedar
un ciprés	cypress
un fresno	ash tree
un haya (f)	beech
un nogal	walnut tree
un olmo	elm
una palmera	palm tree
un pino	pine tree
un roble	oak
un sauce llorón	weeping willow

los árboles frutales   fruit trees

un albaricoquero	apricot tree
un almendro	almond tree
un avellano	hazel
un cerezo	cherry tree
un ciruelo	plum tree

una datilera	date tree
una higuera	fig tree
un limonero	lemon tree
un manzano	apple tree
un melocotonero	peach tree
un naranjo	orange tree
un olivo	olive tree
un peral	pear tree
un plátano	banana tree

las flores — flowers

una flor sivestre	wild flower
una flor cultivada	garden flower
el tallo	stem
un pétalo	petal
el polen	pollen
las adelfas	rosebay
una amapola	poppy
una azucena	white lily
la buganvilia	bougainvillea
un clavel	carnation
un crisantemo	chrysanthemum
un diente de león	dandelion
el geranio	geranium
el jazmín	jasmine
una lila	lilac
un lirio	lily of the valley
la madreselva	honeysuckle
una margarita	daisy
un narciso	daffodil
una orquídea	orchid
una petunia	petunia
una rosa	rose
un tulipán	tulip
una violeta	violet

los animales — animals

una pata	leg, paw
el hocico	muzzle, snout

la cola	tail
la trompa	trunk
las garras	claws
una pezuña	hoof
las fauces	jaws
el ala (*f*)	wing
el pico	beak
una pluma	feather
el plumaje	feathers
un antílope	antelope
una ardilla	squirrel
una ballena	whale
un búfalo	buffalo
un camello	camel
un canguro	kangaroo
un castor	beaver
una cebra	zebra
un ciervo, una cierva	stag/doe
un delfín	dolphin
un dromedario	dromedary
un elefante	elephant
un erizo	hedgehog
una foca	seal
una gacela	gazelle
un hipopótamo	hippopotamus
un jabalí	wild boar
una jirafa	giraffe
un león, una leona	lion(ess)
un leopardo	leopard
una liebre	hare
un lobo, una loba	wolf/she-wolf
un mono	monkey
un oso	bear
una rata	rat
un ratón	mouse
un tiburón	shark
un tigre	tiger
una tortuga	tortoise
un zorro	fox

los animales domésticos y de labor

pets and farm animals

un buey	ox
un burro	donkey
un caballo	horse
una cabra	nanny goat
un cachorro	puppy
un carnero	ram
un cerdo, una cerda	pig/sow
un conejillo de Indias	guinea pig
un conejo	rabbit
un cordero	lamb
una gallina	hen
un gallo	cock
un ganso	gander
un gato, una gata	cat
un hamster	hamster
un macho cabrío	billy goat
un mamífero	mammal
un marrano, una marrana	pig/sow
una mula	mule
una oca	goose
una oveja	sheep
un pato	duck
un pavo	turkey
un perro, una perra	dog/bitch
un pollo	chick
un potro	foal
un ternero	calf
un toro	bull
una vaca	cow
una yegua	mare

los reptiles, etc

reptiles, etc

una boa	boa
una cobra	cobra

un cocodrilo	crocodile
una culebra	grass snake
una culebra de agua	water snake
un gusano	worm
una lagartija	(small) lizard
un lagarto	lizard
un pez	fish
un pulpo	octopus
una rana	frog
un sapo	toad
una serpiente	snake
una serpiente de cascabel	rattlesnake
una víbora	adder

las aves   birds

un pájaro	bird
un ave nocturna (*f*)	night hunter
un ave de rapiña (*f*)	bird of prey
un águila (*f*)	eagle
una alondra	lark
un avestruz	ostrich
un búho	owl
un buitre	vulture
un canario	canary
una cigüeña	stork
un cisne	swan
un cuco	cuckoo
un cuervo	crow
un faisán	pheasant
una garza real	heron
una gaviota	seagull
una golondrina	swallow
un gorrión	sparrow
un halcón	falcon
una lechuza	owl
un loro	parrot
un mirlo	blackbird
una paloma	dove
un pavo real	peacock
un periquito	parakeet

un pichón	pigeon
un pingüino	penguin
un pinzón	chaffinch
un ruiseñor	nightingale
una urraca	magpie

los insectos   insects

una avispa	wasp
una abeja	bee
un abejorro	bumblebee
una araña	spider
una cucaracha	cockroach
una hormiga	ant
una libélula	dragonfly
una oruga	caterpillar
una mariposa	butterfly
una mariquita	ladybug
una mosca	fly
un mosquito	mosquito
un saltamontes	grasshopper

See also Sections **44 SEASHORE** *and* **45 GEOGRAPHICAL TERMS**.

28. ¿QUE TIEMPO HACE?
WHAT'S THE WEATHER LIKE?

llover	to rain
nevar	to snow
helar	to be freezing
brillar	to shine
derretir(se)	to melt
empeorar	to get worse
mejorar	to improve
cambiar	to change
cubierto	overcast
nuboso	cloudy
despejado	clear
soleado	sunny
tormentoso	stormy
seco	dry
caluroso	warm, hot
frío	cold
fresco	cool
suave	mild
agradable	pleasant
horrible	awful
variable	changeable
al sol	in the sun
a la sombra	in the shade
el tiempo	weather
la temperatura	temperature
la meteorología	meteorology
el parte meteorológico	weather forecast
el clima	climate
la atmósfera	atmosphere
la presión atmosférica	atmospheric pressure
una mejoría	improvement
un empeoramiento	worsening
el termómetro	thermometer
los grados	degrees

el barómetro	barometer
el cielo	sky
los cielos	sky

la lluvia   rain

la humedad	humidity, dampness
las precipitaciones	precipitations (*snow, rain, etc*)
una gota de lluvia	raindrop
un charco	puddle
una nube	cloud
un chaparrón	shower, downpour
un chubasco	sudden (short) shower
la llovizna	drizzle
la niebla	fog
la neblina	mist
el granizo	hail
una inundación	flood
una tormenta	thunderstorm
un trueno	thunder
un relámpago	(flash of) lightning
un rayo	(flash of) lightning
el arco iris	rainbow

el frío   cold weather

la nieve	snow
un copo de nieve	snowflake
una nevada	snowfall
una avalancha	avalanche
una bola de nieve	snowball
una máquina quitanieves	snowplow
un muñeco de nieve	snowman
una helada	frost
el deshielo	thaw
la escarcha	frost
el hielo	ice
el rocío	dew

el buen tiempo

good weather

el sol	sun
un rayo de sol	ray of sunshine
el calor	heat
una ola de calor	heatwave
el bochorno	sultriness, stifling weather
la sequía	drought

el viento

wind

el viento	wind
una corriente de aire	draft
una ráfaga de aire	gust of wind
el cierzo	North wind
la brisa	breeze
un huracán	hurricane
la tempestad	storm
un ciclón	cyclone

hace buen/mal tiempo
the weather is good/bad

estamos a 30 grados a la sombra/14 grados bajo cero
the temperature is 30° in the shade/minus 14°

está lloviendo (a cántaros)
it's raining (cats and dogs)

llueve a chaparrón
it's pouring

hace sol/calor/frío
it's sunny/hot/cold

hace un frío que pela
it's very cold

estoy asfixiada de calor
I'm sweltering

hace viento
it's windy

hace un día espléndido
it's a beautiful day

hace un tiempo horrible
the weather is dreadful

29. LA FAMILIA Y LOS AMIGOS
FAMILY AND FRIENDS

la familia

the family

un pariente	relation, relative
los padres	parents
la madre	mother
el padre	father
la mamá	mom
el papá	dad
la madrastra	stepmother
el padrastro	stepfather
los hijos	children
los niños	children, kids
un niño, una niña	little boy/girl
un nene, una nena	baby boy/girl, little boy/girl
un bebé	baby
una hija	daughter
un hijo	son
un hijo adoptivo	adopted son
una hijastra	stepdaughter
un hijastro	stepson
la hermana	sister
el hermano	brother
el hermano gemelo	twin brother
el hermanastro	stepbrother
el abuelo, la abuela	grandfather/grandmother
el abuelito, la abuelita	granddad/grandma
los abuelos	grandparents
los nietos	grandchildren
la nieta	granddaughter
el nieto	grandson
la bisabuela	great-grandmother
el bisabuelo	great-grandfather
la mujer	wife, woman
la esposa	wife
el marido	husband
la suegra	mother-in-law

el suegro	father-in-law
la nuera	daughter-in-law
el yerno	son-in-law
el cuñado, la cuñada	brother-in-law/sister-in-law
la tía	aunt
el tío	uncle
la prima	cousin (*female*)
el primo	cousin (*male*)
la sobrina	niece
el sobrino	nephew
la madrina	godmother
el padrino	godfather
la ahijada	goddaughter
el ahijado	godson

los amigos   friends

la amistad	friendship
las amistades	one's friends
el amigo, la amiga	friend, pal
el amigo íntimo	close friend
el compañero, la compañera	mate, boyfriend/girlfriend
el novio	boyfriend, fiancé, bridegroom
la novia	girlfriend, fiancée, bride
el vecino	neighbor (*male*)
la vecina	neighbor (*female*)

¿tienes hermanos?
have you got any brothers (and sisters)?

no tengo hermanos
I have no brothers (or sisters)

soy hija única
I'm an only child

el mayor es Alfredo
Alfredo is the oldest

Lola es la mediana
Lola is the middle child

Manolo es el pequeño
Manolo is the youngest

mi hermano (el) mayor tiene 17 años
my big brother is 17

estoy al cuidado de mi hermanita
I'm looking after my little sister

Paco y Santiago son muy amigos
Paco and Santiago are close friends

salió con los amigos
he/she is out with his/her friends

la tía Tere y el primo Enrique
aunt Tere and cousin Enrique

See also Section **8 IDENTITY**.

30. LA ENSEÑANZA
SCHOOL AND EDUCATION

ir al colegio/a la escuela/ al instituto	to go to school
estudiar	to study
aprender	to learn
aprender de memoria	to learn by heart
hacer los deberes	to do one's homework
preguntar	to ask
responder (a)	to answer
contestar (a)	to answer
examinar	to examine
salir al encerado/a la pizarra	to go to the chalkboard
saber	to know
repasar	to revise, go over again
presentarse a/hacer un examen	to take an exam
aprobar	to pass
suspender	to fail
repetir curso	to repeat a year
expulsar	to expel, to suspend
castigar	to punish
hacer novillos	to play hooky
pirarse una clase	to skip class
ausente	absent
presente	present
aplicado	hard-working
estudioso	studious
distraído	inattentive
indisciplinado	undisciplined
un jardín de infancia	nursery school
una guardería	nursery school
un colegio de E.G.B.	elementary school
un instituto de B.U.P	high school
una escuela técnica	technical college
una escuela de comercio	vocational school
un colegio privado	private school

un internado	boarding school
una universidad	university
un centro estatal	state school
la Universidad a Distancia	university course by correspondence
la enseñanza pública	public education
la enseñanza privada	private education
las clases particulares	private lessons
el diurno	day school/classes
el nocturno	night school/classes

en el centro docente

at school

una clase	class
un aula (*f*)	classroom
el despacho del director	principal's office
la sala de profesores	faculty room
la biblioteca	library
el laboratorio	laboratory
el laboratorio de lenguas	language lab
el bar	café
el patio de recreo	playground
el gimnasio	gym(nasium)
un pupitre	desk
la mesa del profesor	teacher's desk
la pizarra	chalkboard
el encerado	chalkboard
la tiza	chalk
un borrador	eraser
una cartera	school bag, book bag
un cuaderno	notebook
un libro	book
un diccionario	dictionary
un plumier	pencilcase
un bolígrafo	ballpoint pen
la tinta	ink
una pluma	(fountain) pen
un lápiz	(lead) pencil

un lapicero	(lead) pencil
el papel	paper
un rotulador	felt-tip pen
un afilapuntas	pencil sharpener
una goma	eraser
una regla	ruler
un compás	compass
una escuadra	square (*instrument*)
una calculadora de bolsillo	pocket calculator
la gimnasia	gymnastics
las anillas	rings
las (barras) paralelas	parallel bars
el potro	pommel horse
el trampolín	trampoline
una colchoneta	landing mat

los profesores y los alumnos
teachers and pupils

un profesor	teacher
un maestro	elementary school teacher
un catedrático	professor, teacher
un profesor de universidad	professor
un jefe de departamento	head of department, dean
el director	principal (*male*)
la directora	principal (*female*)
el profesor de lengua y literatura	language teacher
la profesora de matemáticas	math teacher
el inspector	superintendent of schools
un alumno	pupil
un estudiante	student
un interno	boarder, in residence
un externo	commuting student
un repetidor	pupil repeating a year
un empollón	cram
un compañero, una compañera	classmate

un alumno del nocturno	night school student

el curso — the school year

el trimestre	term
el horario	schedule
una asignatura	subject
una lección	lesson
la clase de lengua	language class
una clase de matemáticas	math class
el cálculo	sum, calculus
el álgebra (*f*)	algebra
la aritmética	arithmetic
la geometría	geometry
una suma	sum
una resta	subtraction
una multiplicación	multiplication
una división	division
una ecuación	equation
un círculo	circle
un triángulo	triangle
un cuadrado	square
un rectángulo	rectangle
un ángulo	angle
un ángulo recto	right angle
el volumen	volume
un cubo	cube
el diámetro	diameter
la historia	history
la geografía	geography
las ciencias naturales	science
la biología	biology
la química	chemistry
la física	physics
las lenguas	languages
las lenguas modernas	modern languages
el inglés	English
el español	Spanish

el francés	French
el latín	Latin
el griego	Greek
la filosofía	philosophy
el vocabulario	vocabulary
la gramática	grammar
la conjugación	conjugation
la ortografía	spelling
la lectura	reading
la redacción	writing
una redacción	essay
un trabajo	essay, assignment
una traducción	translation
la música	music
el dibujo	drawing
los trabajos manuales	handicrafts
la religión	religion
la educación física	P E
un ejercicio	exercise, test
un problema	problem, sum
una pregunta	question
una respuesta	answer
un ejercicio oral/escrito	oral/written test
un examen	exam(ination)
una buena/mala nota	good/bad mark
las notas	results
el aprobado	passing grade
un error	mistake
el boletín de notas	report card
un título	certificate
un certificado	certificate
un diploma	diploma
la disciplina	discipline
un castigo	punishment
un premio	prize
el recreo	break, recess
el timbre	bell
las vacaciones escolares	school holidays

las vacaciones de Semana Santa	Easter vacation
las vacaciones de Navidad	Christmas vacation
las vacaciones de verano	summer vacation
el comienzo del curso	beginning of school year

> **ha tocado el timbre**
> the bell has rung

31. EL DINERO
MONEY

comprar	to buy
vender	to sell
gastar	to spend
pedir prestado	to borrow
prestar	to lend
pagar	to pay
pagar al contado	to pay cash
pagar en efectivo	to pay cash
pagar con cheque	to pay by check
cambiar	to change
comprar a plazos	to pay on installment
fiar	to buy on credit
sacar dinero (del banco)	to withdraw money
ingresar dinero	to make a deposit
ahorrar	to save money
hacer cuentas	to do the bills
tener deudas	to be in debt
rico	rich
pobre	poor
millonario	millionaire
el dinero	money
un billete	banknote, bill
una moneda	coin
un monedero	purse
una billetera	wallet
una cartera	wallet, handbag
los ahorros	savings
una hucha	piggy bank
un banco	bank
una Caja de Ahorros	savings bank
la caja	cashier's, teller window
la ventanilla	counter
el mostrador	counter
el cajero automático	automatic teller machine

una cuenta bancaria	bank account
una cuenta corriente	current account
una cuenta de ahorro	savings account
un reintegro	withdrawal
una transferencia	transfer
un ingreso	deposit
una tarjeta de crédito	credit card
un talonario de cheques	checkbook
una chequera	checkbook
un cheque	check
un cheque de viaje	traveler's check
un eurocheque	Eurocheque
una cartilla	savings book
un estadillo	statement
un crédito	credit
una deuda	debt
un préstamo	loan
una inversión	investment
el interés	interest
la comisión	commission
la Bolsa	Stock Exchange
una acción	share
la inflación	inflation
la moneda	currency
la peseta	peseta
un duro	5 pesetas
un billete de 1.000 pts.	1,000 peseta note
la libra esterlina	pound sterling
un penique	penny (*British coin*)
el dólar	dollar
el IVA	sales, excise tax

querría cambiar 20.000 pts. en libras
I'd like to change 20,000 pesetas into pounds

quiero pagar con tarjeta de crédito
I'd like to pay by credit card

estoy sin blanca/sin un duro/más pelado que una rata
I'm broke

¿me puedes prestar 20 duros?
can I borrow 100 pesetas from you?
le pedí prestadas 3.000 pts.
I borrowed 3,000 pesetas from him

See also Sections **10 JOBS AND WORK** *and* **18 SHOPPING**.

32. LOS TEMAS DE ACTUALIDAD
TOPICAL ISSUES

defender	to defend
estar a favor (de)	to be for
estar en contra (de)	to be against
intransigente	intolerant
tolerante	broad-minded
un problema	problem
una discusión	argument
el conflicto generacional	generation gap
el terrorismo	terrorism
la violencia	violence
las armas nucleares	nuclear weapons
el desarme	disarmament
la energía nuclear	nuclear energy
una central nuclear	nuclear power station
la bomba atómica	the (nuclear) Bomb
la guerra	war
la paz	peace
el hambre (*f*)	starvation
la miseria	destitution
el paro	unemployment
la contracepción	contraception
el aborto	abortion
la homosexualidad	homosexuality
un homosexual	gay man
una lesbiana	lesbian
el SIDA	AIDS
la discriminación sexual	sexism
el machismo	male chauvinism
un machista	male chauvinist
la liberación de la mujer	women's liberation
el feminismo	feminism
una feminista	feminist
la igualdad de derechos	equality

el racismo	racism
la opresión	oppression
un exilado político	political refugee
el alcoholismo	alcoholism
la droga	drugs
un drogadicto	drug addict
una sobredosis	overdose
las drogas blandas	soft drugs
el hachís	hashish
las drogas duras	hard drugs
la cocaína	cocaine
la heroína	heroin
el tráfico de drogas	drug trafficking
un traficante	dealer

pienso que . . . , me parece que . . .
I think/believe that . . .

estoy/no estoy de acuerdo (contigo)
I agree/disagree (with you)

su primo está alcoholizado
his/her cousin is an alcoholic

todos ellos se drogan
all of them take drugs

33. LA POLITICA
POLITICS

gobernar	to govern
legislar	legislate
elegir	to elect
votar	to vote
manifestarse	to demonstrate
abolir	to abolish
suprimir	to do away with
nacionalizar	to nationalize
privatizar	to privatize
legalizar	to legalize
despenalizar	to legalize
político	political
democrático	democratic
conservador	conservative
socialista (*m/f*)	socialist
comunista (*m/f*)	communist
marxista (*m/f*)	Marxist
fascista (*m/f*)	fascist
anarquista (*m/f*)	anarchist
capitalista (*m/f*)	capitalist
extremista (*m/f*)	extremist
de derechas	right wing
de izquierdas	left wing
una nación	nation
un país	country
un comunidad autónoma	autonomous region
un Estado	state
una república	republic
una monarquía	monarchy
el gobierno	government
el parlamento	parliament
el Consejo de Ministros	Cabinet
el Jefe del Estado	Head of State
el presidente	president

el presidente del Gobierno	Prime Minister
un ministro	minister
un diputado	representative, congressman
un político	politician
las elecciones	elections
un partido	political party
el derecho al voto	right to vote
un distrito electoral	constituency
una urna	ballot box
una papeleta de voto	ballot
un candidato	candidate
la campaña electoral	election campaign
un sondeo de opinión	opinion poll
un votante	voter
un proyecto de ley	bill
una ley	law
la Constitución	constitution
una crisis	crisis
una manifestación	demonstration
un golpe de Estado	coup
una revolución	revolution
una guerra civil	civil war
los derechos del hombre	human rights
una dictadura	dictatorship
una ideología	ideology
la democracia	democracy
el socialismo	socialism
el comunismo	communism
el fascismo	fascism
el capitalismo	capitalism
el pacifismo	pacifism
la neutralidad	neutrality
la unidad	unity
la libertad	freedom
la gloria	glory
la burguesía	middle classes
la clase obrera	working class
el pueblo	the people
un monarca	monarch

el rey	king
la reina	queen
un príncipe	prince
una princesa	princess
un infante	prince
una infanta	princess
la ONU	UN
la Organización de las Naciones Unidas	United Nations
la CEE	EEC
la Comunidad Económica Europea	European Economic Community
el Mercado Común	Common Market
la OTAN	NATO
la Organización del Tratado del Atlántico Norte	North Atlantic Treaty Organization

34. LA COMUNICACION
COMMUNICATING

decir	to say, to tell
hablar	to talk, to speak
repetir	to repeat
añadir	to add
afirmar	to affirm
declarar	to declare, to state
explicar	to explain
expresar	to express
insistir	to insist
reivindicar	to claim
entrevistar	to interview
conversar con	to converse with, to speak with
charlar	to chat
informar	to inform
indicar	to indicate
mencionar	to mention
prometer	to promise
gritar	to shout
chillar	to yell, to shriek
susurrar	to whisper
murmurar	to murmur
refunfuñar	to grunt, to grumble
tartamudear	to stammer
balbucear	to stammer, to stutter
mascullar	to mumble, to mutter
gesticular	to gesticulate
manotear	to gesticulate, to use one's hands
excitarse	to get worked up
una conversación	conversation
una discusión	discussion, argument
una explicación	explanation
una charla	debate
un diálogo	dialogue

un discurso	speech
una conferencia	lecture
una idea	idea
una interviú	interview
una entrevista	interview
un congreso	conference
las habladurías	gossip, rumors
una opinión	opinion
un punto de vista	point of view
un argumento	argument
un malentendido	misunderstanding
la conformidad	agreement
la disconformidad	disagreement
el desacuerdo	disagreement
una crítica	criticism
una objeción	objection
una declaración	declaration, statement
una confesión	confession, admission
un micrófono	microphone
un megáfono	megaphone
un altavoz	loudspeaker
alrededor de	about (*approximately*)
casi	almost
completamente	entirely
excepto	except
francamente	frankly
generalmente	generally
gracias a	thanks to
quizá	maybe
naturalmente	naturally, of course
porque	because
¿por qué?	why
sin	without
responder	to reply, to answer
contestar	to reply, to answer
replicar	to reply, to retort
discutir	to argue
persuadir	to persuade
convencer	to convince

influenciar	to influence
dar el visto bueno a	to approve
contradecir	to contradict
rebatir	to contest
objetar	to object
refutar	to refute
exagerar	to exaggerate
subrayar	to emphasize
pronosticar	to predict
confirmar	to confirm
negar	to deny
dudar	to doubt
confesar	to admit, to confess
reconocer	to recognize
admitir	to admit, to confess
esperar	to hope
fingir	to pretend
engañar	to deceive
adular	to flatter
criticar	to criticize
cotillear	to gossip
calumniar	to slander
disculparse	to apologize
pedir disculpas	to apologize
convencido	convinced
convincente	convincing
verdadero	true
falso	false
sin duda	certainly, of course
sin embargo	however
tal vez	maybe
totalmente	absolutely
vale	ok

tener razón/no tener razón
to be right/wrong

¿qué significa esto?
what does this mean?

no entiendo lo que quieres decir
I don't know what you mean

¿no te parece?
don't you think?

¿verdad?
isn't it?, don't you? etc

¿de verdad?
really?

eso es
that's right, that's it

See also Sections **32 TOPICAL ISSUES** *and* **36 THE PHONE**.

35. LA CORRESPONDENCIA
LETTER WRITING

escribir	to write
anotar	to jot down
escribir a máquina	to type
firmar	to sign
cerrar (un sobre)	to seal (an envelope)
lacrar	to seal (with wax)
poner sello a	to put a stamp on
pesar	to weigh
contener	to contain
enviar	to send
expedir	to mail
echar al correo	to mail
enviar por correo	to mail
mantener correspondencia con	to correspond with
recibir	to receive
contestar	to reply
devolver	to send back
mecanografiado	typed
escrito a máquina	typed
escrito a mano	handwritten
legible	legible, readable
ilegible	illegible
por avión	by airmail
urgente	special delivery
certificado	by registered mail
una carta	letter
el correo	mail
una cuartilla	writing paper
un folio	sheet of paper (*big*)
la fecha	date
la firma	signature
un sobre	envelope
la dirección	address
las señas	address

el remite	sender's name and address
el destinatario	addressee
el remitente	sender
el código postal	zip code
un sello	stamp
un bolígrafo	ballpoint pen
un lápiz	pencil
la letra	handwriting
el borrador	rough copy, draft
una máquina de escribir	typewriter
un procesador de textos	wordprocessor
una nota	note
un párrafo	paragraph
una frase	sentence
una línea	line
una palabra	word
el estilo	style
la continuación	continuation
el margen	margin
un paquete	parcel, package
un telegrama	telegram
una tarjeta postal	postcard
un impreso	form
un giro postal	money order
una postal	postcard
una carta de negocios	business letter
una carta de amor	love letter
una reclamación	complaint
un christmas	Christmas card
un buzón	mailbox
las horas de recogida	collection times
Correos	post office
una sucursal de correos	branch post office
la lista de correos	general delivery
la ventanilla	counter
el cartero	mailman

Estimado Sr./Estimada Sra.
Dear Mr./Ms.

Querido Pepe/Querida María Jesús
Dear Pepe/María Jesús

Atentamente le saluda
Yours sincerely

un cordial saludo
regards

saludos
best wishes

un abrazo
love

muchos besos
lots of love/kisses

deme un sello de 50 pts.
I'd like a 50 peseta stamp

devuélvase al remitente
return to sender

¿cuánto es el franqueo?
how much is the postage?

muchas gracias por . . .
thank you very much for . . .

adjunto envío . . .
please find enclosed . . .

escribo para pedir información
I'm writing to ask for information

¿quieres que nos escribamos?
shall we be pen pals?

espero que nos volvamos a ver pronto
looking forward to seeing you again soon

36. EL TELEFONO
THE PHONE

llamar por teléfono	to call, to phone
marcar	to dial
colgar	to hang up
contestar	to answer
telefonear	to make a phone call
dar un telefonazo a	to phone
equivocarse de número	to dial the wrong number
descolgar	to lift the receiver
el auricular	receiver, earpiece
el tono	dial tone
una guía telefónica	phone book
las páginas amarillas	yellow pages
una cabina telefónica	phone booth
una conferencia internacional	international call
una conferencia interurbana	long-distance call
el prefijo	area code
el número	number
Información (*f*)	Information
un abonado	subscriber
la operadora	operator
una telefonista	operator
comunicando	busy
averiado	out of order

> **están llamando al teléfono**
> the phone's ringing

> **¿dígame?**
> hello

> **¿está Félix?**
> can I speak to Félix?

> **sí, soy yo**
> yes, speaking

por favor, ¿podría hablar con Margarita Martínez?
I would like to speak to Margarita Martínez, please

al aparato
speaking

¿de parte de quién?
who's calling?

un momento, por favor
hold on, please

está(n) comunicando
it's busy

no, no está
no, he/she is not in

¿quiere dejar algún recado?
would you like to leave a message?

perdone, me he equivocado de número
sorry, I've got the wrong number

37. LOS SALUDOS Y LAS FORMULAS DE CORTESIA
GREETINGS AND POLITE PHRASES

saludar	to greet
presentar	to introduce
dar las gracias a	to thank
dar la enhorabuena a	to congratulate
felicitar	to congratulate, to wish a happy birthday
dar el pésame	to offer one's condolences
desear	to wish
disculparse	to apologize
pedir disculpas	to apologize
pedir un favor a	to ask a favor of
¡hola!	hello!, hi!
¡adiós!	goodbye
buenos días	good morning
buenas tardes	good afternoon, good evening
buenas noches	good evening, good night, sleep well
encantado (de conocerle)	pleased to meet you
tanto gusto	how do you do
el gusto es mío	how do you do/it is a pleasure
¿cómo estás/está usted?	how are you?
¿qué hay?	how are things?
¡me alegro de verte!	nice to see you!
¡dichosos los ojos!	long time no see!
hasta pronto	see you soon
hasta luego	see you later
¡hasta la vista!	see you!
hasta mañana	see you tomorrow
¡que lo pases bien!	have a good time!
¡que te diviertas!	have fun!
¡que aproveche!	enjoy your meal!
¡buen provecho!	enjoy your meal!

¡buena suerte!	good luck!
¡buen viaje!	have a good trip!, safe journey!
bienvenido	welcome
¡perdón!	sorry!
¿perdón?	sorry? (*didn't hear*)
disculpe	excuse me, I'm sorry
¡cuidado!	watch out!
¡qué pena!	what a pity!
sí	yes
no	no
no, gracias	no thanks
por favor	please
gracias	thank you
muchas gracias	thank you very much
muchísimas gracias	thank you very much
de nada	not at all
no hay de qué	you are welcome
con mucho gusto	certainly, with great pleasure
como quieras	it's up to you
¡salud!	cheers!
¡Jesús!	bless you (*after sneezing*)
¡vale!	OK
de acuerdo	OK
¡no te preocupes!	don't worry
¡salud para disfrutarlo!	to good health and happiness
¡que te mejores!	get well!

días festivos

festivities

¡feliz Navidad!	Merry Christmas!
¡feliz Año Nuevo!	Happy New Year!
¡felices Pascuas y próspero Año Nuevo!	Merry Christmas and a Happy New Year!
¡feliz cumpleaños!	happy birthday!
¡felicidades!	happy birthday!
¡que cumplas muchos más!	many happy returns!
¡(que sea) enhorabuena!	congratulations!

le presento a Don Mariano González
may I introduce Mr Mariano González?

le acompaño el sentimiento
please accept my sympathy/I am sorry to hear that

te deseamos un feliz cumpleaños/Año Nuevo
we wish you a happy birthday/New Year

me da igual/lo mismo
it makes no difference to me

lo siento (mucho)
I'm (terribly) sorry

por favor, ¿podría Vd. decirme . . .?
excuse me please, could you tell me . . .?

¿me haces el favor de pasar la sal?
could you please pass me the salt?

¡da recuerdos a tus hermanas!
give my regards to your sisters

38. LOS PREPARATIVOS DE VIAJE Y LOS TRAMITES DE ADUANA
PLANNING A VACATION AND CUSTOMS FORMALITIES

reservar	to book
alquilar	to rent
confirmar	to confirm
informarse (de/sobre)	to get information (about)
hacer el equipaje	to pack
hacer las maletas	to pack one's suitcases
hacer una lista	to make out a list
llevar	to take
olvidar	to forget
asegurar	to insure
pasar la aduana	to go through customs
renovar el pasaporte	to renew one's passport
vacunarse	to be vaccinated
registrar	to search
declarar	to declare
pasar de contrabando	to smuggle
las vacaciones	vacation
una agencia de viajes	travel agent's
una oficina de Información y Turismo	tourist information center
un folleto	brochure
una reserva	reservation
el depósito	deposit
un viaje organizado	package tour
un(a) guía	guide (*person*)
una guía turística	guide (*book*)
el itinerario	itinerary
un crucero	cruise
el equipaje	luggage
un bulto	piece of luggage
una maleta	suitcase

una bolsa de viaje	travel bag
una mochila	backpack
una etiqueta	label
el pasaporte	passport
el carné de identidad	identity card, I.D. card
un visado	visa
el billete	ticket
los cheques de viaje	traveler's checks
un seguro de viaje	travel insurance
la aduana	customs
un aduanero	customs officer
la frontera	border

nada que declarar
nothing to declare

¿tenemos que confirmar la reserva por escrito?
should we confirm our reservation in writing?

See also Sections **39** *to* **41 RAILROADS, FLYING,** *and* **PUBLIC TRANSPORTATION** *and* **42 HOTEL**.

39. LOS FERROCARRILES
RAILROADS

reservar	to reserve, to book
sacar un billete	to buy a ticket
subir	to get on/in
bajar(se)	to get off
llevar retraso	to be late
descarrilar	to be derailed
retrasado	late
reservado	reserved
ocupado	taken
libre	free
fumadores	smoking, smoker
no fumadores	non-smoking

la estación

the station

una estación (de ferrocarril)	railroad station, train station
la RENFE	Spanish railroad system
el ferrocarril	railroad
la ventanilla	ticket office
la ventanilla/oficina de información	information office
Información de la RENFE	RENFE information service
los tablones (de información)	board, monitor
la sala de espera	waiting room
el bar de la estación	snack bar
la consigna	baggage room
la consigna automática	lockers
un carrito portaquipajes	luggage cart
el equipaje	luggage
un ferroviario	railworker
el jefe de estación	station supervisor
el jefe de tren	guard
el revisor	ticket collector

| el maquinista | engineer |
| un mozo (de cuerda) | porter |

el tren   the train

un tren de pasajeros	passenger train
un tren de mercancías	freight train
un tren directo	non-stop train
un tren suplementario	relief train
un tren rápido	express train
un expreso	express train
un tren tranvía	local train
un tren de cercanías	commuter train
un tren eléctrico	electric train

la locomotora	locomotive, engine
un vagón	car
un coche cama	sleeper
el vagón/coche restaurante	dining car
la cabeza del tren	front of the train
los vagones de cola	rear of the train
un vagón de literas	sleeping car
el furgón de equipajes	baggage car
un compartimento	compartment
una litera	sleeping berth
el retrete	toilet
el servicio	toilet
el lavabo	bathroom sink

la portezuela	door
la ventanilla	window
el asiento	seat
el portaequipajes	luggage rack
la alarma	alarm

el viaje   the journey

el andén	platform
la vía	track
la red de ferrocarril	rail network
un paso a nivel	level crossing
un túnel	tunnel

una parada	stop
la llegada	arrival
la salida	departure
el enlace	connection

los billetes

tickets

un billete	ticket
un medio billete	half(-price ticket)
la tarifa reducida	reduced rate
la tarifa normal	standard rate
un billete de ida	one-way (ticket)
un billete de ida y vuelta	round-trip (ticket)
la primera (clase)	first class
la segunda (clase)	second class
una reserva	reservation
un horario	schedule
los días festivos	public holidays
los días laborables	weekdays
los días azules	blue saver days

fuimos en (el) tren
we went by train

¿a qué hora sale el próximo/último tren para León?
when is the next/last train for León?

el tren procedente de Madrid llegará con 20 minutos de retraso
the train arriving from Madrid is 20 minutes late

el tren procedente de Madrid y con destino a Alicante
the train from Madrid to Alicante

¿tengo que cambiar de tren?
do I have to change trains?

hay que hacer transbordo en Medina del Campo
change at Medina del Campo

¿está ocupado este asiento?
is this seat taken?

por poco pierdo el tren
I nearly missed my train

vino a esperarme a la estación
he/she came and picked me up at the station

fueron a acompañarme a la estación
they took me to the station

los trenes suelen ser puntuales
the trains are usually on time

el tren no llegó puntual
the train wasn't on time

40. EL AVION
FLYING

aterrizar	to land
despegar	to take off
volar	to fly
facturar el equipaje	to check in

en el aeropuerto   ## at the airport

el aeropuerto	airport
la pista de aterrizaje	runway
la compañía aérea	airline
Información (*f*)	Information
el pasaje	plane ticket
la facturación de equipajes	check-in
el equipaje de mano	carry-on luggage
el control de pasaportes	passport control
la tienda libre de impuestos	duty-free shop
la tarjeta de embarque	boarding pass
la puerta de embarque	gate
la recogida de equipajes	baggage claim
la terminal	terminal

a bordo   ## on board

un avión	plane
un avión supersónico	supersonic plane
un jet	jet
un jumbo-jet	jumbo jet
un (vuelo) charter	charter flight
el ala (*f*)	wing
la ventanilla	window
el cinturón de seguridad	seat belt
la salida de emergencia/ socorro	emergency exit
un asiento	seat
el vuelo	flight
un vuelo nacional	domestic flight
un vuelo internacional	international flight

la altura	altitude
el despegue	take-off
la llegada	arrival
el aterrizaje	landing
un aterrizaje forzoso	emergency landing
una escala	stop-over
el retraso	delay
la tripulación	crew
el piloto	pilot
el capitán de vuelo	captain
una azafata	flight attendant
un pasajero	passenger
cancelado	canceled
retrasado	delayed
fumadores	smoking
no fumadores	no smoking

quiero asiento de no fumador
I'd like a no smoking seat

abróchense los cinturones de seguridad
fasten your seat belts

41. LOS TRANSPORTES PUBLICOS
PUBLIC TRANSPORTATION

coger	to catch
tomar	to take
bajar de	to get off
apearse de	to get off
subir a	to get on
esperar	to wait (for)
llegar	to arrive
cambiar	to change
parar	to stop
darse prisa	to hurry
perder	to miss
un autobús	bus
un autocar	bus
un coche de línea	car service (*long-distance*)
el metro	subway
un taxi	taxi
el conductor	driver
el cobrador	conductor
un taxista	taxi driver
un pasajero	passenger
un viajero	passenger
una boca de metro	subway station
una estación de metro	subway station
una estación de autobuses	bus station
una parada de autobús	bus stop
el despacho de billetes	ticket office
el despachador automático	ticket machine
la sala de espera	waiting room
Información (*f*)	Information
la salida	exit
un mapa de recorrido	map
un plano del metro	subway map
la línea	line
el recorrido	journey

158

un tren subterráneo	subway train
la dirección	direction
el billete	ticket
el importe del billete	fare
la tarjeta de transporte público	card, pass
el bonobús	season bus ticket
la tarifa normal	standard rate
las tarifas especiales	reduced rate
la tarifa especial estudiante	student reduced rate
un suplemento	excess fare
en horas punta	during rush hours
fuera de horas punta	off-peak hours

> **van al colegio en autobús**
> they go to school by bus

See also Section **39 RAILROADS**.

42. EN EL HOTEL
AT THE HOTEL

reservar habitación	to book a room
alojarse	to stay
hospedarse	to stay
confortable	comfortable
completo	no vacancies
cerrado	closed
incluido	included
un establecimiento hotelero	hotel
un parador	parador (*state-owned inn*)
un hotel (de dos/tres/ cuatro estrellas)	(two/three/four-star) hotel
un hostal	hotel, guest house
una pensión	guest house
el libro de reclamaciones	complaints book
la lista de precios	price list
la temporada alta	high season
la temporada baja	low season
la media pensión	half rate
la pensión completa	full rate
la estancia	stay
el desayuno	breakfast
el almuerzo	lunch
la cena	dinner
una reclamación	complaint
una queja	complaint
una reserva	reservation
una propina	tip
la cuenta	bill
el servicio	service
la recepción	reception
la conserjería	concierge
el restaurante	restaurant, dining room
el comedor	dining room
el bar	bar

la cafetería	café
el aparcamiento	parking lot
el parking	parking lot
un ascensor	elevator
las habitaciones	rooms
el salón	lounge
la sala de la TV	TV room
la piscina	swimming pool
la salida de incendios	emergency exit
la entrada de servicio	staff entrance
el director	manager
el recepcionista	receptionist
el conserje	concierge
una camarera de habitaciones	hotel maid
un botones	bellboy
un mozo de equipajes	porter
un camarero	waiter
el jefe de comedor	maître d'
un huésped	guest
un cliente	client
un veraneante	vacationer
un turista	tourist
una habitación individual	single room
una habitación doble	double room
una habitación de dos camas	double room
una cama doble/de matrimonio	double bed
una cama	bed
una cuna	cot
un cuarto de baño	bathroom
una ducha	shower
un lavabo	bathroom sink
el agua caliente (*f*)	hot water
la calefacción (central)	(central) heating
el aire acondicionado	air conditioning
un balcón	balcony
la vista	view
la llave	key

¿tienen habitación/habitaciones?
have you got any vacancies?

una habitación con vistas al mar
a room overlooking the sea

una habitación con baño
a room with a private bath

estamos en la (habitación número) 7
we are in room number 7

¿me puede preparar la cuenta, por favor?
could I have my bill please?

no molestar
do not disturb

**la dirección y servicio del hotel le desean una feliz
    estancia**
the staff and management of this hotel wish you a happy
    stay

43. EL CAMPING Y LOS ALBERGUES DE JUVENTUD
CAMPING, TRAILER TRAVEL, AND YOUTH HOSTELS

acampar	to camp
ir de acampada	to go camping
ir de camping	to go camping
hacer camping	to camp, to go camping
salir de vacaciones en la rulota	to travel by trailer
hacer auto-stop	to hitchhike
armar la tienda	to pitch the tent
desmontar la tienda	to take down the tent
dormir al sereno	to sleep out in the open
un campista	camper
un camping	campsite
las duchas	showers
los servicios	toilets
el agua potable (f)	drinking water
un cubo de basura	garbage can
un búngalow	bungalow
una tienda	tent
el doble techo	rainfly
el suelo de la tienda	sewn-in floor
una claveta	peg
una cuerda	rope
una colchoneta inflable	air mattress
un saco de dormir	sleeping bag
una hoguera	fire
una hoguera de campamento	campfire
el gas butano	butane gas
una bombona (de butano)	butane cylinder
un recambio	refill
un hornillo	stove
una navaja	pocket knife, penknife
un cazo	saucepan

163

una linterna	lantern
un mosquito	mosquito
una tormenta	storm
el caravaning	traveling by trailer
un terreno para caravanas	trailer camp
un caravana	trailer
una rulota	trailer
una furgoneta de camping	minivan, camper
un combi	minivan, camper
un remolque	trailer
un albergue de juventud	youth hostel
el dormitorio	dormitory
la tarjeta de miembro	membership card
una mochila	backpack
el auto-stop	hitchhiking

¿se puede acampar aquí?
is camping allowed here?

nos pasábamos el día al aire libre
we spent the day outdoors

prohibido acampar
no camping

agua potable
drinking water

44. A ORILLAS DEL MAR
AT THE SEASHORE

bañarse	to swim
nadar	to swim
flotar	to float
chapotear	to splash about
bucear	to (skin-)dive
ahogarse	to drown
ponerse moreno	to tan
tomar el sol	to sunbathe
coger una insolación	to get sunstroke
quemarse	to get sunburnt
pelarse	to peel
embarcar(se)	to go on board
levar anclas	to hoist the anchor
remar	to row
marearse	to be seasick
zozobrar	to capsize
hundirse	to sink
echar el ancla	to drop anchor
desembarcar	to disembark
a la sombra	in the shade
al sol	in the sun
a bordo	on board
mar adentro	off the coast
el mar	sea
la playa	beach
una piscina	swimming pool
una caseta	beach hut, cabin
una roca	rock
una ola	wave
la sal	salt
la arena	sand
la marea	tide
la marea alta/baja	high/low tide
el fondo del mar	bottom of the sea
el horizonte	horizon

la costa	coast
el puerto	harbor
el muelle	wharf, pier
el embarcadero	pier, jetty
la esplanada	esplanade
un acantilado	cliff
un faro	lighthouse
un profesor de natación	swimming instructor
un capitán	captain
un bañista	bather, swimmer
una palmera	palm tree
una concha	shell
un pez	fish
un cangrejo	crab
una gaviota	seagull
un castillo de arena	sand castle

los barcos — boats

un barco	ship, boat, ferry
una barca	small boat, row boat
un velero	sailboat
un yate	yacht
un trasatlántico	ocean liner
una lancha	dinghy
una lancha neumática	rubber dinghy
un pedal (de agua)	pedal boat
un remo	oar
la vela	sail, sailing
un ancla (f)	anchor

los artículos de playa — things for the beach

un traje de baño	swimsuit/trunks
un bikini	bikini
unas gafas de bucear	goggles
un tubo de respirar	snorkel
unas aletas	flippers
un flotador	float

una colchoneta inflable	air mattress
una tumbona	deckchair
una sombrilla	umbrella
unas gafas de sol	sunglasses
un bronceador	suntan oil/lotion
una pala	shovel
un rastrillo	rake
un cubo	bucket

> **no sé nadar**
> I can't swim

> **prohibido bañarse**
> no swimming

> **¡qué buena está el agua!**
> the water's great

See also Section **19 SPORTS**.

45. LOS TERMINOS GEOGRAFICOS
GEOGRAPHICAL TERMS

un continente	continent
un país	country
una región	area, region
una provincia	province
una ciudad	town, city
un pueblo	village
una capital	capital city
una montaña	mountain
una cordillera	mountain range
una colina	hill
una cumbre	summit, peak
un valle	valley
un puerto de montaña	pass
una llanura	plain, prairie
un bosque	forest
un desierto	desert
una meseta	plateau
un volcán	volcano
un glaciar	glacier
las nieves perpetuas	permanent snow cover
el mar	sea
el océano	ocean
un lago	lake
un río	river
un arroyo	stream
un canal	canal
un manantial	spring
la costa	coast
una isla	island
una península	peninsula
una bahía	bay
un estuario	estuary
un cabo	cape
un golfo	gulf

la latitud	latitude
la longitud	longitude
la altura	altitude
la profundidad	depth
la superficie	area
la población	population
el mundo	world
el universo	universe
los trópicos	Tropics
el Polo Norte	North Pole
el Polo Sur	South Pole
el ecuador	equator
un planeta	planet
la tierra	earth
el sol	sun
la luna	moon
una estrella	star

¿cuál es la montaña más alta de Europa?
what is the highest mountain in Europe?

un país agrícola/en vías de desarrollo
an agricultural/developing country

See also Sections **46 COUNTRIES** *and* **47 NATIONALITIES**.

46. LOS PAISES, LOS CONTINENTES, ETC.
COUNTRIES, CONTINENTS, ETC.

los países

countries

Alemania	Germany
Alemania Occidental	West Germany
Alemania Oriental	East Germany
Argelia	Algeria
Argentina	Argentina
Austria	Austria
Bélgica	Belgium
Brasil (*m*)	Brazil
Canadá (*m*)	Canada
Checoslovaquia	The Czech Republic (Czechoslovakia)
Chile (*m*)	Chile
China	China
Dinamarca	Denmark
Egipto	Egypt
Escocia	Scotland
España	Spain
Estados Unidos	United States
Finlandia	Finland
Francia	France
Gran Bretaña	Great Britain
Grecia	Greece
Holanda	Holland
Hungría	Hungary
India	India
Inglaterra	England
Irlanda	Ireland
Irlanda del Norte	Northern Ireland
Israel (*m*)	Israel
Italia	Italy

Japón (*m*)	Japan
Libia	Libya
Luxemburgo	Luxembourg
Marruecos (*m*)	Morocco
Méjico	Mexico
Noruega	Norway
los Países Bajos	Netherlands
el País de Gales	Wales
Palestina	Palestine
Polonia	Poland
Portugal (*m*)	Portugal
el Reino Unido	United Kingdom
República Federal Alemania	Federal Republic of Germany
Rusia	Russia
Suecia	Sweden
Suiza	Switzerland
Túnez (*m*)	Tunisia
Turquía	Turkey
la URSS	USSR

los continentes

continents

Africa	Africa
América	America
América del Norte	North America
América del Sur	South America
Asia	Asia
Europa	Europe
Oceanía	Oceania, Australia

las ciudades

cities

Barcelona	Barcelona
Bruselas	Brussels
Edimburgo	Edinburgh
Ginebra	Geneva
Londres	London
Madrid	Madrid
Marsella	Marseilles
Moscú	Moscow

Nueva York	New York
París	Paris
Roma	Rome

las zonas, regiones etc

regions etc

el Tercer Mundo	Third World
los Países del Este	Eastern Bloc countries
el Oriente	East
el Medio Oriente	Middle East
el Extremo Oriente	Far East
Escandinavia	Scandinavia
el Magreb	countries of North Africa
Cataluña	Catalonia
Andalucía	Andalusia
el País Vasco	Basque country
Cornualles	Cornwall
la región de los Lagos	Lake district

los mares, ríos, islas y montañas

seas, rivers, islands and mountains

el Mediterráneo	Mediterranean
el Mar del Norte	North Sea
el Atlántico	Atlantic
el Pacífico	Pacific
el Océano Indico	Indian Ocean
el Estrecho de Gibraltar	Strait of Gibraltar
el Golfo de Vizcaya	Bay of Biscay
el Canal de la Mancha	English Channel
el Tajo	Tagus
el Támesis	Thames
las Baleares	Balearic Islands
las Canarias	Canary Islands
los Pirineos	Pyrenees

la Grecia antigua
Ancient Greece

el Egipto de los Faraones
the Egypt of the Pharaohs

el Canadá de habla inglesa/francesa
English/French-speaking Canada

son africanos
they are African

es peruana
she comes from Peru

soy de Zamora
I come from Zamora

See also Section **47 NATIONALITIES**.

47. LAS NACIONALIDADES
NATIONALITIES

países	countries
extranjero	foreign
alemán	German
americano	American
argentino	Argentinian
australiano	Australian
austríaco	Austrian
belga (*m/f*)	Belgian
británico	British
canadiense	Canadian
chileno	Chilean
chino	Chinese
danés	Danish
escocés	Scottish
español	Spanish
francés	French
galés	Welsh
holandés	Dutch
inglés	English
irlandés	Irish
italiano	Italian
japonés	Japanese
peruano	Peruvian
polaco	Polish
portugués	Portuguese
ruso	Russian
sueco	Swedish
suizo	Swiss

regiones, ciudades etc
areas, cities etc

oriental	Oriental
occidental	Western

africano	African
asiático	Asian
europeo	European
árabe	Arabic
escandinavo	Scandinavian
gallego	Galician
vasco	Basque
castellano	Castilian
catalán	Catalan
andaluz	Andalusian
extremeño	from Extremadura
asturiano	Asturian
aragonés	Aragonese
madrileño	from Madrid
londinense	from London
un español	Spaniard
una española	Spanish woman
un inglés	Englishman
una inglesa	Englishwoman

los españoles son más sociables que los británicos
Spaniards are more sociable than the British

48. LAS LENGUAS
LANGUAGES

aprender	to learn
entender	to understand
comprender	to understand
escribir	to write, to spell
leer	to read
hablar	to speak
chapurrear	to speak (*a language*) badly
defenderse	to get by (*in a language*)
corregir	to correct
repetir	to repeat
traducir	to translate
el vocabulario	vocabulary
la gramática	grammar
la pronunciación	pronunciation
la fonética	phonetics
la ortografía	spelling
una lengua	language
un idioma	language
un dialecto	dialect
la lengua materna	native language
una lengua extranjera	foreign language
las lenguas modernas	modern languages
las lenguas muertas	dead languages
el español	Spanish
el castellano	Spanish, Castilian
el catalán	Catalan
el vasco	Basque
el gallego	Galician
el inglés	English
el alemán	German
el francés	French
el portugués	Portuguese
el italiano	Italian
el griego moderno	modern Greek
el griego clásico	classical Greek

el latín	Latin
el sánscrito	Sanskrit
el ruso	Russian
el chino	Chinese
el japonés	Japanese
el gaélico	Gaelic
el caló	gypsy slang

no entiendo
I don't understand

habla muy bien el español
she/he speaks fluent Spanish

¿puedes hablar más despacio, por favor?
could you speak more slowly, please?

por favor, ¿puedes repetir?
could you repeat that, please?

a Carlos se le dan bien los idiomas
Carlos is good at languages

¿cómo se escribe esa palabra?
how do you spell that word?

See also Section **47 NATIONALITIES**.

49. LAS VACACIONES EN ESPAÑA
VACATIONS IN SPAIN

viajar	to travel
veranear	to take a vacation *(in summer)*
visitar	to visit
ir a ver	to visit
ir(se) de vacaciones	to go on vacation
ir(se) de veraneo	to go on vacation *(in summer)*
ir a la playa	to go to the beach
esquiar	to ski
pasarlo bien	to enjoy oneself
disfrutar	to enjoy
pasarlo bomba	to have a great time

el turismo   tourism

un turista	tourist
un visitante	visitor
un veraneante	vacationer *(in summer)*
un extranjero	foreigner
un(a) guía	guide
un grupo (de turistas)	group, party
una oficina de turismo	tourist office
las atracciones turísticas	tourist attractions
un parque de recreo	amusement park
los lugares de interés	places of interest
un lugar de veraneo	summer resort
un hotel	hotel
una guía turística	guidebook
un manual de conversación	phrasebook
un mapa	map
un plano	street map
las vacaciones	vacation
un viaje	journey, trip
un viaje organizado	package tour

178

una excursión	excursion, walk
una excursión en autocar	bus trip
una visita	visit
una visita con guía	guided tour
las salidas de noche	night life
la animación	liveliness, atmosphere
las terrazas (de los cafés)	open-air cafés
las especialidades	specialities
la artesanía	crafts
el tipismo	local color
un plato típico	traditional (Spanish) dish
un pueblo típico	typical (Spanish) village
un traje típico	traditional (regional) costume/dress

la España del turista   tourist Spain

un recuerdo	souvenir
la gaita (gallega)	(Galician) pipes
la guitarra española	Spanish guitar
las castañuelas	castanets
el flamenco	flamenco dancing and singing
los toros	bullfighting
la capa española	Spanish cape
el sombrero andaluz	black hat worn by male flamenco dancer
el traje de flamenca	typical dress of flamenco dancer
la mantilla y la peineta	Spanish mantilla
el abanico	fan
don Quijote de la Mancha	don Quixote
el Museo del Prado	the Prado Museum
la Mezquita de Córdoba	the Mosque of Cordoba
el sol español	Spanish sun
el buen tiempo	good weather
las playas	beaches
una tumbona	deckchair
una piscina	swimming pool
una sombrilla	umbrella

la paella	paella
el jerez	sherry
el porrón	porron, wine jug
una naranja	orange

las costumbres   customs

el modo de vida	way of life
la cultura	culture
la cocina típica	traditional cooking
las tapas	bar snacks
el vino	wine
los bares	cafés (*serving wine, beer, coffee, food etc*)
la siesta	siesta, afternoon nap
un limpiabotas	shoeshine
un gitano	gypsy
un tuno	member of traditional student singing group
la tuna	traditional student singing group
las procesiones de Semana Santa	Holy Week processions
un penitente	hooded figure in religious procession

la España de castañuela y pandereta
the stereotypical image of Spain

no le interesan los museos
he/she is not interested in museums

no te olvides de coger el plano de Madrid
don't forget to take your map of Madrid

más contento que unas castañuelas
as happy as a clam

¡viva España!
long live Spain!

See also Sections **25 CITY, 26 CARS, 38 PLANNING A VACATION, 39 RAILROADS, 40 FLYING, 41 PUBLIC TRANSPORTATION, 42 HOTEL, 43 CAMPING, 44 SEASHORE, 45 GEOGRAPHICAL TERMS** *and* **64 DIRECTIONS**.

50. LOS INCIDENTES
INCIDENTS

suceder	to happen
pasar	to happen
ocurrir	to occur
encontrarse (con/a)	to meet
coincidir	to coincide
tirar	to spill, to knock over
caerse	to fall
estropear	to spoil
romper	to break
provocar	to cause
tener cuidado	to be careful
olvidar	to forget
perder	to lose
buscar	to look for
encontrar	to find
perderse	to get lost
desorientarse	to lose one's way
afortunado	fortunate, lucky
desafortunado	unfortunate
distraído	absent-minded
despistado	absent-minded
olvidadizo	forgetful
torpe	clumsy
inesperado	unexpected
por casualidad	by chance
por descuido	inadvertently
por suerte	luckily, fortunately
por desgracia	unfortunately
una casualidad	coincidence
una coincidencia	coincidence
una sorpresa	surprise
un encuentro	meeting, encounter
una oportunidad	chance, opportunity
un percance	misadventure
un despiste	slip, mistake

una caída	fall
una pérdida	loss
la oficina de objetos perdidos	lost and found office
una gratificación	reward (*for finding something*)
la buena/mala suerte	good/bad luck
el azar	chance, luck
el destino	fate

¡qué casualidad!
what a coincidence!

por poco perdemos el tren
we nearly missed the train

se te ha caído un libro
you've dropped a book

¡qué suerte tienes!
you are lucky!

¡ojo!
look out!

¡(ten) cuidado!
watch out!

51. LOS ACCIDENTES
ACCIDENTS

tener un accidente	to have an accident
quedar atrapado	to be trapped
estar conmocionado	to be in a state of shock
perder el conocimiento	to lose consciousness
recobrar el conocimiento	to regain consciousness
estar en coma	to be in a coma
presenciar	to witness
socorrer	to help
conservar la calma	to keep calm
levantar acta	to write up a report
indemnizar	to compensate
borracho	drunk
en estado de embriaguez	under the influence of alcohol
herido	injured
muerto	dead
grave	serious
asegurado	insured

los accidentes de automóvil

road accidents

un accidente	accident
un accidente de coche	car accident
un accidente de tráfico	traffic accident
el código de circulación	Rules of the road
una colisión	car crash
un accidente en cadena	pileup
el choque	impact
circular	to go (car)
conducir	to drive
no respetar la prioridad	ignoring right-of-way rules
saltarse un semáforo	to go through a red light
saltarse un stop	to ignore a stop sign
derrapar	to skid
perder el control de	to lose control of

dar una vuelta de campana	to flip over
estrellarse contra	to run into
chocar con	to run into
atropellar	to run over
el exceso de velocidad	speeding
el cansancio	fatigue
la falta de visibilidad	poor visibility
la niebla	fog
la lluvia	rain
el hielo	ice
un precipicio	cliff, precipice
la prueba de alcoholemia	breath test
el alcohómetro	Breathalyzer®

otros accidentes — other accidents

un accidente de trabajo	accident on the job
un accidente de montaña	mountain climbing accident
una caída	fall
una descarga eléctrica	electric shock
una explosión	explosion
derribar	to wreck, to demolish
destruir	to wreck, to destroy
resbalar	to slip
ahogarse	to drown
asfixiarse	to suffocate
caerse (de)	to fall (from)
caerse por la ventana	to fall out of the window
recibir una descarga eléctrica	to get an electric shock
electrocutarse	to electrocute oneself
quemarse	to burn oneself
cortarse	to cut oneself

las víctimas — casualties

un herido	injured person
un herido grave	seriously injured person
un muerto	dead person
un(a) testigo	witness

una conmoción cerebral	concussion
una herida	injury
una quemadura	burn
una hemorragia	loss of blood

el socorro   help

los servicios de socorro	emergency services
los primeros auxilios	first aid
una ambulancia	ambulance
una camilla	stretcher
la respiración artificial	artificial respiration
el boca a boca	mouth-to-mouth
el oxígeno	oxygen
un botiquín	first aid kit
un torniquete	tourniquet
un extintor de incendios	fire extinguisher
la grúa	tow truck
la policía	police
los bomberos	firemen
un médico	doctor
un enfermero	nurse
un camillero	stretcher-bearer

las consecuencias   the consequences

los daños	damage
el atestado	report
la multa	fine
la retirada del permiso de conducir	loss of driver's license
el juicio	trial
la sentencia	sentence
el seguro	insurance
la responsabilidad	responsibility

la atropelló una moto
she got run over by a motorcycle

le pusieron una multa por conducir en estado de embriaguez
he/she got fined for drunk driving

el coche quedó para la chatarra
the car's fit for the junkyard

también le retiraron el permiso de conducir
he/she also lost his/her driver's license

See also Sections **6 HEALTH, 26 CARS, 28 WEATHER** *and* **62 DISASTERS**.

52. LOS DESASTRES
DISASTERS

atacar	to attack
defender	to defend
hundirse	to collapse (*buildings, etc.*)
desplomarse	to collapse (*buildings, etc.*)
morir de hambre	to starve
entrar en erupción	to erupt
estallar	to explode
temblar	to shake
asfixiar(se)	to suffocate
quemar	to burn
extinguir (un incendio)	to extinguish (a fire)
dar la señal de alarma	to sound the alarm
salvar	to rescue
naufragar	to sink

la guerra — war

el ejército	army
la marina de guerra	navy
el ejército del aire	air force
la población civil	civilians
un soldado	soldier
un general	general
un coronel	colonel
un sargento	sergeant
un capitán	captain
un enemigo	enemy
un aliado	ally
un campo de batalla	battlefield
un refugio antiaéreo	air-raid shelter
un refugio antinuclear	fallout shelter
la lluvia radiactiva	radioactive fallout
un bombardeo	bombing
una bomba	bomb
una bomba atómica	atomic bomb
una bomba de hidrógeno	hydrogen bomb

un obús	shell
un misil	missile
un tanque	tank
un carro de combate	tank
un fusil	gun
una ametralladora	machine-gun
una mina	mine
una herida	wound
una tregua	truce
un tratado	treaty
la crueldad	cruelty
la tortura	torture
la muerte	death
la victoria	victory
la derrota	defeat
la paz	peace

las catástrofes naturales

natural disasters

una epidemia	epidemic
una inundación	flood
un terremoto	earthquake
una avalancha	avalanche
un maremoto	tidal wave
un tornado	tornado
un ciclón	tornado
una erupción volcánica	volcanic eruption
la lava	lava
la sequía	drought
el hambre	famine
la carencia de	lack of
en beneficio/ayuda de	in aid of
una organización benéfica	relief organization
un equipo de socorro	rescue team
la Cruz Roja	the Red Cross
un voluntario	volunteer
una víctima	casualty, victim (*male and female*)

un herido — casualty, injured person
un superviviente — survivor

los incendios — fires

un incendio — fire (*blaze*)
el humo — smoke
las llamas — flames
los bomberos — firemen
un bombero — fireman
un coche de bomberos — fire engine
una escalera — ladder
una manguera — hose
la salida de incendios — emergency exit
el pánico — panic

¡socorro! — help!

See also Section **51 ACCIDENTS**.

53. LA DELINCUENCIA
CRIMES

atracar	to assault, to hold up
robar	to steal
asesinar	to assassinate, to murder
matar	to kill
apuñalar	to stab
estrangular	to strangle
pegar un tiro (a)	to shoot
envenenar	to poison
atacar	to attack, to assault
forzar	to force
violar	to rape
engañar	to swindle
estafar	to embezzle
espiar	to spy
drogarse	to take drugs
secuestrar	to kidnap
raptar	to abduct
tomar como rehén	to take hostage
incendiar	to set fire to
detener	to arrest
indagar	to investigate
interrogar	to question, to interrogate
registrar	to search
encarcelar	to imprison
cercar	to surround
encerrar	to seal off, to lock up
rescatar	to rescue
llevar a juicio	to prosecute
defender	to defend
acusar	to accuse
juzgar	to judge, to try
condenar	to sentence, to convict
absolver	to acquit
culpable	guilty
inocente	innocent
prohibido	forbidden

el delito   crime

un robo	theft
un hurto	theft
un atraco a mano armada	hold-up
un ataque	attack
un asesinato	murder
un homicidio	murder
un fraude	fraud
un abuso de confianza	breach of trust
un chantaje	blackmail
una violación	rape
la prostitución	prostitution
el proxenitismo	exploitation
el tráfico de drogas	drug trafficking
el contrabando	smuggling
el espionaje	spying
un rehén	hostage
un asesino	murderer
un ladrón	thief
un proxeneta	pimp
un traficante de drogas	drug dealer
un pirómano	arsonist

las armas   weapons

una pistola	pistol
un revólver	gun, revolver
un fusil	gun, rifle
un cuchillo	knife
un puñal	dagger
el veneno	poison
un puñetazo	punch

la policía   police

un policía	policeman
un guardia civil	policeman (*in village*)
un detective	detective
un comisario de policía	commissioner
un delator	informer
un detenido	prisoner, detainee

la comisaría	police station
el cuartel de la Guardia Civil	headquarters of the Civil Guard
un furgón policial	police car
una celda	cell
una denuncia	report
una investigación policial	investigation
una indagación	inquiry
un perro policía	police dog
una porra	nightstick
las esposas	handcuffs
un casco	helmet
un escudo	shield
los gases lacrimógenos	tear gas

el sistema judicial   the judicial system

un juicio	trial
una prueba	proof
una sentencia	sentence
una multa	fine
la reclusión	imprisonment
una cárcel	prison
la cadena perpetua	life sentence
la pena de muerte	death sentence
la silla eléctrica	electric chair
un error judicial	miscarriage of justice
el acusado	accused
la víctima	victim (*male and female*)
un(a) testigo	witness
un abogado	lawyer
el juez	judge
el jurado	jury
la defensa	defense

le condenaron a 20 años de reclusión/cárcel
he was sentenced to 20 years' imprisonment

54. LAS AVENTURAS Y LOS SUEÑOS
ADVENTURES AND DREAMS

jugar	to play
divertirse	to have fun
imaginar	to imagine
suceder	to happen
esconderse	to hide
escaparse	to escape
perseguir	to chase
descubrir	to discover
explorar	to explore
atreverse a	to dare
disfrazarse (de)	to dress up (as a)
hacer novillos	to play hooky
jugar al escondite	to play hide-and-seek
embrujar	to bewitch
echar la buena ventura	to tell fortunes
adivinar el porvenir	to foretell the future
soñar (con)	to dream (of)
soñar despierto	to daydream
tener un sueño	to have a dream
tener una pesadilla	to have a nightmare

las aventuras
adventures

una aventura	adventure
un juego	game
un viaje	journey
una huida	escape
un disfraz	disguise
un suceso	event
un descubrimiento	discovery
un escondrijo	hiding place
una cueva	cave
una isla	island
un tesoro	treasure

la buena/mala suerte	good/bad luck
el peligro	danger
el riesgo	risk
el valor	courage
la temeridad	recklessness
la cobardía	cowardice

los cuentos y las leyendas

fairytales and legends

un brujo	wizard, sorcerer
una bruja	witch
un mago	magician
un hada (*f*)	fairy
un adivino	fortuneteller, seer
un gnomo	gnome
un duende	imp, goblin
un enano	dwarf
un gigante	giant
un fantasma	ghost
un esqueleto	skeleton
un vampiro	vampire
un dragón	dragon
un hombre-lobo	werewolf
un monstruo	monster
un extraterrestre	extraterrestrial
un búho	owl
un sapo	toad
un gato negro	black cat
una casa encantada	haunted house
un cementerio	cemetery
una nave espacial	space ship
un OVNI	UFO
una varita mágica	magic wand
una alfombra mágica	flying carpet
una escoba	broomstick
una bola de cristal	crystal ball
las líneas de la mano	lines of the hand
la luna llena	full moon

la magia	magic
la superstición	superstition
el tarot	tarot

los sueños / **dreams**

un sueño	dream
un ensueño	daydream
una pesadilla	nightmare
la imaginación	imagination
el subconsciente	subconscious
una alucinación	hallucination
el despertar	awakening

en este castillo andan fantasmas
this castle is haunted

¡tienes una imaginación calenturienta!
you've got an overactive imagination!

55. LA HORA
THE TIME

los objetos que miden el tiempo

things that tell the time

un reloj	clock
un reloj de pulsera	watch
un reloj de pared	grandfather clock
un reloj de bolsillo	pocket watch
un despertador	alarm clock
un cronómetro	stopwatch
un reloj de sol	sun dial
un reloj de arena	hourglass
las agujas/manecillas del reloj	hands of a watch
la aguja grande	minute hand
la aguja pequeña	hour hand
el segundero	second hand
las campanadas	bells
una relojería	watchmaker's (shop)
un relojero	clock/watchmaker
Información (*f*) horaria	talking clock

¿qué hora es?

what time is it?

es la una	it is one o'clock
son las ocho de la mañana	it is eight am/eight o'clock in the morning
las ocho y cinco	five past eight
las ocho y cuarto	a quarter past eight
las diez y media	ten thirty, half past ten
las once menos veinte	twenty to eleven
las once menos cuarto	a quarter to eleven
las doce quince	twelve fifteen
las doce y cuarto	a quarter past twelve
las dos de la tarde	two pm, two o'clock in the afternoon

las catorce horas	two pm
las catorce horas treinta minutos	two thirty pm
las diez de la noche	ten pm, ten o'clock in the evening

la división del tiempo

divisions of time

el tiempo	time
la hora	time (*by the clock*)
un instante	moment, instant
un momento	moment
un segundo	second
un minuto	minute
un cuarto de hora	quarter of an hour
media hora	half an hour
tres cuartos de hora	three-quarters of an hour
una hora	hour
una hora y media	an hour and a half
el día	day
el amanecer	sunrise, daybreak, dawn
la madrugada	early morning, daybreak
la mañana	morning
el mediodía	noon
la tarde	afternoon, evening
la puesta de sol	sunset
el anochecer	nightfall, dusk
la noche	night
la medianoche	midnight

llegar puntual/ retrasado

being on time/late

salir con tiempo	to leave on time
llegar pronto	to be early
ir adelantado	to be ahead of schedule
tener tiempo de sobra	to have plenty of time
llegar puntual	to be on time
llegar tarde/con retraso	to be late

ir retrasado	to be behind schedule
apresurarse	to rush
darse prisa	to hurry (up)
tener prisa	to be in a hurry

¿cuándo?   when?

cuando	when
antes de	before
después de	after
durante	during
pronto	early
tarde	late
más tarde	later
ahora	now
en este momento	at the moment
en seguida	immediately
a continuación	then (*next*)
entonces	then (*at that time*)
en aquel momento	at that time
últimamente	recently, lately
entretanto	meanwhile, meantime
mientras tanto	meanwhile
durante mucho tiempo	for a long time
hace mucho tiempo	a long time ago
siempre	always
nunca	never
a veces	sometimes
a menudo	often

por favor, ¿tiene hora?
do you have the time, please?

son las nueve en punto
it's exactly nine o'clock

¿a qué hora sale el tren?
at what time does the train leave?

mi reloj va adelantado/atrasado
my watch is fast/slow

he puesto el reloj en hora
I've set my watch to the correct time

no tengo tiempo de salir
I don't have time to go out

¡date prisa en vestirte!
hurry up and get dressed

todavía no es hora
it's not time yet

56. LA SEMANA
THE WEEK

lunes	Monday
martes	Tuesday
miércoles	Wednesday
jueves	Thursday
viernes	Friday
sábado	Saturday
domingo	Sunday
el día	day
la semana	week
ocho días	week
quince días	fortnight
unos diez dias	about ten days
la primera/segunda quincena	the first/second half (of the month)
hoy	today
mañana	tomorrow
pasado mañana	the day after tomorrow
ayer	yesterday
anteayer	the day before yesterday
antes de ayer	the day before yesterday
la víspera	the day before
el día siguiente	the day after
a los dos diás	two days later
esta semana	this week
la semana que viene	next week
la semana próxima	next week
la semana pasada	last week
el lunes pasado	last Monday
el domingo que viene	next Sunday
el próximo domingo	next Sunday
de hoy en ocho días	in a week's time, a week from today
el fin de semana	weekend
dentro de dos semanas	in two weeks' time
del jueves en ocho días	a week from Thursday

ayer por la mañana	yesterday morning
ayer por la tarde	yesterday afternoon/evening
anoche	last night
esta tarde	this afternoon/evening
esta noche	tonight, last night
mañana por la mañana	tomorrow morning
mañana por la tarde	tomorrow afternoon/evening
hace tres días	three days ago

el sábado fuimos a la piscina
on Saturday we went to the swimming pool

los domingos los pasamos en casa
on Sundays we stay at home

vamos al cine todos los jueves
we go to the movies every Thursday

¡hasta mañana!
see you tomorrow!

57. EL AÑO
THE YEAR

los meses del año

the months of the year

enero	January
febrero	February
marzo	March
abril	April
mayo	May
junio	June
julio	July
agosto	August
se(p)tiembre	September
octubre	October
noviembre	November
diciembre	December
un mes	month
un año	year
un trimestre	period of three months
una década	decade
un siglo	century

las estaciones del año

the seasons

la primavera	spring
el verano	summer
el otoño	autumn
el invierno	winter

las festividades

holidays

un día festivo	holiday (*one day*)
la Nochebuena	Christmas Eve
la Navidad	Christmas
la Noche Vieja	New Year's Eve

el día de Año Nuevo	New Year's Day
el día de Reyes	Epiphany
el día de S. José	St Joseph's Day
la Semana Santa	Easter
el Viernes Santo	Good Friday
el martes de carnaval	Mardi Gras
el miércoles de ceniza	Ash Wednesday
el día de los enamorados	St Valentine's Day

el día 6 de enero los Reyes Magos traen juguetes a los niños
on the Epiphany the three Wise Men bring toys to the children

llueve mucho en el mes de marzo
it rains a lot in March

el otoño es mi estación preferida
autumn is my favorite season

todos los veranos vamos de vacaciones
every summer we go on vacation

58. LA FECHA
THE DATE

fechar	to date
durar	to last
el pasado	the past
el futuro	the future
el porvenir	the future
el presente	the present
la historia	history
la prehistoria	prehistory
la Edad Antigua	antiquity, ancient history
la Edad Media	Middle Ages
el Renacimiento	Renaissance
la Revolución Industrial	Industrial Revolution
el siglo veinte	twentieth century
el año 2.000	the year 2000
la fecha	date
la cronología	chronology
actual	present, current
moderno	modern
presente	present
pasado	past
futuro	future
anual	annual, yearly
mensual	monthly
semanal	weekly
diario	daily
cotidiano	daily
antes	in the past
antaño	in times past
antiguamente	formerly
mucho tiempo	a long time
nunca	never
siempre	always
a veces	sometimes
cuando	when
desde (que)	since

aún	still
de nuevo	again
en aquel entonces	at that time
antes de Cristo	BC
después de Cristo	AD

¿a cuántos estamos?
what date is it today?

estamos a ocho de mayo
it's the eighth of May

el veintiuno de octubre de 1997 (mil novecientos noventa y siete)
October 21, 1997

Madrid, 3 de abril de 1996
Madrid, April 3, 1996

el 6 de julio es mi cumpleaños
my birthday is on the 6th of July

hace un año que se marchó
he/she left a year ago

érase una vez . . .
once upon a time, there was . . .

See also Section **57 YEAR**.

59. LOS NUMEROS
NUMBERS

cero	zero
uno, una	one
dos	two
tres	three
cuatro	four
cinco	five
seis	six
siete	seven
ocho	eight
nueve	nine
diez	ten
once	eleven
doce	twelve
trece	thirteen
catorce	fourteen
quince	fifteen
dieciséis	sixteen
diecisiete	seventeen
dieciocho	eighteen
diecinueve	nineteen
veinte	twenty
veintiuno, veintiuna	twenty-one
veintidós	twenty-two
treinta	thirty
cuarenta	forty
cincuenta	fifty
sesenta	sixty
setenta	seventy
setenta y cinco	seventy-five
ochenta	eighty
noventa	ninety
cien	a hundred
cientos	hundreds
ciento ocho	one hundred and eight
ciento sesenta y dos	one hundred and sixty-two
doscientos, doscientas	two hundred

doscientos/doscientas dos	two hundred and two
quinientos, quinientas	five hundred
setecientos, setecientas	seven hundred
novecientos, novecientas	nine hundred
mil	a thousand
mil novecientos/ **novecientas noventa**	one thousand nine hundred and ninety
dos mil	two thousand
cinco mil	five thousand
diez mil	ten thousand
cien mil	one hundred thousand
un millón	a million
primero	first
segundo	second
tercero	third
cuarto	fourth
quinto	fifth
sexto	sixth
séptimo	seventh
octavo	eighth
noveno	ninth
décimo	tenth
undécimo	eleventh
duodécimo	twelfth
decimotercero	thirteenth
vigésimo	twentieth
vigésimo primero	twenty-first
trigésimo	thirtieth
centésimo	hundredth
una cifra	figure
un número	number
una cantidad	amount, number
los números romanos	Roman numerals

cien/mil libras
one hundred/thousand pounds

un millón de pesetas
one million pesetas

al segundo día y a la tercera noche
on the second day and on the third night

doscientos chicos y doscientas chicas
two hundred boys and two hundred girls

dos coma tres (2,3)
two point three (2.3)

5.359
5,359

el siglo XIV (catorce)
the fourteenth century

la página 159 (ciento cincuenta y nueve)
page 159

el tercer capítulo
chapter three

el vigésimo aniversario
the twentieth anniversary

el rey Felipe II (segundo)
King Philip II

el papa Juan XXIII (veintitrés)
Pope John XXIII

60. LAS CANTIDADES
QUANTITIES

calcular	to calculate
pesar	to weigh
medir	to measure
contar	to count
sumar	to add
restar	to take away
multiplicar	to multiply
dividir	to divide
repartir	to share
llenar	to fill
vaciar	to empty
quitar	to remove
disminuir	to lessen, to reduce
aumentar	to increase
bastar	to suffice, to be enough
nada	nothing
todo	everything
todo el ...	all the ..., the whole ...
todos los ...	all the ..., every ...
algo	something
algunos	some
ninguno	none
varios	several
cada	every
todos	everybody
un poco	a little
un poco de	a little bit of, some
mucho	a lot, much
muchos	a lot of, many
pocos	few
nada de ...	no ...
más	more
menos	less
la mayoría	most
bastante	enough

demasiado	too much
demasiados	too many
alrededor de	about
más o menos	more or less
apenas	scarcely
justo	just
como máximo	at most
solamente	only
por lo menos	at least
escaso	rare
numeroso	numerous
innumerable	innumerable
suficiente	enough
igual	equal
lleno	full
vacío	empty
doble	double
triple	triple
un montón (de)	heaps/lots (of)
un trozo (de)	a piece (of)
un vaso (de)	a glass (of)
un plato (de)	a plate (of)
una botella (de)	a bottle (of)
una lata (de)	a can (of)
un paquete (de)	a packet (of)
un bocado (de)	a mouthful (of) (*food*)
un cucharada (de)	a spoonful (of)
un puñado (de)	a handful (of)
un par (de)	a pair (of)
una docena (de)	dozen
media docena (de)	half a dozen
una parte (de)	part (of)
la mitad	half
un tercio	third
un cuarto	quarter
medio/a	half
y medio/a	and a half
todo el/toda la	the whole
el resto (de)	the rest/remainder (of)

la cantidad	quantity
el número	number
el infinito	infinity
la media	average
un cálculo	calculation
el peso	weight

pesos y medidas

weights and measurements

un gramo	gram
un kilo	kilo
una libra	pound
una tonelada	1000 kg. ton
un litro	liter
una pinta	pint
un centímetro	centimeter
un metro	meter
un kilómetro	kilometer
una milla	mile

See also Section **59 NUMBERS**.

61. LA DESCRIPCION DE COSAS
DESCRIBING THINGS

el tamaño	size
la talla	size
la anchura	width
el ancho	width
la altura	height
la profundidad	depth
la largura	length
el largo	length
la belleza	beauty
la fealdad	ugliness
el aspecto	appearance
la apariencia	appearance
la forma	shape
la calidad	quality
la ventaja	advantage
el inconveniente	disadvantage, drawback
la desventaja	disadvantage
grande	big, large
pequeño	small
enorme	enormous
diminuto	tiny
minúsculo	tiny
microscópico	microscopic
ancho	wide
estrecho	narrow
grueso	thick
gordo	thick, fat
fino	thin
hondo	deep
profundo	deep
espeso	thick
poco profundo	shallow
largo	long
corto	short
alto	high, tall
bajo	low

bonito	lovely, pretty
bello	beautiful
hermoso	beautiful, gorgeous
bueno	good
mejor	better
el/la mejor	the best
maravilloso	marvelous
magnífico	magnificent
grandioso	grand, magnificent
soberbio	superb
fantástico	fantastic
perfecto	perfect
extraordinario	exceptional
excelente	excellent
de excelente calidad	(of) top quality
feo	ugly
malo	bad
mediocre	mediocre
peor	worse
el/la peor	the worst
horrible	appalling, horrible
espantoso	dreadful
atroz	atrocious
fatal	atrocious, terrible
de mala calidad	(of) poor quality
normal	normal, regular
ligero	light
pesado	heavy
duro	hard
firme	firm
sólido	solid, sturdy
blando	soft
tierno	tender
delicado	delicate
suave	smooth, soft
caliente	hot, warm
frío	cold
fresco	cool
tibio	lukewarm, tepid
seco	dry

mojado	wet
húmedo	damp
líquido	liquid, runny
sencillo	simple
complicado	complicated
difícil	difficult
fácil	easy
práctico	practical, handy
útil	useful
inútil	useless, pointless
viejo	old
antiguo	ancient, old
nuevo	new
moderno	modern
anticuado	out-of-date, old-fashioned
limpio	clean
sucio	dirty
asqueroso	disgusting
curvo	curved
recto	straight
redondo	round
circular	circular
ovalado	oval
rectangular	rectangular
cuadrado	square
triangular	triangular
alargado	oblong, elongated
liso	flat
imposible	impossible
posible	possible
necesario	necessary
esencial	essential

la nieve alcanzó medio metro de espesor
the snow was half a meter deep

tres metros de largo y uno de ancho
three meters long and one meter wide

See also Section **62 COLORS**.

62. LOS COLORES
COLORS

amarillento	yellowish
amarillo	yellow
anaranjado	orange-colored
azul	blue
azul marino (*inv*)	navy blue
beige (*inv*)	beige
blanco	white
carne (*inv*)	flesh-colored
dorado	gold, golden
gris	grey
grisáceo	greyish
marrón	brown
morado	purple
naranja (*inv*)	orange
negro	black
plateado	silver
rojizo	reddish
rojo	red
rosa (*inv*)	pink
turquesa	turquoise
verde	green
verdoso	greenish
chillón	bright
oscuro	dark
claro	light
vivo	vivid
pálido	pale

llevaba una camisa amarilla y una corbata azul oscuro
he was wearing a yellow shirt and a dark blue tie

el verde es mi color preferido
green is my favorite color

63. LA MATERIA
MATERIALS

natural	natural
sintético	synthetic
artificial	artificial
la materia	matter, substance
el material	material
la composición	composition
la substancia	substance
la tierra	earth
el agua (*f*)	water
el aire	air
el fuego	fire
la piedra	stone
las piedras preciosas	precious stones
el cristal	crystal
el mármol	marble
el granito	granite
el diamante	diamond
la arcilla	clay
el metal	metal
el aluminio	aluminium
el bronce	bronze
el cobre	copper
el latón	brass
el estaño	tin, pewter
el hierro	iron
el acero	steel
el plomo	lead
el oro	gold
la plata	silver
el alambre	wire
la madera	wood
el mimbre	cane, wickerwork
la paja	straw
el bambú	bamboo

el hormigón	concrete
el cemento	cement
el ladrillo	brick
el yeso	plaster
el vidrio	glass
el cartón	cardboard
el papel	paper
el plástico	plastic
el caucho	rubber
la cera	wax
el cuero	leather
la piel	fur, leather
el ante	suede
el algodón	cotton
la lana	wool
el nylon	nylon
la pura lana virgen	pure new wool
la seda	silk
el terciopelo	velvet
la pana	corduroy

esta casa es de ladrillo
this house is made of brick

64. LAS INDICACIONES
DIRECTIONS

los puntos cardinales

the points of the compass

el norte	north
el sur	south
el este	east
el oeste	west
el nordeste	northeast
el noroeste	northwest
el sureste	southeast
el suroeste	southwest
coja	take
continúe	keep going
siga	follow
deje atrás	go past
dé la vuelta	go back, turn
dé marcha atrás	reverse
tuerza a la derecha	turn right
tuerza a la izquierda	turn left

el sentido

directions

donde	where
¿dónde?	where?
en dirección a	in the direction of, towards
en sentido contrario	in the opposite direction
hacia atrás	backwards
la izquierda	left
la derecha	right
a la izquierda	on/to the left
a la derecha	on/to the right
todo seguido/recto	straight ahead
al lado de	beside
pasado el semáforo	after the traffic lights
justo antes del semáforo	just before the traffic lights

al llegar al siguiente cruce	at the next intersection
la primera a la derecha	first on the right
la segunda a la izquierda	second on the left
enfrente de	in front of
frente a	in front of
detrás de	behind
cerca	near
lejos	far away

¿puede usted decirme cómo se va a la estación?
can you tell me how to get to the station?

a unos diez minutos andando
about ten minutes on foot

a 100 metros de aquí
100 meters away

al sur de Salamanca
south of Salamanca

65. EL ESPAÑOL DE LATINOAMERICA
LATIN-AMERICAN SPANISH

Abbreviations:

LA Latin America
CA Central America
SA South America
Arg Argentina
Chil Chile
Col Columbia
Cub Cuba
D Rep Dominican Republic
Ec Ecuador

Hond Honduras
Mex Mexico
Pan Panama
Par Paraguay
Per Peru
P Rico Puerto Rico
Ur Uruguay
Ven Venezuela

una arveja (*Chil, Arg*)	pea
un auto (*SA*)	car
un aventón (*Mex*)	lift; push
un aviso (*SA*)	advertisement, commercial
un cabro (*Chil*)	child, kid
una callampa (*Col, Chil, Per*)	mushroom
un carro (*LA*)	car
un cerillo (*LA*)	match
un cielo (*Chil*)	ceiling
una cuadra (*LA*)	side of a block (of houses)
un chacarero (*SA*)	peasant
un chaparro (*Mex*)	child, kid
una chirola (*LA*)	jail
un choclo (*SA*)	cob of sweetcorn
un damasco (*LA*)	apricot
un desarmador (*Hond, Mex*)	screwdriver
catire, catira (*Col, Ven*)	blond, fair-haired
chúcaro (*CA, SA*)	wild, untamed
enchiloso (*CA, Mex*)	hot (*spicy*)
enfermoso (*CA, Col, Ec, Ven, D, Rep*)	sickly
flojo (*LA*)	lazy, idle

lambido (*LA*)	affected, vain
lambido (*Mex, CA*)	shameless, cynical
lijoso (*Cub*)	vain, conceited
liviano (*LA*)	light (*weight*)
lurio (*Mex*)	in love; crazy
macanudo (*LA*)	great, superb
pelotudo (*SA*)	gullible
pituco (*Chil, Arg, Par, Ur*)	pretentious
tomado (*SA, P Rico*)	drunk
tomador (*SA, P Rico*)	hard-drinking
apurarse (*LA*)	to hurry
avisparse (*Mex*)	to become alarmed
botar (*LA*)	to waste, to throw away
chirrionar (*Mex*)	to whip, to lash
ejecutar (*Arg, Mex, Ven*)	to play (*instrument*)
encuerar (*Cub, Mex*)	to undress
enojarse (*LA*)	to become angry/annoyed
jalear (*Chil, Mex*)	to tease, to mock
jalonear (*CA, Mex*)	to pull; to haggle
macanear (*SA*)	to talk nonsense, to lie
manejar (*SA*)	to drive (*vehicle*)
menearse (*LA*)	to move one's body as when dancing or walking
pedir aventón (*Mex*)	to hitchhike
quebrar (*LA*)	to break, to smash
recibirse de (*LA*)	to qualify as
revulsar (*Mex*)	to vomit
un doctor (*LA*)	doctor
un durazno (*LA*)	peach
un elevador (*CA, Mex, P Rico*)	elevator
los espejuelos (*Cub*)	glasses, spectacles
una estampilla (*LA*)	stamp
una fósforo (*LA*)	match
una frutilla (*SA*)	strawberry
una guagua (*CA, SA*)	baby, kid
una guagua (*Cub*)	bus, truck
un guarache (*Mex*)	sandal
una jarrada (*LA*)	jarful, jugful
un jugo (*LA*)	juice
una laucha (*Arg, Chil, Par, Ur*)	mouse

la lerdera (*CA*)	laziness, slowness, slackness
una macana (*LA*)	club, nightstick; lie
un maní (*SA*)	peanut
el montante (*LA*)	total, amount
un negocio (*Arg, Chil, Per, Ur*)	shop
una palta (*SA*)	avocado (pear)
una pampa (*SA*)	prairie, pampa(s)
un pampero (*LA*)	inhabitant of the pampas; strong westerly wind
una pana (*LA*)	breakdown (*machine*)
una pana (*Chil*)	liver (*meat*)
una papa (*LA*)	potato
un parche (*Chil*)	Band-Aid®, adhesive bandage
la plata (*LA*)	money
los recados (*Mex, P Rico*)	regards, greetings
un tipo (*LA*)	guy, man
una torta (*Chil*)	cake
un trago (*LA*)	alcoholic drink
una vereda (*SA*)	sidewalk
ahorita (*Mex*)	this very minute
al tiro (*SA*)	right now
de guagua (*Cub, Mex*)	for free
de nosotros (*LA*)	our, ours
en cana (*LA*)	in jail
ligero (*LA*)	quickly, rapidly, at once
luego (*LA*)	at once, right now; near
reciencito (*Arg, Pan*)	a very short time ago
¡regio! (*LA*)	great!

Index

Refers to the category numbers. These are the numbers next to the category titles at the top of each page in Part I.

Part II

Verbs

A GLOSSARY OF GRAMMATICAL TERMS

ACTIVE

The active form of a verb is the basic form as in I remember him. It is normally opposed to the passive form of the verb as in he will be remembered.

AUXILIARY

Auxiliary verbs are used to form compound tenses of other verbs, eg h ave in I h ave seen or will in she will go. The main auxiliary verbs in Spanish are haber, ser and estar.

COMPOUND

Compound tenses are verb tenses consisting of more than one element. In Spanish, the compound tenses of a verb are formed by the **auxiliary** verb and the **past participle**: he comprado, fue destruido, estoy escribiendo.

CONDITIONAL

This mood is used to describe what someone would do, or something that would happen if a condition were fulfilled (eg I would come if I was well; the chair would have broken if he had sat on it).

CONJUGATION

The conjugation of a verb is the set of different forms taken in the particular tenses or moods of that verb.

ENDING

The ending of a verb is determined by the **person** (1st, 2nd, 3rd) and **number** (singular/plural) of its subject.

IMPERATIVE

A mood used for giving orders (eg stop!, don't go!) or for making suggestions (eg let's go).

INDICATIVE

The normal form of a verb as in I like, he came, we are trying. It is opposed to the subjunctive, conditional and imperative.

INFINITIVE

The infinitive is the form of the verb as found in dictionaries. Thus to eat, to finish, to take are infinitives. In Spanish, all infinitives end in -ar, -er or -ir: hablar, comer, vivir.

MOOD

The name given to the four main areas within which a verb is conjugated. See INDICATIVE, SUBJUNCTIVE, CONDITIONAL, IMPERATIVE.

PASSIVE

A verb is used in the passive when the subject of the verb does not perform the action but is subjected to it. In English, the passive is formed with a part of the verb to be and the past participle of the verb, eg he was rewarded.

PAST PARTICIPLE

The past participle of a verb is the form which is used after to have in English, eg I have eaten, I have said, you have tried.

PERSON

In any tense, there are three persons in the singular (1st: I . . . , 2nd: you . . . , 3rd: he/she . . .), and three in the plural (1st: we . . . , 2nd: you . . . , 3rd: they . . .). Note that in Spanish the 3rd person is also used with the pronouns usted and ustedes (which mean 'you').

PRESENT PARTICIPLE

The present participle is the verb form which ends in -ing in English (-ando or -iendo in Spanish).

REFLEXIVE

Reflexive verbs 'reflect' the action back onto the subject (eg I dressed myself). They are always found with a reflexive pronoun and are more common in Spanish than in English.

SUBJUNCTIVE

The subjunctive is a verb form which is rarely used in English (eg if I were you, God save the Queen). It is more common in Spanish.

SUBORDINATE CLAUSE

A group of words with a subject and a verb which is dependent on another clause. For example, in he said he would leave, he would leave is the subordinate clause dependent on he said.

STEM

See VERB STEM.

241

TENSE　　　　　　　　　Verbs are used in tenses, which indicate when an action takes place, eg in the present, the past, the future.

VERB STEM　　　　　　　The stem of a verb is its 'basic unit' to which the various endings are added. To find the stem of a Spanish verb, remove the -ar, -er or ir from the infinitive. The stem of hablar is habl, the stem of comer is com and the stem of vivir is viv.

VOICE　　　　　　　　　The two voices of a verb are its active and passive forms.

INTRODUCTION

A. TYPES OF VERB

There are three conjugations for Spanish verbs. The ending of the infinitive indicates which conjugation the verb belongs to.

all verbs ending in **-ar** belong to the first conjugation, e.g. **hablar**
all verbs ending in **-er** belong to the second conjugation, e.g. **comer**
all verbs ending in **-ir** belong to the third conjugation, e.g. **vivir**

All regular verbs follow the pattern of one of these conjugations.

Models for these and for a considerable number of irregular verbs are given in the verb tables of this book.

B. USE OF TENSES

Tenses are formed by adding various endings to the stem of the verb (i.e. the verb minus **-ar, -er, -ir**).

The following section gives explanations and examples of usage of the various verb tenses and moods that are listed in the verb tables in this book.

1. The **_PRESENT TENSE_** is used (as in English):

   i) to express present states:

      estoy enfermo
      I am ill

   ii) to express general or universal truths:

      la vida es dura
      life is difficult

      el tiempo es oro
      time is money

   iii) to express the future:

      vuelvo ahora mismo
      I'll be right back

      mañana mismo lo termino
      I will finish it tomorrow

iv)   to translate the English present progressive:

vivo en Glasgow
I am living in Glasgow

estudio español
I am studying Spanish

The **PRESENT PROGRESSIVE** is formed with the present tense of **ESTAR** plus the present participle of the verb (for example: **¿qué estas haciendo?** what are you doing?; **están escuchando la radio** they're listening to the radio). It is used:

i)   when an activity is actually taking place:

estoy escribiendo una carta
I am writing a letter

ii)   for an activity begun in the past and continuing into the present even if it is not happening at the moment:

estoy escribiendo un libro
I am writing a book

2.   The **IMPERFECT TENSE** is used:

i)   to express something that was going on in the past:

hacía mucho ruido
it was making a lot of noise

ii)   to refer specially to something that continued over a period of time as opposed to something that happened at a specific point in time:

mientras veíamos la televisión, un ladrón entró por la ventana
while we were watching television, a thief came in through the window

iii)   to describe a habitual action that used to take place in the past:

cuando era pequeño iba de vacaciones a Mallorca
when I was young I used to go to Majorca on vacation

244

iv)   to describe or set the background of a story:

el sol brillaba
the sun was shining

The *IMPERFECT PROGRESSIVE*. Like the present tense, the imperfect has a progressive form, formed with the imperfect of **ESTAR** plus the present participle of the verb:

estábamos tomando el sol
we were taking sun

3.   The *PERFECT TENSE* is generally used (as in English) to express an action in the past without referring to a particular time. It usually describes an action that continues into the present or relates to the present:

he conocido a tu hermano
I have met your brother

hemos estado en una discoteca
we have been to a disco

4.   The *PRETERITE TENSE* is used to express an action that has been completed in the past:

ayer fui a la discoteca
yesterday I went to the disco

Pedro me llamõ por teléfono
Peter phoned me

5.   The *PLUPERFECT TENSE* is used:

i)   (as in English) to express what someone had done or had been doing or something that had happened or had been happening in the past:

mi amiga había llamado por teléfono
my friend had phoned

ii)   to express a past action completed before another past action:

cuando llegué Elena ya se había marchado
when I arrived Elena had already gone

245

6. The *FUTURE TENSE* is used as in English to express future matters:

    > **este verano iré a España**
    > this summer I'll go to Spain

    The future can also be expressed by using the verb **ir** in the present plus the preposition **a** followed by an infinitive:

    > **voy a estudiar**
    > I am going to study

    > **van a comer con unos amigos**
    > they are going to eat with some friends

    Note that the future is often expressed by the present tense in Spanish (see 1iii above).

7. The *FUTURE PERFECT TENSE*:

    i)   is used to indicate that an action in the future will be completed by the time a second action applies:

         > **lo habré terminado antes de que lleguen**
         > I will have finished it before they arrive

    ii) can be used in Spanish to express a supposition about the present:

         > **lo habrá olvidado**
         > he'll have forgotten it

8. The *PRESENT CONDITIONAL* is used:

    i)   in certain phrases to express a wish:

         > **me gustaría conocer a tu hermano**
         > I would like to meet your brother

    ii) to refer to what would happen or what someone would do under certain circumstances:

         > **si pasara eso, me pondría muy contento**
         > if that happened, I would be very pleased

9. The *PAST CONDITIONAL* is used to express what would have happened if something else had not interfered:

    > **si hubieras llegado antes, lo habrías visto**
    > if you had arrived earlier, you would have seen it

10. The **PAST ANTERIOR** is used in literary Spanish, and is preceded by an adverb expressing time:

> **cuando hubo terminado, se levantó**
> when he had finished, he got up

11. The **SUBJUNCTIVE** is mainly used:

   i) in conditional statements where the condition is unlikely to be fulfilled:

   > **si tuviera más tiempo, iría de paseo**
   > if I had more time, I would go for a walk

   > **si me lo hubiera pedido, le habría prestado el dinero**
   > if he had asked me, I would have lent him the money

   > **si fuera mi cumpleaños**
   > if it were my birthday

   ii) in subordinate clauses following verbs that express a subjective idea or opinion:

   > **siento que no puedas venir**
   > I am sorry you can't come

   > **mi madre quiere que vaya a la Universidad**
   > my mother wants me to go to college

   iii) with impersonal expressions:

   > **es fácil que suspenda el examen**
   > it's likely that she'll fail the exam

   iv) with expressions of doubt:

   > **no creo que quiera ir al cine**
   > I don't think he will want to go to the movies

   > **dudo que lo sepa**
   > I doubt whether he knows it

   v) after relative clauses with indefinite, negative or interrogative antecedents:

   > **¿conoces a alguien que no quiera ganar mucho dinero?**
   > do you know anybody who doesn't want to earn a lot of money?

247

aqui no hay nadie que hable alemán
there is nobody here who can speak German

vi) in indefinite expressions when they imply an action
     in the future:

**quienquiera que venga, le diré que no puede
entrar**
whoever comes, I'll tell him he can't come in

dondequiera que esté, le encontraré
wherever he is, I'll find him

vii) with verbs that imply a command or advice:

mi amiga me dijo que fuera a veria
my friend told me to go and see her

Carmen me aconsejó que dejara de fumar
Carmen advised me to stop smoking

viii) after certain conjunctions when they imply a future
       or uncertain action:

aunque llueva iré a los toros
even if it rains I'll go to the bullfight

The subjunctive is used with adverbs of time when the verb
in the main clause is in the future, as we don't know if the
action will take place:

en cuanto venga, se lo diré
as soon as he comes, I'll tell him

antes de que se vaya, hablaré con ella
before she goes, I'll talk to her

The choice of tense for the subjunctive depends on the tense
of the main clause.

The present subjunctive is used when the verb in the main
clause is in the present, future, perfect or imperative.

The imperfect subjunctive is used when the main verb is in the
imperfect, past historic or the conditional.

The perfect subjunctive is used when the main verb is in the
present or future and is followed by a clause which refers to
a past action.

quiero que me escribas
I want you to write to me

nos pedirá que lo terminemos
he will ask us to finish it

me dijo que viniera
he told me to come

me gustaría que me escribieras
I would like you to write to me

dudo que haya llegado
I doubt whether he's arrived

12. The ***PRESENT PARTICIPLE*** is not very commonly used by itself.

   i) It is used mainly with the present tense of **estar** to form the progressive tenses:

   estoy estudiando español
   I am studying Spanish

   estábamos comiendo una paella
   we were eating a paella

   ii) On its own it is used to express the idea of 'by doing', 'by going' and the like:

   entró silbando
   he came in whistling

13. The ***PAST PARTICIPLE***, apart from its use to form the compound tenses, is also used on its own as an adjective:

   ese condenado coche
   that damned car

14. The ***IMPERATIVE*** is used to give orders or to make suggestions:

   ven aquí
   come here!

   deja de hacer el tonto
   stop being silly

   ten cuidado
   be careful

   vámonos
   let's go

The second persons of the imperative, when used in the **NEGATIVE**, are formed by using the second persons of the present subjunctive:

> **no corras tanto**
> don't run so much

15. The **INFINITIVE** is used:

i) after a preposition:

> **se fue sim hablar conmigo**
> he left without speaking to me
> **al abrir la puerta**
> on opening the door

ii) as the direct object of another verb:

> **pueden Vds pasar**
> you can go in
> **me gusta bailar**
> I like dancing

iii) as a noun (sometimes with an article):

> **el comer tanto no es bueno**
> eating so much is not good

16. The **PASSIVE VOICE** is formed by using the verb **ser** plus the past participle. The agent or person that executes the action is introduced by **por**. In the passive voice the past participle agrees with the subject:

> **el perro fue atropellado por un coche**
> the dog was run over by a car
> **las cartas han sido destruidas por el fuego**
> the letters have been destroyed by the fire

The passive voice is less commonly used in Spanish than in English and passive ideas can be expressed by:

i) using the reflexive pronoun **se** with the third person of the verb:

> **no se puede fumar en el avión**
> smoking isn't allowed on the plane

las tiendas se abren a las nueve
the shops open at nine

ii)   using the third person plural of the verb:

nos invitaron a una fiesta
we were invited to a party

iii)   changing the roles of subject and agent:

la policía arrestó a los ladrones
the thieves were caught by the police

mi profesora escribió ese libro
that book was written by my teacher

An example of the full conjugation of a passive verb is given on the following page.

SER AMADO
to be loved

PRESENT	IMPERFECT	FUTURE
1. soy amado	era amado	seré amado
2. eres amado	eras amado	serás amado
3. es amado	era amado	será amado
1. somos amados	éramos amados	seremos amados
2. sois amados	erais amados	seréis amados
3. son amados	eran amados	serán amados

PRETERITE	PERFECT	PLUPERFECT
1. fui amado	he sido amado	había sido amado
2. fuiste amado	has sido amado	habías sido amado
3. fue amado	ha sido amado	había sido amado
1. fuimos amados	hemos sido amados	habíamos sido amados
2. fuisteis amados	habéis sido amados	habíais sido amados
3. fueron amados	han sido amados	habían sido amados

PAST ANTERIOR	FUTURE PERFECT
hube sido amado etc	habré sido amado etc

CONDITIONAL		*IMPERATIVE*
PRESENT	PAST	
1. sería amado	habría sido amado	
2. serías amado	habrías sido amado	
3. sería amado	habría sido amado	
1. seríamos amados	habríamos sido amados	
2. seríais amados	habríais sido amados	
3. serían amados	habrían sido amados	

SUBJUNCTIVE

PRESENT	IMPERFECT	PLUPERFECT
1. sea amado	fu-era/ese amado	hub-iera/ese sido amado
2. seas amado	fu-eras/eses amado	hubi-eras/eses sido amado
3. sea amado	fu-era/ese amado	hubi-era/ese sido amado
1. seamos amados	fu-éramos/ésemos amados	hubi-éramos/semos sido amados
2. seáis amados	fu-erais/eseis amados	hubi-erais/eseis sido amados
3. sean amados	fu-eran/esen amados	hubi-eran/esen sido amados

PERFECT   haya sido amado etc

INFINITIVE	*PARTICIPLE*
PRESENT	PRESENT
ser amado	siendo amado
PAST	PAST
haber sido amado	sido amado

C.'SER' AND 'ESTAR'

Both verbs translate the verb 'to be'.
SER is used to express:

i)   identity:

> **soy Elena**
> I am Elena
>
> **es mi prima**
> she is my cousin

ii)   origin or nationality:

> **él es de Madrid**
> he is from Madrid
>
> **mis amigos son escoceses**
> my friends are Scottish

iii)   inherent quality or characteristics:

> **la playa es grande**
> the beach is big
>
> **mi profesor es muy amable**
> my teacher is very kind

iv)   occupation:

> **mi novio es arquitecto**
> my boyfriend is an architect

v)   possession:

> **ese libro es de Teresa**
> that book is Teresa's

vi)   the material from which something is made:

> **la mesa es de madera**
> the table is made of wood

vii) expressions of time:

> **es la una y media**
> it's half past one
>
> **mañna es domingo**
> tomorrow is Sunday

viii)   most impersonal expressions:

es mejor levantarse temprano
it's better to get up early

ix)   to form the passive voice (see page xvi)

ESTAR is used:

i)   to indicate where someone or something is:

el hotel está en la calle principal
the hotel is on the main street

España está en Europa
Spain is in Europe

ii)   to express a temporary state or condition:

ese hombre está borracho
that man is drunk

el agua está fría
the water is cold

iii)   to form the progressive tenses:

estamos viendo la televisión
we are watching television

Some words change their meaning when used with **ser** or
estar:

estoy listo
I am ready

es listo
he is clever

Note: In this book we have used the numbers 1, 2, 3 to indicate the
first, second and third person of the verb. In each block the second
1, 2, 3 are the plural forms. It is important to note that, in Spanish,
the second person usages 'usted' and 'ustedes'—'you' in the singular
and plural—are formed with the third person of the verb.

For an important note on the use of the imperative see page 250.

Verb
Tables

1 ABANDONAR
to abandon

PRESENT	IMPERFECT	FUTURE
1. abandono	abandonaba	abandonaré
2. abandonas	abandonabas	abandonarás
3. abandona	abandonaba	abandonará
1. abandonamos	abandonábamos	abandonaremos
2. abandonáis	abandonabais	abandonaréis
3. abandonan	abandonaban	abandonarán

PRETERITE	PERFECT	PLUPERFECT
1. abandoné	he abandonado	había abandonado
2. abandonaste	has abandonado	habías abandonado
3. abandonó	ha abandonado	había abandonado
1. abandonamos	hemos abandonado	habíamos abandonado
2. abandonasteis	habéis abandonado	habíais abandonado
3. abandonaron	han abandonado	habían abandonado

PAST ANTERIOR	FUTURE PERFECT
hube abandonado etc	habré abandonado etc

CONDITIONAL		*IMPERATIVE*
PRESENT	PAST	
1. abandonaría	habría abandonado	
2. abandonarías	habrías abandonado	(tú) abandona
3. abandonaría	habría abandonado	(Vd) abandone
1. abandonaríamos	habríamos abandonado	(nosotros) abandonemos
2. abandonaríais	habríais abandonado	(vosotros) abandonad
3. abandonarían	habarían abandonado	(Vds) abandonen

SUBJUNCTIVE		
PRESENT	IMPERFECT	PLUPERFECT
1. abandone	abandon-ara/ase	hubiera abandonado
2. abandones	abandon-aras/ases	hubieras abandonado
3. abandone	abandon-ara/ase	hubiera abandonado
1. abandonemos	abandon-áramos/ásemos	hubiéramos abandonado
2. abandonéis	abandon-arais/aseis	hubierais abandonado
3. abandonen	abandon-aran/asen	hubieran abandonado

PERFECT   haya abandonado etc

INFINITIVE	*PARTICIPLE*
PRESENT	PRESENT
abandonar	abandonando
PAST	PAST
haber abandonado	abandonado

ABOLIR

to abolish

2

PRESENT	IMPERFECT	FUTURE
1.	abolía	aboliré
2.	abolías	abolirás
3.	abolía	abolirá
1. abolimos	abolíamos	aboliremos
2. abolís	abolíais	aboliréis
3.	abolían	abolirán

PRETERITE	PERFECT	PLUPERFECT
1. abolí	he abolido	había abolido
2. aboliste	has abolido	habías abolido
3. abolió	ha abolido	había abolido
1. abolimos	hemos abolido	habíamos abolido
2. abolisteis	habéis abolido	habíais abolido
3. abolieron	han abolido	habían abolido

PAST ANTERIOR	FUTURE PERFECT
hube abolido etc	habré abolido etc

CONDITIONAL		*IMPERATIVE*
PRESENT	**PAST**	
1. aboliría	habría abolido	
2. abolirías	habrías abolido	
3. aboliría	habría abolido	
1. aboliríamos	habríamos abolido	(nosotros) abolamos
2. aboliríais	habríais abolido	(vosotros) abolid
3. abolirían	habrían abolido	

SUBJUNCTIVE

PRESENT	IMPERFECT	PLUPERFECT
1.	abol-iera/iese	hubiera abolido
2.	abol-ieras/ieses	hubieras abolido
3.	abol-iera/iese	hubiera abolido
1.	abol-iéramos/iésemos	hubiéramos abolido
2.	abol-ierais/ieseis	hubierais abolido
3.	abol-ieran/iesen	hubieran abolido

PERFECT haya abolido etc

INFINITIVE	*PARTICIPLE*
PRESENT	**PRESENT**
abolir	aboliendo
PAST	**PAST**
haber abolido	abolido

ABORRECER
to loathe

PRESENT	IMPERFECT	FUTURE
1. aborrezco	aborrecía	aborreceré
2. aborreces	aborrecías	aborrecerás
3. aborrece	aborrecía	aborrecerá
1. aborrecemos	aborrecíamos	aborreceremos
2. aborrecéis	aborrecíais	aborreceréis
3. aborrecen	aborrecían	aborrecerán

PRETERITE	PERFECT	PLUPERFECT
1. aborrecí	he aborrecido	había aborrecido
2. aborreciste	has aborrecido	habías aborrecido
3. aborreció	ha aborrecido	había aborrecido
1. aborrecimos	hemos aborrecido	habíamos aborrecido
2. aborrecisteis	habéis aborrecido	habíais aborrecido
3. aborrecieron	han aborrecido	habían aborrecido

PAST ANTERIOR	FUTURE PERFECT
hube aborrecido etc	habré aborrecido etc

CONDITIONAL

PRESENT	PAST	IMPERATIVE
1. aborrecería	habría aborrecido	
2. aborrecerías	habrías aborrecido	(tú) aborrece
3. aborrecería	habría aborrecido	(Vd) aborrezca
1. aborreceríamos	habríamos aborrecido	(nosotros) aborrezcamos
2. aborreceríais	habríais aborrecido	(vosotros) aborreced
3. aborrecerían	habrían aborrecido	(Vds) aborrezcan

SUBJUNCTIVE

PRESENT	IMPERFECT	PLUPERFECT
1. aborrezca	aborrec-iera/iese	hubiera aborrecido
2. aborrezcas	aborrec-ieras/ieses	hubieras aborrecido
3. aborrezca	aborrec-iera/iese	hubiera aborrecido
1. aborrezcamos	aborrec-iéramos/iésemos	hubiéramos aborrecido
2. aborrezcáis	aborrec-ierais/ieseis	hubierais aborrecido
3. aborrezcan	aborrec-ieran/iesen	hubieran aborrecido

PERFECT   haya aborrecido etc

INFINITIVE	PARTICIPLE
PRESENT	PRESENT
aborrecer	aborreciendo
PAST	PAST
haber aborrecido	aborrecido

ABRIR
to open

4

PRESENT	IMPERFECT	FUTURE
1. abro	abría	abriré
2. abres	abrías	abrirás
3. abre	abría	abrirá
1. abrimos	abríamos	abriremos
2. abrís	abríais	abriréis
3. abren	abrían	abrirán

PRETERITE	PERFECT	PLUPERFECT
1. abrí	he abierto	había abierto
2. abriste	has abierto	habías abierto
3. abrió	ha abierto	había abierto
1. abrimos	hemos abierto	habíamos abierto
2. abristeis	habéis abierto	habíais abierto
3. abrieron	han abierto	habían abierto

PAST ANTERIOR	FUTURE PERFECT
hube abierto etc	habré abierto etc

CONDITIONAL		*IMPERATIVE*
PRESENT	**PAST**	
1. abriría	habría abierto	
2. abrirías	habrías abierto	(tú) abre
3. abriría	habría abierto	(Vd) abra
1. abriríamos	habríamos abierto	(nosotros) abramos
2. abriríais	habríais abierto	(vosotros) abrid
3. abrirían	habrían abierto	(Vds) abran

SUBJUNCTIVE		
PRESENT	**IMPERFECT**	**PLUPERFECT**
1. abra	abr-iera/iese	hubiera abierto
2. abras	abr-ieras/ieses	hubieras abierto
3. abra	abr-iera/iese	hubiera abierto
1. abramos	abr-iéramos/iésemos	hubiéramos abierto
2. abráis	abr-ierais/ieseis	hubierais abierto
3. abran	abr-ieran/iesen	hubieran abierto

PERFECT	haya abierto etc

INFINITIVE	*PARTICIPLE*
PRESENT	**PRESENT**
abrir	abriendo
PAST	**PAST**
haber abierto	abierto

5 ACABAR
to finish

PRESENT	IMPERFECT	FUTURE
1. acabo	acababa	acabaré
2. acabas	acababas	acabarás
3. acaba	acababa	acabará
1. acabamos	acabábamos	acabaremos
2. acabáis	acababais	acabaréis
3. acaban	acababan	acabarán

PRETERITE	PERFECT	PLUPERFECT
1. acabé	he acabado	había acabado
2. acabaste	has acabado	habías acabado
3. acabó	ha acabado	había acabado
1. acabamos	hemos acabado	habíamos acabado
2. acabasteis	habéis acabado	habíais acabado
3. acabaron	han acabado	habían acabado

PAST ANTERIOR	FUTURE PERFECT
hube acabado etc	habré acabado etc

CONDITIONAL		IMPERATIVE
PRESENT	PAST	
1. acabaría	habría acabado	
2. acabarías	habrías acabado	(tú) acaba
3. acabaría	habría acabado	(Vd) acabe
1. acabaríamos	habríamos acabado	(nosotros) acabemos
2. acabaríais	habríais acabado	(vosotros) acabad
3. acabarían	habrían acabado	(Vds) acaben

SUBJUNCTIVE

PRESENT	IMPERFECT	PLUPERFECT
1. acabe	acab-ara/ase	hubiera acabado
2. acabes	acab-aras/ases	hubieras acabado
3. acabe	acab-ara/ase	hubiera acabado
1. acabemos	acab-áramos/ásemos	hubiéramos acabado
2. acabéis	acab-arais/aseis	hubierais acabado
3. acaben	acab-aran/asen	hubieran acabado

PERFECT haya acabado etc

INFINITIVE	PARTICIPLE
PRESENT	PRESENT
acabar	acabando
PAST	PAST
haber acabado	acabado

ACENTUAR 6
to accent

PRESENT	IMPERFECT	FUTURE
1. acentúo	acentuaba	acentuaré
2. acentúas	acentuabas	acentuarás
3. acentúa	acentuaba	acentuará
1. acentuamos	acentuábamos	acentuaremos
2. acentuáis	acentuabais	acentuaréis
3. acentúan	acentuaban	acentuarán

PRETERITE	PERFECT	PLUPERFECT
1. acentué	he acentuado	había acentuado
2. acentuaste	has acentuado	habías acentuado
3. acentuó	ha acentuado	había acentuado
1. acentuamos	hemos acentuado	habíamos acentuado
2. acentuasteis	habéis acentuado	habíais acentuado
3. acentuaron	han acentuado	habían acentuado

PAST ANTERIOR	FUTURE PERFECT
hube acentuado etc	habré acentuado etc

CONDITIONAL

IMPERATIVE

PRESENT	PAST	
1. acentuaría	habría acentuado	
2. acentuarías	habrías acentuado	(tú) acentúa
3. acentuaría	habría acentuado	(Vd) acentúe
1. acentuaríamos	habríamos acentuado	(nosotros) acentuemos
2. acentuaríais	habríais acentuado	(vosotros) acentuad
3. acentuarían	habrían acentuado	(Vds) acentúen

SUBJUNCTIVE

PRESENT	IMPERFECT	PLUPERFECT
1. acentúe	acentu-ara/ase	hubiera acentuado
2. acentúes	acentu-aras/ases	hubieras acentuado
3. acentúe	acentu-ara/ase	hubiera acentuado
1. acentuemos	acentu-áramos/ásemos	hubiéramos acentuado
2. acentuéis	acentu-arais/aseis	hubierais acentuado
3. acentúen	acentu-aran/asen	hubieran acentuado

PERFECT   haya acentuado etc

INFINITIVE	*PARTICIPLE*
PRESENT	PRESENT
acentuar	acentuando
PAST	PAST
haber acentuado	acentuado

7 ACERCARSE
to approach

PRESENT	IMPERFECT	FUTURE
1. me acerco	me acercaba	me acercaré
2. te acercas	te acercabas	te acercarás
3. se acerca	se acercaba	se acercará
1. nos acercamos	nos acercábamos	nos acercaremos
2. os acercáis	os acercabais	os acercaréis
3. se acercan	se acercaban	se acercarán

PRETERITE	PERFECT	PLUPERFECT
1. me acerqué	me he acercado	me había acercado
2. te acercaste	te has acercado	te habías acercado
3. se acercó	se ha acercado	se había acercado
1. nos acercamos	nos hemos acercado	nos habíamos acercado
2. os acercasteis	os habéis acercado	os habíais acercado
3. se acercaron	se han acercado	se habían acercado

PAST ANTERIOR		FUTURE PERFECT
me hube acercado etc		me habré acercado etc

CONDITIONAL		IMPERATIVE
PRESENT	PAST	
1. me acercaría	me habría acercado	
2. te acercarías	te habrías acercado	(tú) acércate
3. se acercaría	se habría acercado	(Vd) acérquese
1. nos acercaríamos	nos habríamos acercado	(nosotros) acerquémonos
2. os acercaríais	os habríais acercado	(vosotros) acercaos
3. se acercarían	se habrían acercado	(Vds) acérquense

SUBJUNCTIVE

PRESENT	IMPERFECT	PLUPERFECT
1. me acerque	me acerc-ara/ase	me hubiera acercado
2. te acerques	te acerc-aras/ases	te hubieras acercado
3. se acerque	se acerc-ara/ase	se hubiera acercado
1. nos acerquemos	nos acerc-áramos/ásemos	nos hubiéramos acercado
2. os acerquéis	os acerc-arais/aseis	os hubierais acercado
3. se acerquen	se acerc-aran/asen	se hubieran acercado

PERFECT   me haya acercado etc

INFINITIVE	PARTICIPLE
PRESENT	PRESENT
acercarse	acercándose
PAST	PAST
haberse acercado	acercado

ACORDARSE 8
to remember,

PRESENT	IMPERFECT	FUTURE
1. me acuerdo	me acordaba	me acordaré
2. te acuerdas	te acordabas	te acordarás
3. se acuerda	se acordaba	se acordará
1. nos acordamos	nos acordábamos	nos acordaremos
2. os acordáis	os acordabais	os acordaréis
3. se acuerdan	se acordaban	se acordarán

PRETERITE	PERFECT	PLUPERFECT
1. me acordé	me he acordado	me había acordado
2. te acordaste	te has acordado	te habías acordado
3. se acordó	se ha acordado	se había acordado
1. nos acordamos	nos hemos acordado	nos habíamos acordado
2. os acordasteis	os habéis acordado	os habíais acordado
3. se acordaron	se han acordado	se habían acordado

PAST ANTERIOR	FUTURE PERFECT
me hube acordado etc	me habré acordado etc

CONDITIONAL		*IMPERATIVE*
PRESENT	**PAST**	
1. me acordaría	me habría acordado	
2. te acordarías	te habrías acordado	(tú) acuérdate
3. se acordaría	se habría acordado	(Vd) acuérdese
1. nos acordaríamos	nos habríamos acordado	(nosotros) acordémonos
2. os acordaríais	os habíais acordado	(vosotros) acordaos
3. se acordarían	se habrían acordado	(Vds) acuérdense

SUBJUNCTIVE		
PRESENT	**IMPERFECT**	**PLUPERFECT**
1. me acuerde	me acord-ara/ase	me hubiera acordado
2. te acuerdes	te acord-aras/ases	te hubieras acordado
3. se acuerde	se acord-ara/ase	se hubiera acordado
1. nos acordemos	nos acord-áramos/ásemos	nos hubiéramos acordado
2. os acordéis	os acord-arais/aseis	os hubierais acordado
3. se acuerden	se acord-aran/asen	se hubieran acordado

PERFECT me haya acordado etc

INFINITIVE	*PARTICIPLE*
PRESENT	**PRESENT**
acordarse	acordándose
PAST	**PAST**
haberse acordado	acordado

9 ADQUIRIR
to acquire

PRESENT	IMPERFECT	FUTURE
1. adquiero	adquiría	adquiriré
2. adquieres	adquirías	adquirirás
3. adquiere	adquiría	adquirirá
1. adquirimos	adquiríamos	adquiriremos
2. adquirís	adquiríais	adquiriréis
3. adquieren	adquirían	adquirirán

PRETERITE	PERFECT	PLUPERFECT
1. adquirí	he adquirido	había adquirido
2. adquiriste	has adquirido	habías adquirido
3. adquirió	ha adquirido	había adquirido
1. adquirimos	hemos adquirido	habíamos adquirido
2. adquiristeis	habéis adquirido	habíais adquirido
3. adquirieron	han adquirido	habían adquirido

PAST ANTERIOR	FUTURE PERFECT
hube adquirido etc	habré adquirido etc

CONDITIONAL

PRESENT	PAST	IMPERATIVE
1. adquiriría	habría adquirido	
2. adquirirías	habrías adquirido	(tú) adquiere
3. adquiriría	habría adquirido	(Vd) adquiera
1. adquiriríamos	habríamos adquirido	(nosotros) adquiramos
2. adquiriríais	habríais adquirido	(vosotros) adquirid
3. adquirirían	habrían adquirido	(Vds) adquieran

SUBJUNCTIVE

PRESENT	IMPERFECT	PLUPERFECT
1. adquiera	adquir-iera/iese	hubiera adquirido
2. adquieras	adquir-ieras/ieses	hubieras adquirido
3. adquiera	adquir-iera/iese	hubiera adquirido
1. adquiramos	adquir-iéramos/iésemos	hubiéramos adquirido
2. adquiráis	adquir-ierais/ieseis	hubierais adquirido
3. adquieran	adquir-ieran/iesen	hubieran adquirido

PERFECT   haya adquirido etc

INFINITIVE	PARTICIPLE
PRESENT	PRESENT
adquirir	adquiriendo
PAST	PAST
haber adquirido	adquirido

to predict superstitiously

PRESENT	IMPERFECT	FUTURE
1. agüero	agoraba	agoraré
2. agüeras	agorabas	agorarás
3. agüera	agoraba	agorará
1. agoramos	agorábamos	agoraremos
2. agoráis	agorabais	agoraréis
3. agüeran	agoraban	agorarán

PRETERITE	PERFECT	PLUPERFECT
1. agoré	he agorado	habia agorado
2. agoraste	has agorado	habias agorado
3. agoró	ha agorado	habia agorado
1. agoramos	hemos agorado	habíamos agorado
2. agorasteis	habéis agorad	habíais agorado
3. agoraron	han agorado	habían agorado

PAST ANTERIOR	FUTURE PERFECT
hube agorado etc	habré agorado etc

CONDITIONAL		*IMPERATIVE*
PRESENT	**PAST**	
1. agoraría	habría agorado	
2. agorarías	habrías agorado	(tú) agüera
3. agoraría	habría agorado	(Vd) agüere
1. agoraríamos	habríamos agorado	(nosotros) agoremos
2. agoraríais	habríais agorado	(vosotros) agorad
3. agorarían	habrían agorado	(Vds) agüeren

SUBJUNCTIVE		
PRESENT	**IMPERFECT**	**PLUPERFECT**
1. agüere	agor-ara/ase	hubiera agorado
2. agüeres	agor-aras/ases	hubieras agorado
3. agüere	agor-ara/ase	hubiera agorado
1. agoremos	agor-áramos/ásemos	hubiéramos agorado
2. agoréis	agor-arais/aseis	hubierais agorado
3. agüeren	agor-aran/asen	hubieran agorado

PERFECT haya agorado etc

INFINITIVE	*PARTICIPLE*
PRESENT	**PRESENT**
agorar	agorando
PAST	**PAST**
haber agorado	agorado

11 AGRADECER
to be grateful for, to thank

PRESENT	IMPERFECT	FUTURE
1. agradezco	agradecía	agradeceré
2. agradeces	agradecías	agradecerás
3. agradece	agradecía	agradecerá
1. agradecemos	agradecíamos	agradeceremos
2. agradecéis	agradecíais	agradeceréis
3. agradecen	agradecían	agradecerán

PRETERITE	PERFECT	PLUPERFECT
1. agradecí	he agradecido	habia agradecido
2. agradeciste	has agradecido	habías agradecido
3. agradeció	ha agradecido	había agradecido
1. agradecimos	hemos agradecido	habíamos agradecido
2. agradecisteis	habéis agradecido	habíais agradecido
3. agradecieron	han agradecido	habían agradecido

PAST ANTERIOR		FUTURE PERFECT
hube agradecido etc		habré agradecido etc

CONDITIONAL		*IMPERATIVE*
PRESENT	**PAST**	
1. agradecería	habría agradecido	
2. agradecerías	habrías agradecido	(tú) agradece
3. agradecería	habría agradecido	(Vd) agradezca
1. agradeceríamos	habríamos agradecido	(nosotros) agradezcamos
2. agradeceríais	habríais agradecido	(vosotros) agradeced
3. agradecerían	habrían agradecido	(Vds) agradezcan

SUBJECTIVE

PRESENT	IMPERFECT	PLUPERFECT
1. agradezca	agradec-iera/iese	hubiera agradecido
2. agradezcas	agradec-ieras/ieses	hubieras agradecido
3. agradezca	agradec-iera/iese	hubiera agradecido
1. agradezcamos	agradec-iéramos/iésemos	hubiéramos agradecido
2. agradezcáis	agradec-ierais/ieseis	hubierais agradecido
3. agradezcan	agradec-ieran/iesen	hubieran agradecido

PERFECT haya agradecido etc

INFINITIVE	*PARTICIPLE*
PRESENT	**PRESENT**
agradecer	agradeciendo
PAST	**PAST**
haber agradecido	agradecido

PRESENT	IMPERFECT	FUTURE
1. alcanzo	alcanzaba	alcanzaré
2. alcanzas	alcanzabas	alcanzarás
3. alcanza	alcanzaba	alcanzará
1. alcanzamos	alcanzábamos	alcanzaremos
2. alcanzáis	alcanzabais	alcanzaréis
3. alcanzan	alcanzaban	alcanzarán

PRETERITE	PERFECT	PLUPERFECT
1. alcancé	he alcanzado	habiá alcanzado
2. alcanzaste	has alcanzado	habías alcanzado
3. alcanzó	ha alcanzado	había alcanzado
1. alcanzamos	hemos alcanzado	habíamos alcanzado
2. alcanzasteis	habéis alcanzado	habíais alcanzado
3. alcanzaron	han alcanzado	habían alcanzado

PAST ANTERIOR	FUTURE PERFECT
hube alcanzado etc	habré alcanzado etc

CONDITIONAL		IMPERATIVE
PRESENT	**PAST**	
1. alcanzaría	habría alcanzado	
2. alcanzarías	habrías alcanzado	(tú) alcanza
3. alcanzaría	habría alcanzado	(Vd) alcance
1. alcanzaríamos	habríamos alcanzado	(nosotros) alcancemos
2. alcanzaríais	habríais alcanzado	(vosotros) alcanzad
3. alcanzarían	habrían	(Vds) alcancen

SUBJUNCTIVE

PRESENT	IMPERFECT	PLUPERFECT
1. alcance	alcanz-ara/ase	hubiera alcanzado
2. alcances	alcanz-aras/ases	hubieras alcanzado
3. alcance	alcanz-ara/ase	hubiera alcanzado
1. alcancemos	alcanz-áramos/ásemos	hubiéramos alcanzado
2. alcancéis	alcanz-arais/aseis	hubierais alcanzado
3. alcancen	alcanz-aran/asen	hubieran alcanzado

PERFECT haya alcanzado etc

INFINITIVE	PARTICIPLE
PRESENT	**PRESENT**
alcanzar	alcanzando
PAST	**PAST**
haber alcanzado	alcanzado

13   ALMORZAR
to have lunch

PRESENT	IMPERFECT	FUTURE
1. almuerzo	almorzaba	almorzaré
2. almuerzas	almorzabas	almorzarás
3. almuerza	almorzaba	amorzará
1. almorzamos	almorzábamos	almorzaremos
2. almorzáis	almorzabais	almorzaréis
3. almuerzan	almorzaban	almorzarán

PRETERITE	PERFECT	PLUPERFECT
1. almorcé	he almorzado	había almorzado
2. almorzaste	has almorzado	habías almorzado
3. almorzó	ha almorzado	había almorzado
1. almorzamos	hemos almorzado	habíamos almorzado
2. almorzasteis	habéis almorzado	habíais almorzado
3. almorzaron	han almorzado	habian almorzado

PAST ANTERIOR	FUTURE PERFECT
hube almorzado etc	habré almorzado etc

CONDITIONAL

PRESENT	PAST	IMPERATIVE
1. almorzaría	habría almorzado	
2. almorzarías	habrías almorzado	(tú) almuerza
3. almorzaría	habría almorzado	(Vd) almuerce
1. almorzaríamos	habríamos almorzado	(nosotros) almorcemos
2. almorzaríais	habríais almorzado	(vosotros) almorzad
3. almorzarían	habrían almorzado	(Vds) almuercen

SUBJUNCTIVE

PRESENT	IMPERFECT	PLUPERFECT
1. almuerce	almorz-ara/ase	hubiera almorzado
2. almuerces	almorz-aras/ases	hubieras almorzado
3. almuerce	almorz-ara/ase	hubiera almorzado
1. almorcemos	almorz-áramos/ásemos	hubiéramos almorzado
2. almorcéis	almorz-arais/aseis	hubierais almorzado
3. almuercen	almorz-aran/asen	hubieran almorzado

PERFECT   haya almorzado etc

INFINITIVE	PARTICIPLE
PRESENT	PRESENT
almorzar	almorzando
PAST	PAST
haber almorzado	almorzado

AMANECER
to rise at daybreak, to appear

PRESENT	IMPERFECT	FUTURE
1. amanezco	amanecía	amaneceré
2. amaneces	amanecías	amanecerás
3. amanece	amanecía	amanecerá
1. amanecemos	amanecíamos	amaneceremos
2. amanecéis	amanecíais	amaneceréis
3. amanecen	amanecían	amanecerán

PRETERITE	PERFECT	PLUPERFECT
1. amanecí	he amanecido	había amanecido
2. amaneciste	has amanecido	habías amanecido
3. amaneció	ha amanecido	había amanecido
1. amanecimos	hemos amanecido	habíamos amanecido
2. amanecisteis	habéis amanecido	habíais amanecido
3. amanecieron	han amanecido	habían amanecido

PAST ANTERIOR	FUTURE PERFECT
hube amanecido etc	habré amanecido etc

CONDITIONAL		IMPERATIVE
PRESENT	**PAST**	
1. amanecería	habría amanecido	
2. amanecerías	habrías amanecido	(tú) amanece
3. amanecería	habría amanecido	(Vd) amanezca
1. amaneceríamos	habríamos amanecido	(nosotros) amanezcamos
2. amaneceríais	habríais amanecido	(vosotros) amaneced
3. amanecerían	habrían amanecido	(Vds) amanezcan

SUBJUNCTIVE

PRESENT	IMPERFECT	PLUPERFECT
1. amanezca	amanec-iera/iese	hubiera amanecido
2. amanezcas	amanec-ieras/ieses	hubieras amanecido
3. amanezca	amanec-iera/iese	hubiera amanecido
1. amanezcamos	amanec-iéramos/iésemos	hubiéramos amanecido
2. amanezcáis	amanec-ierais/ieseis	hubierais amanecido
3. amanezcan	amanec-ieran/iesen	hubieran amanecido

PERFECT haya amanecido etc

INFINITIVE	PARTICIPLE	NOTE
PRESENT	**PRESENT**	Normally used in third
amanecer	amaneciendo	person singular
PAST	**PAST**	
haber amanecido	amanecido	

15 ANDAR
to walk, to go

PRESENT	IMPERFECT	FUTURE
1. ando	andaba	andaré
2. andas	andabas	andarás
3. anda	andaba	andará
1. andamos	andábamos	andaremos
2. andáis	andabais	andaréis
3. andan	andaban	andarán

PRETERITE	PERFECT	PLUPERFECT
1. anduve	he andado	había andado
2. anduviste	has andado	habías andado
3. anduvo	ha andado	había andado
1. anduvimos	hemos andado	habíamos andado
2. anduvisteis	habéis andado	habíais andado
3. anduvieron	han andado	habían andado

PAST ANTERIOR	FUTURE PERFECT
hube andado etc	habré andado etc

CONDITIONAL		IMPERATIVE
PRESENT	PAST	
1. andaría	habría andado	
2. andarías	habrías andado	(tú) anda
3. andaría	habría andado	(Vd) ande
1. andaríamos	habríamos andado	(nosotros) andemos
2. andaríais	habríais andado	(vosotros) andad
3. andarían	habrían andado	(Vds) anden

SUBJUNCTIVE

PRESENT	IMPERFECT	PLUPERFECT
1. ande	anduv-iera/iese	hubiera andado
2. andes	anduv-ieras/ieses	hubieras andado
3. ande	anduv-iera/iese	hubiera andado
1. andemos	anduv-iéramos/iésemos	hubiéramos andado
2. andéis	anduv-ierais/ieseis	hubierais andado
3. anden	anduv-ieran/iesen	hubieran andado

PERFECT   haya andado etc

INFINITIVE	PARTICIPLE
PRESENT	PRESENT
andar	andando
PAST	PAST
haber andado	andado

ANOCHECER

to get dark

PRESENT	IMPERFECT	FUTURE
3. anochece	anochecía	anochecerá
PRETERITE	**PERFECT**	**PLUPERFECT**
3. anocheció	ha anochecido	había anochecido
PAST ANTERIOR		**FUTURE PERFECT**
hubo anochecido		habrá anochecido

CONDITIONAL		*IMPERATIVE*
PRESENT	**PAST**	
3. anochecería	habría anochecido	

SUBJUNCTIVE		
PRESENT	**IMPERFECT**	**PLUPERFECT**
3. anochezca	anochec-iera/iese	hubiera anochecido
PERFECT haya anochecido		

INFINITIVE	*PARTICIPLE*	
PRESENT	**PRESENT**	
anochecer	anocheciendo	
PAST	**PAST**	
haber anochecido	anochecido	

17 ANUNCIAR
to announce

PRESENT	IMPERFECT	FUTURE
1. anuncio	anunciaba	anunciaré
2. anuncias	anunciabas	anunciarás
3. anuncia	anunciaba	anunciará
1. anunciamos	anunciábamos	anunciaremos
2. anunciáis	anunciabais	anunciaréis
3. anuncian	anunciaban	anunciarán

PRETERITE	PERFECT	PLUPERFECT
1. anuncié	he anunciado	había anunciado
2. anunciaste	has anunciado	habías anunciado
3. anunció	ha anunciado	había anunciado
1. anunciamos	hemos anunciado	habíamos anunciado
2. anunciasteis	habéis anunciado	habíais anunciado
3. anunciaron	han anunciado	habían anunciado

PAST ANTERIOR	FUTURE PERFECT
hube anunciado etc	habré anunciado etc

CONDITIONAL		*IMPERATIVE*
PRESENT	PAST	
1. anunciaría	habría anunciado	
2. anunciarías	habrías anunciado	(tú) anuncia
3. anunciaría	habría anunciado	(Vd) anuncie
1. anunciaríamos	habríamos anunciado	(nosotros) anunciemos
2. anunciaríais	habríais anunciado	(vosotros) anunciad
3. anunciarían	habrían anunciado	(Vds) anuncien

SUBJUNCTIVE

PRESENT	IMPERFECT	PLUPERFECT
1. anuncie	anunci-ara/ase	hubiera anunciado
2. anuncies	anunci-aras/ases	hubieras anunciado
3. anuncie	anunci-ara/ase	hubiera anunciado
1. anunciemos	anunci-áramos/ásemos	hubiéramos anunciado
2. anunciéis	anunci-arais/aseis	hubierais anunciado
3. anuncien	anunci-aran/asen	hubieran anunciado

PERFECT   haya anunciado etc

INFINITIVE	*PARTICIPLE*
PRESENT	PRESENT
anunciar	anunciando
PAST	PAST
haber anunciado	anunciado

272

APARECER
to appear

PRESENT	IMPERFECT	FUTURE
1. aparezco	aparecía	apareceré
2. apareces	aparecías	aparecerás
3. aparece	aparecía	aparecerá
1. aparecemos	aparecíamos	apareceremos
2. aparecéis	aparecíais	apareceréis
3. aparecen	aparecían	aparecerán

PRETERITE	PERFECT	PLUPERFECT
1. aparecí	he aparecido	había aparecido
2. apareciste	has aparecido	habías aparecido
3. apareció	ha aparecido	había aparecido
1. aparecimos	hemos aparecido	habíamos aparecido
2. aparecisteis	habéis aparecido	habíais aparecido
3. aparecieron	han aparecido	habían aparecido

PAST ANTERIOR	FUTURE PERFECT
hube aparecido etc	habré aparecido etc

CONDITIONAL

PRESENT	PAST	IMPERATIVE
1. aparecería	habría aparecido	
2. aparecerías	habrías aparecido	(tú) aparece
3. aparecería	habría aparecido	(Vd) aparezca
1. apareceríamos	habríamos aparecido	(nosotros) aparezcamos
2. apareceríais	habríais aparecido	(vosotros) apareced
3. aparecerían	habrían aparecido	(Vds) aparezcan

SUBJUNCTIVE

PRESENT	IMPERFECT	PLUPERFECT
1. aparezca	aparec-iera/iese	hubiera aparecido
2. aparezcas	aparec-ieras/ieses	hubieras aparecido
3. aparezca	aparec-iera/iese	hubiera aparecido
1. aparezcamos	aparec-iéramos/iésemos	hubiéramos aparecido
2. aparezcáis	aparec-ierais/ieseis	hubierais aparecido
3. aparezcan	aparec-ieran/iesen	hubieran aparecido

PERFECT   haya aparecido etc

INFINITIVE	PARTICIPLE
PRESENT	PRESENT
aparecer	apareciendo
PAST	PAST
haber aparecido	aparecido

APETECER
to feel like

PRESENT	IMPERFECT	FUTURE
1. apetezco	apetecía	apeteceré
2. apeteces	apetecías	apetecerás
3. apetece	apetecía	apetecerá
1. apetecemos	apetecíamos	apeteceremos
2. apetecéis	apetecíais	apeteceréis
3. apetecen	apetecían	apetecerán

PRETERITE	PERFECT	PLUPERFECT
1. apetecí	he apetecido	había apetecido
2. apeteciste	has apetecido	habías apetecido
3. apeteció	ha apetecido	había apetecido
1. apetecimos	hemos apetecido	habíamos apetecido
2. apetecisteis	habéis apetecido	habíais apetecido
3. apetecieron	han apetecido	habían apetecido

PAST ANTERIOR	FUTURE PERFECT
hube apetecido etc	habré apetecido etc

CONDITIONAL		*IMPERATIVE*
PRESENT	**PAST**	
1. apetecería	habría apetecido	
2. apetecerías	habrías apetecido	(tú) apetece
3. apetecería	habría apetecido	(Vd) apetezca
1. apeteceríamos	habríamos apetecido	(nosotros) apetezcamos
2. apeteceríais	habríais apetecido	(vosotros) apeteced
3. apetecerían	habrían apetecido	(Vds) apetezcan

SUBJUNCTIVE

PRESENT	IMPERFECT	PLUPERFECT
1. apetezca	apetec-iera/iese	hubiera apetecido
2. apetezcas	apetec-ieras/ieses	hubieras apetecido
3. apetezca	apetec-iera/iese	hubiera apetecido
1. apetezcamos	apetec-iéramos/iésemos	hubiéramos apetecido
2. apetezcáis	apetec-ierais/ieseis	hubierais apetecido
3. apetezcan	apetec-ieran/iesen	hubieran apetecido

PERFECT   haya apetecido etc

INFINITIVE	*PARTICIPLE*	*NOTE*
PRESENT	**PRESENT**	Normally used in third
apetecer	apeteciendo	person only; I feel like = me apetece
PAST	**PAST**	
haber apetecido	apetecido	

to tighten (up), to squeeze

PRESENT	IMPERFECT	FUTURE
1. aprieto	apretaba	apretaré
2. aprietas	apretabas	apretarás
3. aprieta	apretaba	apretará
1. apretamos	apretábamos	apretaremos
2. apretáis	apretabais	apretaréis
3. aprietan	apretaban	apretarán

PRETERITE	PERFECT	PLUPERFECT
1. apreté	he apretado	había apretado
2. apretaste	has apretado	habías apretado
3. apretó	ha apretado	había apretado
1. apretamos	hemos apretado	habíamos apretado
2. apretasteis	habéis apretado	habíais apretado
3. apretaron	han apretado	habían apretado

PAST ANTERIOR	FUTURE PERFECT
hube apretado etc	habré apretado etc

CONDITIONAL PRESENT	*IMPERATIVE* PAST	
1. apretaría	habría apretado	
2. apretarías	habrías apretado	(tú) aprieta
3. apretaría	habría apretado	(Vd) apriete
1. appretaríamos	habríamos apretado	(nosotros) apretemos
2. apretaríais	habríais apretado	(vosotros) apretad
3. apretarían	habrían apretado	(Vds) aprieten

SUBJUNCTIVE PRESENT	IMPERFECT	PLUPERFECT
1. apriete	apret-ara/ase	hubiera apretado
2. aprietes	apret-aras/ases	hubieras apretado
3. apriete	apret-ara/ase	hubiera apretado
1. apretemos	apret-áramos/ásemos	hubiéramos apretado
2. apretéis	apret-arais/aseis	hubierais apretado
3. aprieten	apret-aran/asen	hubieran apretado

PERFECT	haya apretado etc

INFINITIVE PRESENT	*PARTICIPLE* PRESENT
apretar	apretando
PAST	**PAST**
haber apretado	apretado

APROBAR
to approve, to pass

PRESENT	IMPERFECT	FUTURE
1. apruebo	aprobaba	aprobaré
2. apruebas	aprobabas	aprobarás
3. aprueba	aprobaba	aprobará
1. aprobamos	aprobábamos	aprobaremos
2. aprobáis	aprobabais	aprobaréis
3. aprueban	aprobaban	aprobarán

PRETERITE	PERFECT	PLUPERFECT
1. aprobé	he aprobado	había aprobado
2. aprobaste	has aprobado	habías aprobado
3. aprobó	ha aprobado	había aprobado
1. aprobamos	hemos aprobado	habíamos aprobado
2. aprobasteis	habéis aprobado	habíais aprobado
3. aprobaron	han aprobado	habían aprobado

PAST ANTERIOR	FUTURE PERFECT
hube aprobado etc	habré aprobado etc

CONDITIONAL		*IMPERATIVE*
PRESENT	PAST	
1. aprobaría	habría aprobado	
2. aprobarías	habrías aprobado	(tú) aprueba
3. aprobaría	habría aprobado	(Vd) apruebe
1. aprobaríamos	habríamos aprobado	(nosotros) aprobemos
2. aprobaríais	habríais aprobado	(vosotros) aprobad
3. aprobarían	habrían aprobado	(Vds) aprueben

SUBJUNCTIVE		
PRESENT	IMPERFECT	PLUPERFECT
1. apruebe	aprob-ara/ase	hubiera aprobado
2. apruebes	aprob-aras/ases	hubieras aprobado
3. apruebe	aprob-ara/ase	hubiera aprobado
1. aprobemos	aprob-áramos/ásemos	hubiéramos aprobado
2. aprobéis	aprob-arais/aseis	hubierais aprobado
3. aprueben	aprob-aran/asen	hubieran aprobado

PERFECT haya aprobado etc

INFINITIVE	*PARTICIPLE*
PRESENT	PRESENT
aprobar	aprobando
PAST	PAST
haber aprobado	aprobado

ARGÜIR

to argue

22

PRESENT	IMPERFECT	FUTURE
1. arguyo	argüía	argüiré
2. arguyes	argüías	argüirás
3. arguye	argüía	argüirá
1. argüimos	argüíamos	argüiremos
2. argüís	argüíais	argüiréis
3. arguyen	argüían	argüirán

PRETERITE	PERFECT	PLUPERFECT
1. argüí	he argüido	había argüido
2. argüiste	has argüido	habías argüido
3. arguyó	ha argüido	había argüido
1. argüimos	hemos argüido	habíamos argüido
2. argüisteis	habéis argüido	habíais argüido
3. arguyeron	han argüido	habían argüido

PAST ANTERIOR	FUTURE PERFECT
hube argüido etc	habré argüido etc

CONDITIONAL		*IMPERATIVE*
PRESENT	**PAST**	
1. argüiría	habría argüido	
2. argüirías	habrías argüido	(tú) arguye
3. argüiría	habría argüido	(Vd) arguya
1. argüiríamos	habríamos argüido	(nosotros) arguyamos
2. argüiríais	habríais argüido	(vosotros) argüid
3. argüirían	habrían argüido	(Vds) arguyan

SUBJUNCTIVE

PRESENT	IMPERFECT	PLUPERFECT
1. arguya	argu-yera/yese	hubiera argüido
2. arguyas	argu-yeras/yeses	hubieras argüido
3. arguya	argu-yera/yese	hubiera argüido
1. arguyamos	argu-yéramos/yésemos	hubiéramos argüido
2. arguyáis	argu-yerais/yeseis	hubierais argüido
3. arguyan	argu-yeran/yesen	hubieran argüido

PERFECT	haya argüido etc

INFINITIVE	*PARTICIPLE*
PRESENT	**PRESENT**
argüir	arguyendo
PAST	**PAST**
haber argüido	argüido

ARRANCAR
to pull up

PRESENT	IMPERFECT	FUTURE
1. arranco	arrancaba	arrancaré
2. arrancas	arrancabas	arrancarás
3. arranca	arrancaba	arrancará
1. arrancamos	arrancábamos	arrancaremos
2. arrancáis	arrancabais	arrancaréis
3. arrancan	arrancaban	arrancarán

PRETERITE	PERFECT	PLUPERFECT
1. arranqué	he arrancado	había arrancado
2. arrancaste	has arrancado	habías arrancado
3. arrancó	ha arrancado	había arrancado
1. arrancamos	hemos arrancado	habíamos arrancado
2. arrancasteis	habéis arrancado	habíais arrancado
3. arrancaron	han arrancado	habían arrancado

PAST ANTERIOR	FUTURE PERFECT
hube arrancado etc	habré arrancado etc

CONDITIONAL		*IMPERATIVE*
PRESENT	**PAST**	
1. arrancaría	habría arrancado	
2. arrancarías	habrías arrancado	(tú) arranca
3. arrancaría	habría arrancado	(Vd) arranque
1. arrancaríamos	habríamos arrancado	(nosotros) arranquemos
2. arrancaríais	habríais arrancado	(vosotros) arrancad
3. arrancarían	habrían arrancado	(Vds) arranquen

SUBJUNCTIVE		
PRESENT	**IMPERFECT**	**PLUPERFECT**
1. arranque	arranc-ara/ase	hubiera arrancado
2. arranques	arranc-aras/ases	hubieras arrancado
3. arranque	arranc-ara/ase	hubiera arrancado
1. arranquemos	arranc-áramos/ásemos	hubiéramos arrancado
2. arranquéis	arranc-arais/aseis	hubierais arrancado
3. arranquen	arranc-aran/asen	hubieran arrancado

PERFECT   haya arrancado etc

INFINITIVE	*PARTICIPLE*
PRESENT	**PRESENT**
arrancar	arrancando
PAST	**PAST**
haber arrancado	arrancado

ARREGLAR

24

to mend, to arrange

PRESENT	IMPERFECT	FUTURE
1. arreglo	arreglaba	arreglaré
2. arreglas	arreglabas	arreglarás
3. arregla	arreglaba	arreglará
1. arreglamos	arreglábamos	arreglaremos
2. arregláis	arreglabais	arreglaréis
3. arreglan	arreglaban	arreglarán

PRETERITE	PERFECT	PLUPERFECT
1. arreglé	he arreglado	había arreglado
2. arreglaste	has arreglado	habías arreglado
3. arregló	ha arreglado	había arreglado
1. arreglamos	hemos arreglado	habíamos arreglado
2. arreglasteis	habéis arreglado	habíais arreglado
3. arreglaron	han arreglado	habían arreglado

PAST ANTERIOR	FUTURE PERFECT
hube arreglado etc	habré arreglado etc

CONDITIONAL

PRESENT	PAST	IMPERATIVE
1. arreglaría	habría arreglado	
2. arreglarías	habrías arreglado	(tú) arregla
3. arreglaría	habría arreglado	(Vd) arregle
1. arreglaríamos	habríamos arreglado	(nosotros) arreglemos
2. arreglaríais	habríais arreglado	(vosotros) arreglad
3. arreglarían	habrían arreglado	(Vds) arreglen

SUBJUNCTIVE

PRESENT	IMPERFECT	PLUPERFECT
1. arregle	arregl-ara/ase	hubiera arreglado
2. arregles	arregl-aras/ases	hubieras arreglado
3. arregle	arregl-ara/ase	hubiera arreglado
1. arreglemos	arregl-áramos/ásemos	hubiéramos arreglado
2. arregléis	arregl-arais/aseis	hubierais arreglado
3. arreglen	arregl-aran/asen	hubieran arreglado

PERFECT	haya arreglado etc

INFINITIVE	PARTICIPLE
PRESENT	PRESENT
arreglar	arreglando
PAST	PAST
haber arreglado	arreglado

PRESENT	IMPERFECT	FUTURE
1. asciendo	ascendía	ascenderé
2. asciendes	ascendías	ascenderás
3. asciende	ascendía	ascenderá
1. ascendemos	ascendíamos	ascenderemos
2. ascendéis	ascendíais	ascenderéis
3. ascienden	ascendían	ascenderán

PRETERITE	PERFECT	PLUPERFECT
1. ascendí	he ascendido	había ascendido
2. ascendiste	has ascendido	habías ascendido
3. ascendió	ha ascendido	había ascendido
1. ascendimos	hemos ascendido	habíamos ascendido
2. ascendisteis	habéis ascendido	habíais ascendido
3. ascendieron	han ascendido	habían ascendido

PAST ANTERIOR		FUTURE PERFECT
hube ascendido etc		habré ascendido etc

CONDITIONAL		*IMPERATIVE*
PRESENT	**PAST**	
1. ascendería	habría ascendido	
2. ascenderías	habrías ascendido	(tú) asciende
3. ascendería	habría ascendido	(Vd) ascienda
1. ascenderíamos	habríamos ascendido	(nosotros) ascendamos
2. ascenderíais	habríais ascendido	(vosotros) ascended
3. ascenderían	habrían ascendido	(Vds) asciendan

SUBJUNCTIVE

PRESENT	IMPERFECT	PLUPERFECT
1. ascienda	ascend-iera/iese	hubiera ascendido
2. asciendas	ascend-ieras/ieses	hubieras ascendido
3. ascienda	ascend-iera/iese	hubiera ascendido
1. ascendamos	ascend-iéramos/iésemos	hubiéramos ascendido
2. ascendáis	ascend-ierais/ieseis	hubierais ascendido
3. asciendan	ascend-ieran/iesen	hubieran ascendido

PERFECT   haya ascendido etc

INFINITIVE	*PARTICIPLE*
PRESENT	**PRESENT**
ascender	ascendiendo
PAST	**PAST**
haber ascendido	ascendido

PRESENT	IMPERFECT	FUTURE
1. asgo	asía	asiré
2. ases	asías	asirás
3. ase	asía	asirá
1. asimos	asíamos	asiremos
2. asís	asíais	asiréis
3. asen	asían	asirán

PRETERITE	PERFECT	PLUPERFECT
1. así	he asido	había asido
2. asiste	has asido	habías asido
3. asió	ha asido	había asido
1. asimos	hemos asido	habíamos asido
2. asisteis	habéis asido	habíais asido
3. asieron	han asido	habían asido

PAST ANTERIOR	FUTURE PERFECT
hube asido etc	habré asido etc

CONDITIONAL		*IMPERATIVE*
PRESENT	**PAST**	
1. asiría	habría asido	
2. asirías	habrías asido	(tú) ase
3. asiría	habría asido	(Vd) asga
1. asiríamos	habríamos asido	(nosotros) asgamos
2. asiríais	habríais asido	(vosotros) asid
3. asirían	habrían asido	(Vds) asgan

SUBJUNCTIVE

PRESENT	IMPERFECT	PLUPERFECT
1. asga	as-iera/iese	hubiera asido
2. asgas	as-ieras/ieses	hubieras asido
3. asga	as-iera/iese	hubiera asido
1. asgamos	as-iéramos/iésemos	hubiéramos asido
2. asgáis	as-ierais/ieseis	hubierais asido
3. asgan	as-ieran/iesen	hubieran asido

PERFECT haya asido etc

INFINITIVE	*PARTICIPLE*
PRESENT	**PRESENT**
asir	asiendo
PAST	**PAST**
haber asido	asido

ATERRIZAR
to land

PRESENT	IMPERFECT	FUTURE
1. aterrizo	aterrizaba	aterrizaré
2. aterrizas	aterrizabas	aterrizarás
3. aterriza	aterrizaba	aterrizará
1. aterrizamos	aterrizábamos	aterrizaremos
2. aterrizáis	aterrizabais	aterrizaréis
3. aterrizan	aterrizaban	aterrizarán

PRETERITE	PERFECT	PLUPERFECT
1. aterricé	he aterrizado	había aterrizado
2. aterrizaste	has aterrizado	habías aterrizado
3. aterrizó	ha aterrizado	había aterrizado
1. aterrizamos	hemos aterrizado	habíamos aterrizado
2. aterrizasteis	habéis aterrizado	habíais aterrizado
3. aterrizaron	han aterrizado	habían aterrizado

PAST ANTERIOR	FUTURE PERFECT
hube aterrizado etc	habré aterrizado etc

CONDITIONAL		*IMPERATIVE*
PRESENT	**PAST**	
1. aterrizaría	habría aterrizado	
2. aterrizarías	habrías aterrizado	(tú) aterriza
3. aterrizaría	habría aterrizado	(Vd) aterrice
1. aterrizaríamos	habríamos aterrizado	(nosotros) aterricemos
2. aterrizaríais	habríais aterrizado	(vosotros) atterizad
3. aterrizarían	habrían aterrizado	(Vds) aterricen

SUBJUNCTIVE

PRESENT	IMPERFECT	PLUPERFECT
1. aterrice	aterriz-ara/ase	hubiera aterrizado
2. aterrices	aterriz-aras/ases	hubieras aterrizado
3. aterrice	aterriz-ara/ase	hubiera aterrizado
1. aterricemos	aterriz-áramos/ásemos	hubiéramos aterrizado
2. aterricéis	aterriz-arais/aseis	hubierais aterrizado
3. aterricen	aterriz-aran/asen	hubieran aterrizado

PERFECT   haya aterrizado etc

INFINITIVE	*PARTICIPLE*
PRESENT	**PRESENT**
aterrizar	aterrizando
PAST	**PAST**
haber aterrizado	aterrizado

ATRAVESAR
to cross

28

PRESENT	IMPERFECT	FUTURE
1. atravieso	atravesaba	atravesaré
2. atraviesas	atravesabas	atravesarás
3. atraviesa	atravesaba	atravesará
1. atravesamos	atravesábamos	atravesaremos
2. atravesáis	atravesabais	atravesaréis
3. atraviesan	atravesaban	atravesarán

PRETERITE	PERFECT	PLUPERFECT
1. atravesé	he atravesado	había atravesado
2. atravesaste	has atravesado	habías atravesado
3. atravesó	ha atravesado	había atravesado
1. atravesamos	hemos atravesado	habíamos atravesado
2. atravesasteis	habéis atravesado	habíais atravesado
3. atravesaron	han atravesado	habían atravesado

PAST ANTERIOR	FUTURE PERFECT
hube atravesado etc	habré atravesado etc

CONDITIONAL		*IMPERATIVE*
PRESENT	**PAST**	
1. atravesaría	habría atravesado	
2. atravesarías	habrías atravesado	(tú) atraviesa
3. atravesaría	habría atravesado	(Vd) atraviese
1. atravesaríamos	habríamos atravesado	(nosotros) atravesemos
2. atravesaríais	habríais atravesado	(vosotros) atravesad
3. atravesarían	habrían atravesado	(Vds) atraviesen

SUBJUNCTIVE

PRESENT	IMPERFECT	PLUPERFECT
1. atraviese	atraves-ara/ase	hubiera atravesado
2. atravieses	atraves-aras/ases	hubieras atravesado
3. atraviese	atraves-ara/ase	hubiera atravesado
1. atravesemos	atraves-áramos/ásemos	hubiéramos atravesado
2. atraveséis	atraves-arais/aseis	hubierais atravesado
3. atraviesen	atraves-aran/asen	hubieran atravesado

PERFECT haya atravesado etc

INFINITIVE	*PARTICIPLE*
PRESENT	**PRESENT**
atravesar	atravesando
PAST	**PAST**
haber atravesado	atravesado

AVERGONZARSE
to be ashamed

PRESENT	IMPERFECT	FUTURE
1. me avergüenzo	me avergonzaba	me avergonzaré
2. te avergüenzas	te avergonzabas	te avergonzarás
3. se avergüenza	se avergonzaba	se avergonzará
1. nos avergonzamos	nos avergonzábamos	nos avergonzaremos
2. os avergonzáis	os avergonzabais	os avergonzaréis
3. se avergüenzan	se avergonzaban	se avergonzarán

PRETERITE	PERFECT	PLUPERFECT
1. me avergoncé	me he avergonzado	me había avergonzado
2. te avergonzaste	te has avergonzado	te habías avergonzado
3. se avergonzó	se ha avergonzado	se había avergonzado
1. nos avergonzamos	nos hemos avergonzado	nos habíamos avergonzado
2. os avergonzasteis	os habéis avergonzado	os habíais avergonzado
3. se avergonzaron	se han avergonzado	se habían avergonzado

PAST ANTERIOR	FUTURE PERFECT
me hube avergonzado etc	me habré avergonzado etc

CONDITIONAL

PRESENT	PAST	IMPERATIVE
1. me avergonzaría	me habría avergonzado	
2. te avergonzarías	te habrías avergonzado	(tú) avergüénzate
3. se avergonzaría	se habría avergonzado	(Vd) avergüéncese
1. nos avergonzaríamos	nos habríamos avergonzado	(nosotros) avergoncémonos
2. os avergonzaríais	os habríais avergonzado	(vosotros) avergonzaos
3. se avergonzarían	se habrían avergonzado	(Vds) avergüéncense

SUBJUNCTIVE

PRESENT	IMPERFECT	PLUPERFECT
1. me avergüence	me avergonz-ara/ase	me hubiera avergonzado
2. te avergüences	te avergonz-aras/ases	te hubieras avergonzado
3. se avergüence	se avergonz-ara/ase	se hubiera avergonzado
1. nos avergoncemos	nos avergonz-áramos/ásemos	nos hubiéramos avergonzado
2. os avergoncéis	os avergonz-arais/aseis	os hubierais avergonzado
3. se avergüencen	se avergonz-aran/asen	se hubieran avergonzado

PERFECT   me haya avergonzado etc

INFINITIVE	PARTICIPLE
PRESENT	PRESENT
avergonzarse	avergonzándose
PAST	PAST
haberse avergonzado	avergonzado

PRESENT	IMPERFECT	FUTURE
1. averiguo	averiguaba	averiguaré
2. averiguas	averiguabas	averiguarás
3. averigua	averiguaba	averiguará
1. averiguamos	averiguábamos	averiguaremos
2. averiguáis	averiguabais	averiguaréis
3. averiguan	averiguaban	averiguarán

PRETERITE	PERFECT	PLUPERFECT
1. averigüé	he averiguado	había averiguado
2. averiguaste	has averiguado	habías averiguado
3. averiguó	ha averiguado	había averiguado
1. averiguamos	hemos averiguado	habíamos averiguado
2. averiguasteis	habéis averiguado	habíais averiguado
3. averiguaron	han averiguado	habían averiguado

PAST ANTERIOR	FUTURE PERFECT
hube averiguado etc	habré averiguado etc

CONDITIONAL		*IMPERATIVE*
PRESENT	**PAST**	
1. averiguaría	habría averiguado	
2. averiguarías	habrías averiguado	
3. averiguaría	habría averiguado	(tú) averigua
1. averiguaríamos	habríamos averiguado	(Vd) averigüe
2. averiguaríais	habríais averiguado	(nosotros) averigüemos
3. averiguarían	habrían averiguado	(vosotros) averiguad
		(Vds) averigüen

SUBJUNCTIVE

PRESENT	IMPERFECT	PLUPERFECT
1. averigüe	averigu-ara/ase	hubiera averiguado
2. averigües	averigu-aras/ases	hubieras averiguado
3. averigüe	averigu-ara/ase	hubiera averiguado
1. averigüemos	averigu-áramos/ásemos	hubiéramos averiguado
2. averigüéis	averigu-arais/aseis	hubierais averiguado
3. averigüen	averigu-aran/asen	hubieran averiguado

PERFECT   haya averiguado etc

INFINITIVE	*PARTICIPLE*
PRESENT	**PRESENT**
averiguar	averiguando
PAST	**PAST**
haber averiguado	averiguado

31   BAJAR
to get down, to get off

PRESENT	IMPERFECT	FUTURE
1. bajo	bajaba	bajaré
2. bajas	bajabas	bajarás
3. baja	bajaba	bajará
1. bajamos	bajábamos	bajaremos
2. bajáis	bajabais	bajaréis
3. bajan	bajaban	bajarán

PRETERITE	PERFECT	PLUPERFECT
1. bajé	he bajado	había bajado
2. bajaste	has bajado	habías bajado
3. bajó	ha bajado	había bajado
1. bajamos	hemos bajado	habíamos bajado
2. bajasteis	habéis bajado	habíais bajado
3. bajaron	han bajado	habían bajado

PAST ANTERIOR	FUTURE PERFECT
hube bajado etc	habré bajado etc

CONDITIONAL		IMPERATIVE
PRESENT	**PAST**	
1. bajaría	habría bajado	
2. bajarías	habrías bajado	(tú) baja
3. bajaría	habría bajado	(Vd) baje
1. bajaríamos	habríamos bajado	(nosotros) bajemos
2. bajaríais	habríais bajado	(vosotros) bajad
3. bajarían	habrían bajado	(Vds) bajen

SUBJUNCTIVE

PRESENT	IMPERFECT	PLUPERFECT
1. baje	baj-ara/ase	hubiera bajado
2. bajes	baj-aras/ases	hubieras bajado
3. baje	baj-ara/ase	hubiera bajado
1. bajemos	baj-áramos/ásemos	hubiéramos bajado
2. bajéis	baj-arais/aseis	hubierais bajado
3. bajen	baj-aran/asen	hubieran bajado

PERFECT   haya bajado etc

INFINITIVE	PARTICIPLE
PRESENT	**PRESENT**
bajar	bajando
PAST	**PAST**
haber bajado	bajado

286

BAÑARSE
to take a bath

PRESENT	IMPERFECT	FUTURE
1. me baño	me bañaba	me bañaré
2. te bañas	te bañabas	te bañarás
3. se baña	se bañaba	se bañará
1. nos bañamos	nos bañábamos	nos bañaremos
2. os bañáis	os bañabais	os bañaréis
3. se bañan	se bañaban	se bañarán

PRETERITE	PERFECT	PLUPERFECT
1. me bañé	me he bañado	me había bañado
2. te bañaste	te has bañado	te habías bañado
3. se bañó	se ha bañado	se había bañado
1. nos bañamos	nos hemos bañado	nos habíamos bañado
2. os bañasteis	os habéis bañado	os habíais bañado
3. se bañaron	se han bañado	se habían bañado

PAST ANTERIOR	FUTURE PERFECT
me hube bañado etc	me habré bañado etc

CONDITIONAL

PRESENT	PAST	*IMPERATIVE*
1. me bañaría	me habría bañado	
2. te bañarías	te habrías bañado	
3. se bañaría	se habría bañado	(tú) báñate
1. nos bañaríamos	nos habríamos bañado	(Vd) báñese
2. os bañaríais	os habríais bañado	(nosotros) bañémonos
3. se bañarían	se habrían bañado	(vosotros) bañaos
		(Vds) báñense

SUBJUNCTIVE

PRESENT	IMPERFECT	PLUPERFECT
1. me bañe	me bañ-ara/ase	me hubiera bañado
2. te bañes	te bañ-aras/ases	te hubieras bañado
3. se bañe	se bañ-ara/ase	se hubiera bañado
1. nos bañemos	nos bañ-áramos/ásemos	nos hubiéramos bañado
2. os bañéis	os bañ-arais/aseis	os hubierais bañado
3. se bañen	se bañ-aran/asen	se hubieran bañado

PERFECT   me haya bañado etc

INFINITIVE	*PARTICIPLE*
PRESENT	**PRESENT**
bañarse	bañándose
PAST	**PAST**
haberse bañado	bañado

33   BEBER
to drink

PRESENT	IMPERFECT	FUTURE
1. bebo	bebía	beberé
2. bebes	bebías	beberás
3. bebe	bebía	beberá
1. bebemos	bebíamos	beberemos
2. bebéis	bebíais	beberéis
3. beben	bebían	beberán

PRETERITE	PERFECT	PLUPERFECT
1. bebí	he bebido	había bebido
2. bebiste	has bebido	habías bebido
3. bebió	ha bebido	había bebido
1. bebimos	hemos bebido	habíamos bebido
2. bebisteis	habéis bebido	habíais bebido
3. bebieron	han bebido	habían bebido

PAST ANTERIOR	FUTURE PERFECT
hube bebido etc	habré bebido etc

CONDITIONAL		IMPERATIVE
PRESENT	PAST	
1. bebería	habría bebido	
2. beberías	habrías bebido	(tú) bebe
3. bebería	habría bebido	(Vd) beba
1. beberíamos	habríamos bebido	(nosotros) bebamos
2. beberíais	habríais bebido	(vosotros) bebed
3. beberían	habrían bebido	(Vds) beban

SUBJUNCTIVE

PRESENT	IMPERFECT	PLUPERFECT
1. beba	beb-iera/iese	hubiera bebido
2. bebas	beb-ieras/ieses	hubieras bebido
3. beba	beb-iera/iese	hubiera bebido
1. bebamos	beb-iéramos/iésemos	hubiéramos bebido
2. bebáis	beb-ierais/ieseis	hubierais bebido
3. beban	beb-ieran/iesen	hubieran bebido

PERFECT   haya bebido etc

INFINITIVE	PARTICIPLE
PRESENT	PRESENT
beber	bebiendo
PAST	PAST
haber bebido	bebido

BENDECIR
to bless

34

PRESENT	IMPERFECT	FUTURE
1. bendigo	bendecía	bendeciré
2. bendices	bendecías	bendecirás
3. bendice	bendecía	bendecirá
1. bendecimos	bendecíamos	bendeciremos
2. bendecís	bendecíais	bendeciréis
3. bendicen	bendecían	bendecirán

PRETERITE	PERFECT	PLUPERFECT
1. bendije	he bendecido	había bendecido
2. bendijiste	has bendecido	habías bendecido
3. bendijo	ha bendecido	había bendecido
1. bendijimos	hemos bendecido	habíamos bendecido
2. bendijisteis	habéis bendecido	habíais bendecido
3. bendijeron	han bendecido	habían bendecido

PAST ANTERIOR	FUTURE PERFECT
hube bendecido etc	habré bendecido etc

CONDITIONAL		*IMPERATIVE*
PRESENT	**PAST**	
1. bendeciría	habría bendecido	
2. bendecirías	habrías bendecido	(tú) bendice
3. bendeciría	habría bendecido	(Vd) bendiga
1. bendeciríamos	habríamos bendecido	(nosotros) bendigamos
2. bendeciríais	habríais bendecido	(vosotros) bendecid
3. bendecirían	habrían bendecido	(Vds) bendigan

SUBJUNCTIVE

PRESENT	IMPERFECT	PLUPERFECT
1. bendiga	bendij-era/ese	hubiera bendecido
2. bendigas	bendij-eras/eses	hubieras bendecido
3. bendiga	bendij-era/ese	hubiera bendecido
1. bendigamos	bendij-éramos/ésemos	hubiéramos bendecido
2. bendigáis	bendij-erais/eseis	hubierais bendecido
3. bendigan	bendij-eran/esen	hubieran bendecido

PERFECT   haya bendecido etc

INFINITIVE	*PARTICIPLE*
PRESENT	**PRESENT**
bendecir	bendiciendo
PAST	**PAST**
haber bendecido	bendecido

35 BUSCAR
to look for

PRESENT	IMPERFECT	FUTURE
1. busco	buscaba	buscaré
2. buscas	buscabas	buscarás
3. busca	buscaba	buscará
1. buscamos	buscábamos	buscaremos
2. buscáis	buscabais	buscaréis
3. buscan	buscaban	buscarán

PRETERITE	PERFECT	PLUPERFECT
1. busqué	he buscado	había buscado
2. buscaste	has buscado	habías buscado
3. buscó	ha buscado	había buscado
1. buscamos	hemos buscado	habíamos buscado
2. buscasteis	habéis buscado	habíais buscado
3. buscaron	han buscado	habían buscado

PAST ANTERIOR	FUTURE PERFECT
hube buscado etc	habré buscado etc

CONDITIONAL		IMPERATIVE
PRESENT	PAST	
1. buscaría	habría buscado	
2. buscarías	habrías buscado	(tú) busca
3. buscaría	habría buscado	(Vd) busque
1. buscaríamos	habríamos buscado	(nosotros) busquemos
2. buscaríais	habríais buscado	(vosotros) buscad
3. buscarían	habrían buscado	(Vds) busquen

SUBJUNCTIVE

PRESENT	IMPERFECT	PLUPERFECT
1. busque	busc-ara/ase	hubiera buscado
2. busques	busc-aras/ases	hubieras buscado
3. busque	busc-ara/ase	hubiera buscado
1. busquemos	busc-áramos/ásemos	hubiéramos buscado
2. busquéis	busc-arais/aseis	hubierais buscado
3. busquen	busc-aran/asen	hubieran buscado

PERFECT haya buscado etc

INFINITIVE	PARTICIPLE
PRESENT	PRESENT
buscar	buscando
PAST	PAST
haber buscado	buscado

PRESENT	IMPERFECT	FUTURE
1. quepo	cabía	cabré
2. cabes	cabías	cabrás
3. cabe	cabía	cabrá
1. cabemos	cabíamos	cabremos
2. cabéis	cabíais	cabréis
3. caben	cabían	cabrán

PRETERITE	PERFECT	PLUPERFECT
1. cupe	he cabido	había cabido
2. cupiste	has cabido	habías cabido
3. cupo	ha cabido	había cabido
1. cupimos	hemos cabido	habíamos cabido
2. cupisteis	habéis cabido	habíais cabido
3. cupieron	han cabido	habían cabido

PAST ANTERIOR	FUTURE PERFECT
hube cabido etc	habré cabido etc

CONDITIONAL		*IMPERATIVE*
PRESENT	**PAST**	
1. cabría	habría cabido	
2. cabrías	habrías cabido	(tú) cabe
3. cabría	habría cabido	(Vd) quepa
1. cabríamos	habríamos cabido	(nosotros) quepamos
2. cabríais	habríais cabido	(vosotros) cabed
3. cabrían	habrían cabido	(Vds) quepan

SUBJUNCTIVE

PRESENT	IMPERFECT	PLUPERFECT
1. quepa	cup-iera/iese	hubiera cabido
2. quepas	cup-ieras/ieses	hubieras cabido
3. quepa	cup-iera/iese	hubiera cabido
1. quepamos	cup-iéramos/iésemos	hubiéramos cabido
2. quepáis	cup-ierais/ieseis	hubierais cabido
3. quepan	cup-ieran/iesen	hubieran cabido

PERFECT   haya cabido etc

INFINITIVE	*PARTICIPLE*
PRESENT	**PRESENT**
caber	cabiendo
PAST	**PAST**
haber cabido	cabido

CAER
to fall

PRESENT	IMPERFECT	FUTURE
1. caigo	caía	caeré
2. caes	caías	caerás
3. cae	caía	caerá
1. caemos	caíamos	caeremos
2. caéis	caíais	caeréis
3. caen	caían	caerán

PRETERITE	PERFECT	PLUPERFECT
1. caí	he caído	había caído
2. caíste	has caído	habías caído
3. cayó	ha caído	había caído
1. caímos	hemos caído	habíamos caído
2. caísteis	habéis caído	habíais caído
3. cayeron	han caído	habían caído

PAST ANTERIOR	FUTURE PERFECT
hube caído etc	habré caído etc

CONDITIONAL		*IMPERATIVE*
PRESENT	**PAST**	
1. caería	habría caído	
2. caerías	habrías caído	(tú) cae
3. caería	habría caído	(Vd) caiga
1. caeríamos	habríamos caído	(nosotros) caigamos
2. caeríais	habríais caído	(vosotros) caed
3. caerían	habrían caído	(Vds) caigan

SUBJUNCTIVE		
PRESENT	**IMPERFECT**	**PLUPERFECT**
1. caiga	ca-yera/yese	hubiera caído
2. caigas	ca-yeras/yeses	hubieras caído
3. caiga	ca-yera/yese	hubiera caído
1. caigamos	ca-yéramos/yésemos	hubiéramos caído
2. caigáis	ca-yerais/yeseis	hubierais caído
3. caigan	ca-yeran/yesen	hubieran caído

PERFECT haya caído etc

INFINITIVE	*PARTICIPLE*
PRESENT	**PRESENT**
caer	cayendo
PAST	**PAST**
haber caído	caído

PRESENT	IMPEFECT	FUTURE
1. cargo	cargaba	cargaré
2. cargas	cargabas	cargarás
3. carga	cargaba	cargará
1. cargamos	cargábamos	cargaremos
2. cargáis	cargabais	cargaréis
3. cargan	cargaban	cargarán

PRETERITE	PERFECT	PLUPERFECT
1. cargué	he cargado	había cargado
2. cargaste	has cargado	habías cargado
3. cargó	ha cargado	había cargado
1. cargamos	hemos cargado	habíamos cargado
2. cargasteis	habéis cargado	habíais cargado
3. cargaron	han cargado	habían cargado

PAST ANTERIOR	FUTURE PERFECT
hube cargado etc	habré cargado etc

CONDITIONAL		*IMPERATIVE*
PRESENT	**PAST**	
1. cargaría	habría cargado	
2. cargarías	habrías cargado	(tú) carga
3. cargaría	habría cargado	(Vd) cargue
1. cargaríamos	habríamos cargado	(nosotros) carguemos
2. cargaríais	habríais cargado	(vosotros) cargad
3. cargarían	habrían cargado	(Vds) carguen

SUBJUNCTIVE		
PRESENT	**IMPERFECT**	**PLUPERFECT**
1. cargue	carg-ara/ase	hubiera cargado
2. cargues	carg-aras/ases	hubieras cargado
3. cargue	carg-ara/ase	hubiera cargado
1. carguemos	carg-áramos/ásemos	hubiéramos cargado
2. carguéis	carg-arais/aseis	hubierais cargado
3. carguen	carg-aran/asen	hubieran cargado

PERFECT   haya cargado etc

INFINITIVE	*PARTICIPLE*
PRESENT	**PRESENT**
cargar	cargando
PAST	**PAST**
haber cargado	cargado

CAZAR
to hunt

PRESENT	IMPERFECT	FUTURE
1. cazo	cazaba	cazaré
2. cazas	cazabas	cazarás
3. caza	cazaba	cazará
1. cazamos	cazábamos	cazaremos
2. cazáis	cazabais	cazaréis
3. cazan	cazaban	cazarán

PRETERITE	PERFECT	PLUPERFECT
1. cacé	he cazado	había cazado
2. cazaste	has cazado	habías cazado
3. cazó	ha cazado	había cazado
1. cazamos	hemos cazado	habíamos cazado
2. cazasteis	habéis cazado	habíais cazado
3. cazaron	han cazado	habían cazado

PAST ANTERIOR	FUTURE PERFECT
hube cazado etc	habré cazado etc

CONDITIONAL		*IMPERATIVE*
PRESENT	**PAST**	
1. cazaría	habría cazado	
2. cazarías	habrías cazado	(tú) caza
3. cazaría	habría cazado	(Vd) cace
1. cazaríamos	habríamos cazado	(nosotros) cacemos
2. cazaríais	habríais cazado	(vosotros) cazad
3. cazarían	habrían cazado	(Vds) cacen

SUBJUNCTIVE

PRESENT	IMPERFECT	PLUPERFECT
1. cace	caz-ara/ase	hubiera cazado
2. caces	caz-aras/ases	hubieras cazado
3. cace	caz-ara/ase	hubiera cazado
1. cacemos	caz-áramos/ásemos	hubiéramos cazado
2. cacéis	caz-arais/aseis	hubierais cazado
3. cacen	caz-aran/asen	hubieran cazado

PERFECT	haya cazado etc

INFINITIVE	*PARTICIPLE*
PRESENT	**PRESENT**
cazar	cazando
PAST	**PAST**
haber cazado	cazado

PRESENT	IMPERFECT	FUTURE
1. cierro	cerraba	cerraré
2. cierras	cerrabas	cerrarás
3. cierra	cerraba	cerrará
1. cerramos	cerrábamos	cerraremos
2. cerráis	cerrabais	cerraréis
3. cierran	cerraban	cerrarán

PRETERITE	PERFECT	PLUPERFECT
1. cerré	he cerrado	había cerrado
2. cerraste	has cerrado	habías cerrado
3. cerró	ha cerrado	había cerrado
1. cerramos	hemos cerrado	habíamos cerrado
2. cerrasteis	habéis cerrado	habíais cerrado
3. cerraron	han cerrado	habían cerrado

PAST ANTERIOR	FUTURE PERFECT
hube cerrado etc	habré cerrado etc

CONDITIONAL		*IMPERATIVE*
PRESENT	**PAST**	
1. cerraría	habría cerrado	
2. cerrarías	habrías cerrado	(tú) cierra
3. cerraría	habría cerrado	(Vd) cierre
1. cerraríamos	habríamos cerrado	(nosotros) cerremos
2. cerraríais	habríais cerrado	(vosotros) cerrad
3. cerrarían	habrían cerrado	(Vds) cierren

SUBJUNCTIVE

PRESENT	IMPERFECT	PLUPERFECT
1. cierre	cerr-ara/ase	hubiera cerrado
2. cierres	cerr-aras/ases	hubieras cerrado
3. cierre	cerr-ara/ase	hubiera cerrado
1. cerremos	cerr-áramos/ásemos	hubiéramos cerrado
2. cerréis	cerr-arais/aseis	hubierais cerrado
3. cierren	cerr-aran/asen	hubieran cerrado

PERFECT   haya cerrado etc

INFINITIVE	*PARTICIPLE*
PRESENT	**PRESENT**
cerrar	cerrando
PAST	**PAST**
haber cerrado	cerrado

COCER
to boil

PRESENT	IMPERFECT	FUTURE
1. cuezo	cocía	coceré
2. cueces	cocías	cocerás
3. cuece	cocía	cocerá
1. cocemos	cocíamos	coceremos
2. cocéis	cocíais	coceréis
3. cuecen	cocían	cocerán

PRETERITE	PERFECT	PLUPERFECT
1. cocí	he cocido	había cocido
2. cociste	has cocido	habías cocido
3. coció	ha cocido	había cocido
1. cocimos	hemos cocido	habíamos cocido
2. cocisteis	habéis cocido	habíais cocido
3. cocieron	han cocido	habían cocido

PAST ANTERIOR	FUTURE PERFECT
hube cocido etc	habré cocido etc

CONDITIONAL		IMPERATIVE
PRESENT	PAST	
1. cocería	habría cocido	
2. cocerías	habrías cocido	(tú) cuece
3. cocería	habría cocido	(Vd) cueza
1. coceríamos	habríamos cocido	(nosotros) cozamos
2. coceríais	habríais cocido	(vosotros) coced
3. cocerían	habrían cocido	(Vds) cuezan

SUBJUNCTIVE

PRESENT	IMPERFECT	PLUPERFECT
1. cueza	coc-iera/iese	hubiera cocido
2. cuezas	coc-ieras/ieses	hubieras cocido
3. cueza	coc-iera/iese	hubiera cocido
1. cozamos	coc-iéramos/iésemos	hubieramos cocido
2. cozáis	coc-ierais/ieseis	hubierais cocido
3. cuezan	coc-ieran/iesen	hubieran cocido

PERFECT haya cocido etc

INFINITIVE	PARTICIPLE
PRESENT	PRESENT
cocer	cociendo
PAST	PAST
haber cocido	cocido

COGER
to catch
42

PRESENT	IMPERFECT	FUTURE
1. cojo	cogía	cogeré
2. coges	cogías	cogerás
3. coge	cogía	cogerá
1. cogemos	cogíamos	cogeremos
2. cogéis	cogíais	cogeréis
3. cogen	cogían	cogerán

PRETERITE	PERFECT	PLUPERFECT
1. cogí	he cogido	había cogido
2. cogiste	has cogido	habías cogido
3. cogió	ha cogido	había cogido
1. cogimos	hemos cogido	habíamos cogido
2. cogisteis	habéis cogido	habíais cogido
3. cogieron	han cogido	habían cogido

PAST ANTERIOR	FUTURE PERFECT
hube cogido etc	habré cogido etc

CONDITIONAL		*IMPERATIVE*
PRESENT	**PAST**	
1. cogería	habría cogido	
2. cogerías	habrías cogido	(tú) coge
3. cogería	habría cogido	(Vd) coja
1. cogeríamos	habríamos cogido	(nosotros) cojamos
2. cogeríais	habríais cogido	(vosotros) coged
3. cogerían	habrían cogido	(Vds) cojan

SUBJUNCTIVE

PRESENT	IMPERFECT	PLUPERFECT
1. coja	cog-iera/iese	hubiera cogido
2. cojas	cog-ieras/ieses	hubieras cogido
3. coja	cog-iera/iese	hubiera cogido
1. cojamos	cog-iéramos/iésemos	hubiéramos cogido
2. cojáis	cog-ierais/ieseis	hubierais cogido
3. cojan	cog-ieran/iesen	hubieran cogido

PERFECT   haya cogido etc

INFINITIVE	*PARTICIPLE*
PRESENT	**PRESENT**
coger	cogiendo
PAST	**PAST**
haber cogido	cogido

COLGAR
to hang

PRESENT	IMPERFECT	FUTURE
1. cuelgo	colgaba	colgaré
2. cuelgas	colgabas	colgarás
3. cuelga	colgaba	colgará
1. colgamos	colgábamos	colgaremos
2. colgáis	colgabais	colgaréis
3. cuelgan	colgaban	colgarán

PRETERITE	PERFECT	PLUPERFECT
1. colgué	he colgado	había colgado
2. colgaste	has colgado	habías colgado
3. colgó	ha colgado	había colgado
1. colgamos	hemos colgado	habíamos colgado
2. colgasteis	habéis colgado	habíais colgado
3. colgaron	han colgado	habían colgado

PAST ANTERIOR	FUTURE PERFECT
hube colgado etc	habré colgado etc

CONDITIONAL		*IMPERATIVE*
PRESENT	**PAST**	
1. colgaría	habría colgado	
2. colgarías	habrías colgado	(tú) cuelga
3. colgaría	habría colgado	(Vd) cuelgue
1. colgaríamos	habríamos colgado	(nosotros) colguemos
2. colgaríais	habríais colgado	(vosotros) colgad
3. colgarían	habrían colgado	(Vds) cuelguen

SUBJUNCTIVE

PRESENT	IMPERFECT	PLUPERFECT
1. cuelgue	colg-ara/ase	hubiera colgado
2. cuelgues	colg-aras/ases	hubieras colgado
3. cuelgue	colg-ara/ase	hubiera colgado
1. colguemos	colg-áramos/ásemos	hubiéramos colgado
2. colguéis	colg-arais/aseis	hubierais colgado
3. cuelguen	colg-aran/asen	hubieran colgado

PERFECT   haya colgado etc

INFINITIVE	*PARTICIPLE*
PRESENT	**PRESENT**
colgar	colgando
PAST	**PAST**
haber colgado	colgado

PRESENT

1. comienzo
2. comienzas
3. comienza
1. comenzamos
2. comenzáis
3. comienzan

IMPERFECT

comenzaba
comenzabas
comenzaba
comenzábamos
comenzabais
comenzaban

FUTURE

comenzaré
comenzarás
comenzará
comenzaremos
comenzaréis
comenzarán

PRETERITE

1. comencé
2. comenzaste
3. comenzó
1. comenzamos
2. comenzasteis
3. comenzaron

PERFECT

he comenzado
has comenzado
ha comenzado
hemos comenzado
habéis comenzado
han comenzado

PLUPERFECT

había comenzado
habías comenzado
había comenzado
habíamos comenzado
habíais comenzado
habían comenzado

PAST ANTERIOR

hube comenzado etc

FUTURE PERFECT

habré comenzado etc

CONDITIONAL
PRESENT

1. comenzaría
2. comenzarías
3. comenzaría
1. comenzaríamos
2. comenzaríais
3. comenzarían

PAST

habría comenzado
habrías comenzado
habría comenzado
habríamos comenzado
habríais comenzado
habrían comenzado

IMPERATIVE

(tú) comienza
(Vd) comience
(nosotros) comencemos
(vosotros) comenzad
(Vds) comiencen

SUBJUNCTIVE
PRESENT

1. comience
2. comiences
3. comience
1. comencemos
2. comencéis
3. comiencen

IMPERFECT

comenz-ara/ase
comenz-aras/ases
comenz-ara/ase
comenz-áramos/ásemos
comenz-arais/aseis
comenz-aran/asen

PLUPERFECT

hubiera comenzado
hubieras comenzado
hubiera comenzado
hubiéramos comenzado
hubierais comenzado
hubieran comenzado

PERFECT haya comenzado etc

INFINITIVE
PRESENT

comenzar

PAST

haber comenzado

PARTICIPLE
PRESENT

comenzado

PAST

comenzado

COMER
to eat

PRESENT	IMPERFECT	FUTURE
1. como	comía	comeré
2. comes	comías	comerás
3. come	comía	comerá
1. comemos	comíamos	comeremos
2. coméis	comíais	comeréis
3. comen	comían	comerán

PRETERITE	PERFECT	PLUPERFECT
1. comí	he comido	había comido
2. comiste	has comido	habías comido
3. comió	ha comido	había comido
1. comimos	hemos comido	habíamos comido
2. comisteis	habéis comido	habíais comido
3. comieron	han comido	habían comido

PAST ANTERIOR	FUTURE PERFECT
hube comido etc	habré comido etc

CONDITIONAL		*IMPERATIVE*
PRESENT	**PAST**	
1. comería	habría comido	
2. comerías	habrías comido	(tú) come
3. comería	habría comido	(Vd) coma
1. comeríamos	habríamos comido	(nosotros) comamos
2. comeríais	habríais comido	(vosotros) comed
3. comerían	habrían comido	(Vds) coman

SUBJUNCTIVE		
PRESENT	**IMPERFECT**	**PLUPERFECT**
1. coma	com-iera/iese	hubiera comido
2. comas	com-ieras/ieses	hubieras comido
3. coma	com-iera/iese	hubiera comido
1. comamos	com-iéramos/iésemos	hubiéramos comido
2. comáis	com-ierais/ieseis	hubierais comido
3. coman	com-ieran/iesen	hubieran comido

PERFECT   haya comido etc

INFINITIVE	*PARTICIPLE*
PRESENT	**PRESENT**
comer	comiendo
PAST	**PAST**
haber comido	comido

to be the responsibility of

PRESENT	IMPERFECT	FUTURE
3. compete	competía	competerá
3. competen	competían	competerán

PRETERITE	PERFECT	PLUPERFECT
3. competió	ha competido	había competido
3. competieron	han competido	habían competido

PAST ANTERIOR		FUTURE PERFECT
hubo competido etc		habrá competido etc

CONDITIONAL		*IMPERATIVE*
PRESENT	**PAST**	
3. competería	habría competido	
3. competerían	habrían competido	

SUBJUNCTIVE

PRESENT	IMPERFECT	PLUPERFECT
3. competa	compet-iera/iese	hubiera competido
3. competan	compet-ieran/iesen	hubieran competido

PERFECT   haya competido etc

INFINITIVE	*PARTICIPLE*
PRESENT	**PRESENT**
competer	competiendo
PAST	**PAST**
haber competido	competido

47 COMPRAR
to buy

PRESENT	IMPERFECT	FUTURE
1. compro	compraba	compraré
2. compras	comprabas	comprarás
3. compra	compraba	comprará
1. compramos	comprábamos	compraremos
2. compráis	comprabais	compraréis
3. compran	compraban	comprarán

PRETERITE	PERFECT	PLUPERFECT
1. compré	he comprado	había comprado
2. compraste	has comprado	habías comprado
3. compró	ha comprado	había comprado
1. compramos	hemos comprado	habíamos comprado
2. comprasteis	habéis comprado	habíais comprado
3. compraron	han comprado	habían comprado

PAST ANTERIOR	FUTURE PERFECT
hube comprado etc	habré comprado etc

CONDITIONAL		*IMPERATIVE*
PRESENT	**PAST**	
1. compraría	habría comprado	
2. comprarías	habrías comprado	(tú) compra
3. compraría	habría comprado	(Vd) compre
1. compraríamos	habríamos comprado	(nosotros) compremos
2. compraríais	habríais comprado	(vosotros) comprad
3. comprarían	habrían comprado	(Vds) compren

SUBJUNCTIVE

PRESENT	IMPERFECT	PLUPERFECT
1. compre	compr-ara/ase	hubiera comprado
2. compres	compr-aras/ases	hubieras comprado
3. compre	compr-ara/ase	hubiera comprado
1. compremos	compr-áramos/ásemos	hubiéramos comprado
2. compréis	compr-arais/aseis	hubierais comprado
3. compren	compr-aran/asen	hubieran comprado

PERFECT   haya comprado etc

INFINITIVE	*PARTICIPLE*
PRESENT	**PRESENT**
comprar	comprando
PAST	**PAST**
haber comprado	comprado

CONCEBIR 48
to conceive

PRESENT	IMPERFECT	FUTURE
1. concibo	concebía	concebiré
2. concibes	concebías	concebirás
3. concibe	concebía	concebirá
1. concebimos	concebíamos	concebiremos
2. concebís	concebíais	concebiréis
3. conciben	concebían	concebirán

PRETERITE	PERFECT	PLUPERFECT
1. concebí	he concebido	había concebido
2. concebiste	has concebido	habías concebido
3. concibió	ha concebido	había concebido
1. concebimos	hemos concebido	habíamos concebido
2. concebisteis	habéis concebido	habíais concebido
3. concibieron	han concebido	habían concebido

PAST ANTERIOR	FUTURE PERFECT
hube concebido etc	habré concebido etc

CONDITIONAL		*IMPERATIVE*
PRESENT	PAST	
1. concebiría	habría concebido	
2. concebirías	habrías concebido	(tú) concibe
3. concebiría	habría concebido	(Vd) conciba
1. concebiríamos	habríamos concebido	(nosotros) concibamos
2. concebiríais	habríais concebido	(vosotros) concebid
3. concebirían	habrían concebido	(Vds) conciban

SUBJUNCTIVE		
PRESENT	IMPERFECT	PLUPERFECT
1. conciba	concib-iera/iese	hubiera concebido
2. concibas	concib-ieras/ieses	hubieras concebido
3. conciba	concib-iera/iese	hubiera concebido
1. concibamos	concib-iéramos/iésemos	hubiéramos concebido
2. concibáis	concib-ierais/ieseis	hubierais concebido
3. conciban	concib-ieran/iesen	hubieran concebido

PERFECT   haya concebido etc

INFINITIVE	*PARTICIPLE*
PRESENT	PRESENT
concebir	concibiendo
PAST	PAST
haber concebido	concebido

CONCERNIR
to concern

PRESENT	IMPERFECT	FUTURE
3. concierne	concernía	concernirá
3. conciernen	concernían	concernirán

PRETERITE	PERFECT	PLUPERFECT
3. concirnió	ha concernido	había concernido
3. concirnieron	han concernido	habían concernido

PAST ANTERIOR		FUTURE PERFECT
hubo concernido etc		habrá concernido etc

CONDITIONAL		*IMPERATIVE*
PRESENT	**PAST**	
3. concerniría	habría concernido	
3. concernirían	habrían concernido	

SUBJUNCTIVE

PRESENT	IMPERFECT	PLUPERFECT
3. concierna	concern-iera/iese	hubiera concernido
3. conciernan	concern-ieran/iesen	hubieran concernido

PERFECT   haya concernido etc

INFINITIVE	*PARTICIPLE*
PRESENT	**PRESENT**
concernir	concerniendo
PAST	**PAST**
haber concernido	concernido

CONDUCIR
to drive
50

PRESENT	IMPERFECT	FUTURE
1. conduzco	conducía	conduciré
2. conduces	conducías	conducirás
3. conduce	conducía	conducirá
1. conducimos	conducíamos	conduciremos
2. conducís	conducíais	conduciréis
3. conducen	conducían	conducirán

PRETERITE	PERFECT	PLUPERFECT
1. conduje	he conducido	había conducido
2. condujiste	has conducido	habías conducido
3. condujo	ha conducido	había conducido
1. condujimos	hemos conducido	habíamos conducido
2. condujisteis	habéis conducido	habíais conducido
3. condujeron	han conducido	habían conducido

PAST ANTERIOR		FUTURE PERFECT
hube conducido etc		habré conducido etc

CONDITIONAL

PRESENT	PAST	IMPERATIVE
1. conduciría	habría conducido	
2. conducirías	habrías conducido	(tú) conduce
3. conduciría	habría conducido	(Vd) conduzca
1. conduciríamos	habríamos conducido	(nosotros) conduzcamos
2. conduciríais	habríais conducido	(vosotros) conducid
3. conducirían	habrían conducido	(Vds) conduzcan

SUBJUNCTIVE

PRESENT	IMPERFECT	PLUPERFECT
1. conduzca	conduj-era/ese	hubiera conducido
2. conduzcas	conduj-eras/eses	hubieras conducido
3. conduzca	conduj-era/ese	hubiera conducido
1. conduzcamos	conduj-éramos/ésemos	hubiéramos conducido
2. conduzcáis	conduj-erais/eseis	hubierais conducido
3. conduzcan	conduj-eran/esen	hubieran conducido

PERFECT haya conducido etc

INFINITIVE	PARTICIPLE
PRESENT	PRESENT
conducir	conduciendo
PAST	PAST
haber conducido	conducido

51

CONOCER
to know

PRESENT	IMPERFECT	FUTURE
1. conozco	conocía	conoceré
2. conoces	conocías	conocerás
3. conoce	conocía	conocerá
1. conocemos	conocíamos	conoceremos
2. conocéis	conocíais	conoceréis
3. conocen	conocían	conocerán

PRETERITE	PERFECT	PLUPERFECT
1. conocí	he conocido	había conocido
2. conociste	has conocido	habías conocido
3. conoció	ha conocido	había conocido
1. conocimos	hemos conocido	habíamos conocido
2. conocisteis	habéis conocido	habíais conocido
3. conocieron	han conocido	habían conocido

PAST ANTERIOR	FUTURE PERFECT
hube conocido etc	habré conocido etc

CONDITIONAL		IMPERATIVE
PRESENT	PAST	
1. conocería	habría conocido	
2. conocerías	habrías conocido	(tú) conoce
3. conocería	habría conocido	(Vd) conozca
1. conoceríamos	habríamos conocido	(nosotros) conozcamos
2. conoceríais	habríais conocido	(vosotros) conoced
3. conocerían	habrían conocido	(Vds) conozcan

SUBJUNCTIVE

PRESENT	IMPERFECT	PLUPERFECT
1. conozca	conoc-iera/iese	hubiera conocido
2. conozcas	conoc-ieras/ieses	hubieras conocido
3. conozca	conoc-iera/iese	hubiera conocido
1. conozcamos	conoc-iéramos/iésemos	hubiéramos conocido
2. conozcáis	conoc-ierais/ieseis	hubierais conocido
3. conozcan	conoc-ieran/iesen	hubieran conocido

PERFECT   haya conocido etc

INFINITIVE	PARTICIPLE
PRESENT	PRESENT
conocer	conociendo
PAST	PAST
haber conocido	conocido

PRESENT	IMPERFECT	FUTURE
1. consuelo	consolaba	consolaré
2. consuelas	consolabas	consolarás
3. consuela	consolaba	consolará
1. consolamos	consolábamos	consolaremos
2. consoláis	consolabais	consolaréis
3. consuelan	consolaban	consolarán

PRETERITE	PERFECT	PLUPERFECT
1. consolé	he consolado	había consolado
2. consolaste	has consolado	habías consolado
3. consoló	ha consolado	había consolado
1. consolamos	hemos consolado	habíamos consolado
2. consolasteis	habéis consolado	habíais consolado
3. consolaron	han consolado	habían consolado

PAST ANTERIOR	FUTURE PERFECT
hube consolado etc	habré consolado etc

CONDITIONAL

IMPERATIVE

PRESENT	PAST	
1. consolaría	habría consolado	
2. consolarías	habrías consolado	(tú) consuela
3. consolaría	habría consolado	(Vd) consuele
1. consolaríamos	habríamos consolado	(nosotros) consolemos
2. consolaríais	habríais consolado	(vosotros) consolad
3. consolarín	habrín consolado	(Vds) consuelen

SUBJUNCTIVE

PRESENT	IMPERFECT	PLUPERFECT
1. consuele	consol-ara/ase	hubiera consolado
2. consueles	consol-aras/ases	hubieras consolado
3. consuele	consol-ara/ase	hubiera consolado
1. consolemos	consol-áramos/ásemos	hubiéramos consolado
2. consoléis	consol-arais/aseis	hubierais consolado
3. consuelen	consol-aran/asen	hubieran consolado

PERFECT   haya consolado etc

INFINITIVE	*PARTICIPLE*
PRESENT	PRESENT
consolar	consolando
PAST	PAST
haber consolado	consolado

CONSTRUIR
to build

PRESENT	IMPERFECT	FUTURE
1. construyo	construía	construiré
2. construyes	construías	construirás
3. construye	construía	construirá
1. construimos	construíamos	construiremos
2. construís	construíais	construiréis
3. construyen	construían	construirán

PRETERITE	PERFECT	PLUPERFECT
1. construí	he construido	había construido
2. construiste	has construido	habías construido
3. construyó	ha construido	había construido
1. construimos	hemos construido	habíamos construido
2. construisteis	habéis construido	habíais construido
3. construyeron	han construido	habían construido

PAST ANTERIOR		FUTURE PERFECT
hube construido etc		habré construido etc

CONDITIONAL		IMPERATIVE
PRESENT	**PAST**	
1. construiría	habría construido	
2. construirías	habrías construido	
3. construiría	habría construido	(tú construye)
1. construiríamos	habríamos construido	(Vd) construya
2. construiríais	habríais construido	(nosotros) construyamos
3. construirían	habrían construido	(vosotros) construid
		(Vds) construyan

SUBJUNCTIVE

PRESENT	IMPERFECT	PLUPERFECT
1. construya	constru-yera/yese	hubiera construido
2. construyas	constru-yeras/yeses	hubieras construido
3. construya	constru-yera/yese	hubiera construido
1. construyamos	constru-yéramos/yésemos	hubiéramos construido
2. construyáis	constru-yerais/yeseis	hubierais construido
3. construyan	constru-yeran/yesen	hubieran construido

PERFECT haya construido etc

INFINITIVE	PARTICIPLE
PRESENT	**PRESENT**
construir	construyendo
PAST	**PAST**
haber construido	construido

CONTAR 54
to tell, to count

PRESENT	IMPERFECT	FUTURE
1. cuento	contaba	contaré
2. cuentas	contabas	contarás
3. cuenta	contaba	contará
1. contamos	contábamos	contaremos
2. contáis	contabais	contaréis
3. cuentan	contaban	contarán

PRETERITE	PERFECT	PLUPERFECT
1. conté	he contado	había contado
2. contaste	has contado	habías contado
3. contó	ha contado	había contado
1. contamos	hemos contado	habíamos contado
2. contasteis	habéis contado	habíais contado
3. contaron	han contado	habían contado

PAST ANTERIOR		FUTURE PERFECT
hube contado etc		habré contado etc

CONDITIONAL		*IMPERATIVE*
PRESENT	**PAST**	
1. contaría	habría contado	
2. contarías	habrías contado	(tú) cuenta
3. contaría	habría contado	(Vd) cuente
1. contaríamos	habríamos contado	(nosotros) contemos
2. contaríais	habríais contado	(vosotros) contad
3. contarían	habrían contado	(Vds) cuenten

SUBJUNCTIVE		
PRESENT	**IMPERFECT**	**PLUPERFECT**
1. cuente	cont-ara/ase	hubiera contado
2. cuentes	cont-aras/ases	hubieras contado
3. cuente	cont-ara/ase	hubiera contado
1. contemos	cont-áramos/ásemos	hubiéramos contado
2. contéis	cont-arais/aseis	hubierais contado
3. cuenten	cont-aran/asen	hubieran contado

PERFECT haya contado etc

INFINITIVE	*PARTICIPLE*
PRESENT	**PRESENT**
contar	contando
PAST	**PAST**
haber contado	contado

CONTESTAR
to answer

PRESENT	IMPERFECT	FUTURE
1. contesto	contestaba	contestaré
2. contestas	contestabas	contestarás
3. contesta	contestaba	contestará
1. contestamos	contestábamos	contestaremos
2. contestáis	contestabais	contestaréis
3. contestan	contestaban	contestarán

PRETERITE	PERFECT	PLUPERFECT
1. contesté	he contestado	había contestado
2. contestaste	has contestado	habías contestado
3. contestó	ha contestado	había contestado
1. contestamos	hemos contestado	habíamos contestado
2. contestasteis	habéis contestado	habíais contestado
3. contestaron	han contestado	habían contestado

PAST ANTERIOR	FUTURE PERFECT
hube contestado etc	habré contestado etc

CONDITIONAL

PRESENT	PAST	IMPERATIVE
1. contestaría	habría contestado	
2. contestarías	habrías contestado	(tú) contesta
3. contestaría	habría contestado	(Vd) conteste
1. contestaríamos	habríamos contestado	(nosotros) contestemos
2. contestaríais	habríais contestado	(vosotros) contestad
3. contestarían	habrían contestado	(Vds) contesten

SUBJUNCTIVE

PRESENT	IMPERFECT	PLUPERFECT
1. conteste	contest-ara/ase	hubiera contestado
2. contestes	contest-aras/ases	hubieras contestado
3. conteste	contest-ara/ase	hubiera contestado
1. contestemos	contest-áramos/ásemos	hubiéramos contestado
2. contestéis	contest-arais/aseis	hubierais contestado
3. contesten	contest-aran/asen	hubieran contestado

PERFECT   haya contestado etc

INFINITIVE	PARTICIPLE
PRESENT	**PRESENT**
contestar	contestando
PAST	**PAST**
haber contestado	contestado

PRESENT	IMPERFECT	FUTURE
1. continúo	continuaba	continuaré
2. continúas	continuabas	continuarás
3. continúa	continuaba	continuará
1. continuamos	continuábamos	continuaremos
2. continuáis	continuabais	continuaréis
3. continúan	continuaban	continuarán

PRETERITE	PERFECT	PLUPERFECT
1. continué	he continuado	habiá continuado
2. continuaste	has continuado	habiás continuado
3. continuó	ha continuado	había continuado
1. continuamos	hemos continuado	habíamos continuado
2. continuasteis	habéis continuado	habíais continuado
3. continuaron	han continuado	habían continuado

PAST ANTERIOR	FUTURE PERFECT
hube continuado etc	habré continuado etc

CONDITIONAL		*IMPERATIVE*
PRESENT	**PAST**	
1. continuaría	habría continuado	
2. continuarías	habriás continuado	(tú) continúe
3. continuaría	habría continuado	(Vd) continúe
1. continuaríamos	habríamos continuado	(nosotros) continuemos
2. continuaríais	habríais continuado	(vosotros) continued
3. continuarían	habrían continuado	(Vds) continúen

SUBJUNCTIVE		
PRESENT	**IMPERFECT**	**PLUPERFECT**
1. continúe	continu-ara/ase	hubiera continuado
2. continúes	continu-aras/ases	hubieras continuado
3. continúe	continu-ara/ase	hubiera continuado
1. continuemos	continu-áramos/ásemos	hubiéramos continuado
2. continuéis	continu-arais/aseis	hubierais continuado
3. continúen	continu-aran/asen	hubieran continuado

PERFECT   haya continuado etc

INFINITIVE	*PARTICIPLE*
PRESENT	**PRESENT**
continuar	continuando
PAST	**PAST**
haber continuado	continuado

57   CORREGIR
to correct

PRESENT	IMPERFECT	FUTURE
1. corrijo	corregía	corregiré
2. corriges	corregías	corregirás
3. corrige	corregía	corregirá
1. corregimos	corregíamos	corregiremos
2. corregís	corregíais	corregiréis
3. corrigen	corregían	corregirán

PRETERITE	PERFECT	PLUPERFECT
1. corregí	he corregido	había corregido
2. corregiste	has corregido	habías corregido
3. corrigió	ha corregido	había corregido
1. corregimos	hemos corregido	habíamos corregido
2. corregisteis	habéis corregido	habíais corregido
3. corrigieron	han corregido	habían corregido

PAST ANTERIOR	FUTURE PERFECT
hube corregido etc	habré corregido etc

CONDITIONAL
PRESENT	PAST	IMPERATIVE
1. corregiría	habría corregido	
2. corregirías	habrías corregido	(tú) corrige
3. corregiría	habría corregido	(Vd) corrija
1. corregiríamos	habríamos corregido	(nosotros) corrijamos
2. corregiríais	habríais corregido	(vosotros) corregid
3. corregirían	habrían corregido	(Vds) corrijan

SUBJUNCTIVE
PRESENT	IMPERFECT	PLUPERFECT
1. corrija	corrig-iera/iese	hubiera corregido
2. corrijas	corrig-ieras/ieses	hubieras corregido
3. corrija	corrig-iera/iese	hubiera corregido
1. corrijamos	corrig-iéramos/iésemos	hubiéramos corregido
2. corrijáis	corrig-ierais/ieseis	hubierais corregido
3. corrijan	corrig-ieran/iesen	hubieran corregido

PERFECT   haya corregido etc

INFINITIVE	PARTICIPLE
PRESENT	PRESENT
corregir	corrigiendo
PAST	PAST
haber corregido	corregido

PRESENT	IMPERFECT	FUTURE
1. corro	corría	correré
2. corres	corrías	correrás
3. corre	corría	correrá
1. corremos	corríamos	correremos
2. corréis	corríais	correréis
3. corren	corrían	correrán

PRETERITE	PERFECT	PLUPERFECT
1. corrí	he corrido	había corrido
2. corriste	has corrido	habías corrido
3. corrió	ha corrido	había corrido
1. corrimos	hemos corrido	habíamos corrido
2. corristeis	habéis corrido	habíais corrido
3. corrieron	han corrido	habían corrido

PAST ANTERIOR	FUTURE PERFECT
hube corrido etc	habré corrido etc

CONDITIONAL		*IMPERATIVE*
PRESENT	**PAST**	
1. correría	habría corrido	
2. correrías	habrías corrido	(tú) corre
3. correría	habría corrido	(Vd) corra
1. correríamos	habríamos corrido	(nosotros) corramos
2. correríais	habríais corrido	(vosotros) corred
3. correrían	habrían corrido	(Vds) corran

SUBJUNCTIVE		
PRESENT	**IMPERFECT**	**PLUPERFECT**
1. corra	corr-iera/iese	hubiera corrido
2. corras	corr-ieras/ieses	hubieras corrido
3. corra	corr-iera/iese	hubiera corrido
1. corramos	corr-iéramos/iésemos	hubiéramos corrido
2. corráis	corr-ierais/ieseis	hubierais corrido
3. corran	corr-ieran/iesen	hubieran corrido

PERFECT haya corrido etc

INFINITIVE	*PARTICIPLE*
PRESENT	**PRESENT**
correr	corriendo
PAST	**PAST**
haber corrido	corrido

COSTAR
to cost

PRESENT	IMPERFECT	FUTURE
1. cuesto	costaba	costaré
2. cuestas	costabas	costarás
3. cuesta	costaba	costará
1. costamos	costábamos	costaremos
2. costáis	costabais	costaréis
3. cuestan	costaban	costarán

PRETERITE	PERFECT	PLUPERFECT
1. costé	he costado	había costado
2. costaste	has costado	habías costado
3. costó	ha costado	había costado
1. costamos	hemos costado	habíamos costado
2. costasteis	habéis costado	habíais costado
3. costaron	han costado	habían costado

PAST ANTERIOR	FUTURE PERFECT
hube costado etc	habré costado etc

CONDITIONAL

PRESENT	PAST	*IMPERATIVE*
1. costaría	habría costado	
2. costarías	habrías costado	(tú) cuesta
3. costaría	habría costado	(Vd) cueste
1. costaríamos	habríamos costado	(nosotros) costemos
2. costaríais	habríais costado	(vosotros) costad
3. costarían	habrían costado	(Vds) cuesten

SUBJUNCTIVE

PRESENT	IMPERFECT	PLUPERFECT
1. cueste	cost-ara/ase	hubiera costado
2. cuestes	cost-aras/ases	hubieras costado
3. cueste	cost-ara/ase	hubiera costado
1. costemos	cost-áramos/ásemos	hubiéramos costado
2. costéis	cost-arais/aseis	hubierais costado
3. cuesten	cost-aran/asen	hubieran costado

PERFECT   haya costado etc

INFINITIVE	*PARTICIPLE*
PRESENT	PRESENT
costar	costando
PAST	PAST
haber costado	costado

PRESENT	IMPERFECT	FUTURE
1. crezco	crecía	creceré
2. creces	crecías	crecerás
3. crece	crecía	crecerá
1. crecemos	crecíamos	creceremos
2. crecéis	crecíais	creceréis
3. crecen	crecían	crecerán

PRETERITE	PERFECT	PLUPERFECT
1. crecí	he crecido	había crecido
2. creciste	has crecido	habías crecido
3. creció	ha crecido	había crecido
1. crecimos	hemos crecido	habíamos crecido
2. crecisteis	habéis crecido	habíais crecido
3. crecieron	han crecido	habían crecido

PAST ANTERIOR		FUTURE PERFECT
hube crecido etc		habré crecido etc

CONDITIONAL		*IMPERATIVE*
PRESENT	**PAST**	
1. crecería	habría crecido	
2. crecerías	habrías crecido	(tú) crece
3. crecería	habría crecido	(Vd) crezca
1. creceríamos	habríamos crecido	(nosotros) crezcamos
2. creceríais	habríais crecido	(vosotros) creced
3. crecerían	habrían crecido	(Vds) crezcan

SUBJUNCTIVE

PRESENT	IMPERFECT	PLUPERFECT
1. crezca	crec-iera/iese	hubiera crecido
2. crezcas	crec-ieras/ieses	hubieras crecido
3. crezca	crec-iera/iese	hubiera crecido
1. crezcamos	crec-iéramos/iésemos	hubiéramos crecido
2. crezcáis	crec-ierais/ieseis	hubierais crecido
3. crezcan	crec-ieran/iesen	hubieran crecido

PERFECT haya crecido etc

INFINITIVE	*PARTICIPLE*
PRESENT	**PRESENT**
crecer	creciendo
PAST	**PAST**
haber crecido	crecido

CREER
to believe

PRESENT	IMPERFECT	FUTURE
1. creo	creía	creeré
2. crees	creías	creerás
3. cree	creía	creerá
1. creemos	creíamos	creeremos
2. creéis	creíais	creeréis
3. creen	creían	creerán

PRETERITE	PERFECT	PLUPERFECT
1. creí	he creído	había creído
2. creíste	has creído	habías creído
3. creyó	ha creído	había creído
1. creímos	hemos creído	habíamos creído
2. creísteis	habéis creído	habíais creído
3. creyeron	han creído	habían creído

PAST ANTERIOR	FUTURE PERFECT
hube creído etc	habré creído etc

CONDITIONAL		*IMPERATIVE*
PRESENT	**PAST**	
1. creería	habría creído	
2. creerías	habrías creído	(tú) cree
3. creería	habría creído	(Vd) crea
1. creeríamos	habríamos creído	(nosotros) creamos
2. creeríais	habríais creído	(vosotros) creed
3. creerían	habrían creído	(Vds) crean

SUBJUNCTIVE		
PRESENT	**IMPERFECT**	**PLUPERFECT**
1. crea	cre-yera/yese	hubiera creído
2. creas	cre-yeras/yeses	hubieras creído
3. crea	cre-yera/yese	hubiera creído
1. creamos	cre-yéramos/yésemos	hubiéramos creído
2. creáis	cre-yerais/yeseis	hubierais creído
3. crean	cre-yeran/yesen	hubieran creído

PERFECT   haya creído etc

INFINITIVE	*PARTICIPLE*
PRESENT	**PRESENT**
creer	creyendo
PAST	**PAST**
haber creído	creído

CRUZAR

to cross

PRESENT	IMPERFECT	FUTURE
1. cruzo	cruzaba	cruzaré
2. cruzas	crumbas	cruzarás
3. cruza	cruzaba	cruzará
1. cruzamos	cruzábamos	cruzaremos
2. cruzáis	cruzabais	cruzaréis
3. cruzan	cruzaban	cruzarán

PRETERITE	PERFECT	PLUPERFECT
1. crucé	he cruzado	había cruzado
2. cruzaste	has cruzado	habías cruzado
3. cruzó	ha cruzado	había cruzado
1. cruzamos	hemos cruzado	habíamos cruzado
2. cruzasteis	habéis cruzado	habíais cruzado
3. cruzaron	han cruzado	habían cruzado

PAST ANTERIOR	FUTURE PERFECT
hube cruzado etc	habré cruzado etc

CONDITIONAL

PRESENT	PAST	*IMPERATIVE*
1. cruzaría	habría cruzado	
2. cruzarías	habrías cruzado	(tú) cruza
3. cruzaría	habría cruzado	(Vd) cruce
1. cruzaríamos	habríamos cruzado	(nosotros) crucemos
2. cruzaríais	habríais cruzado	(vosotros) cruzad
3. cruzarían	habrían cruzado	(Vds) crucen

SUBJUNCTIVE

PRESENT	IMPERFECT	PLUPERFECT
1. cruce	cruz-ara/ase	hubiera cruzado
2. cruces	cruz-aras/ases	hubieras cruzado
3. cruce	cruz-ara/ase	hubiera cruzado
1. crucemos	cruz-áramos/ásemos	hubiéramos cruzado
2. crucéis	cruz-arais/aseis	hubierais cruzado
3. crucen	cruz-aran/asen	hubieran cruzado

PERFECT   haya cruzado etc

INFINITIVE	*PARTICIPLE*
PRESENT	PRESENT
cruzar	cruzando
PAST	PAST
haber cruzado	cruzado

CUBRIR
to cover

PRESENT	IMPERFECT	FUTURE
1. cubro	cubría	cubriré
2. cubres	cubrías	cubrirás
3. cubre	cubría	cubrirá
1. cubrimos	cubríamos	cubriremos
2. cubrís	cubríais	cubriréis
3. cubren	cubrían	cubrirán

PRETERITE	PERFECT	PLUPERFECT
1. cubrí	he cubierto	había cubierto
2. cubriste	has cubierto	habías cubierto
3. cubrió	ha cubierto	había cubierto
1. cubrimos	hemos cubierto	habíamos cubierto
2. cubristeis	habéis cubierto	habíais cubierto
3. cubrieron	han cubierto	habían cubierto

PAST ANTERIOR	FUTURE PERFECT
hube cubierto etc	habré cubierto etc

CONDITIONAL		*IMPERATIVE*
PRESENT	**PAST**	
1. cubriría	habría cubierto	
2. cubrirías	habrías cubierto	(tú) cubre
3. cubriría	habría cubierto	(Vd) cubra
1. cubriríamos	habríamos cubierto	(nosotros) cubramos
2. cubriríais	habríais cubierto	(vosotros) cubrid
3. cubrirían	habrían cubierto	(Vds) cubran

SUBJUNCTIVE

PRESENT	IMPERFECT	PLUPERFECT
1. cubra	cubr-iera/iese	hubiera cubierto
2. cubras	cubr-ieras/ieses	hubieras cubierto
3. cubra	cubr-iera/iese	hubiera cubierto
1.cubramos	cubr-iéramos/iésemos	hubiéramos cubierto
2. cubráis	cubr-ierais/ieseis	hubierais cubierto
3. cubran	cubr-ieran/iesen	hubieran cubierto

PERFECT   haya cubierto etc

INFINITIVE	*PARTICIPLE*
PRESENT	**PRESENT**
cubrir	cubriendo
PAST	**PAST**
haber cubierto	cubierto

PRESENT	IMPERFECT	FUTURE
1. doy	daba	daré
2. das	dabas	darás
3. da	daba	dará
1. damos	dábamos	daremos
2. dais	dabais	daréis
3. dan	daban	darán

PRETERITE	PERFECT	PLUPERFECT
1. di	he dado	había dado
2. diste	has dado	habías dado
3. dio	ha dado	había dado
1. dimos	hemos dado	habíamos dado
2. disteis	habéis dado	habíais dado
3. dieron	han dado	habían dado

PAST ANTERIOR	FUTURE PERFECT
hube dado etc	habré dado etc

CONDITIONAL		*IMPERATIVE*
PRESENT	**PAST**	
1. daría	habría dado	
2. darías	habrías dado	(tú) da
3. daría	habría dado	(Vd) dé
1. daríamos	habríamos dado	(nosotros) demos
2. daríais	habríais dado	(vosotros) dad
3. darían	habrían dado	(Vds) den

SUBJUNCTIVE

PRESENT	IMPERFECT	PLUPERFECT
1. dé	di-era/ese	hubiera dado
2. des	di-eras/eses	hubieras dado
3. dé	di-era/ese	hubiera dado
1. demos	di-éramos/ésemos	hubiéramos dado
2. deis	di-erais/eseis	hubierais dado
3. den	di-eran/esen	hubieran dado

PERFECT haya dado etc

INFINITIVE	*PARTICIPLE*
PRESENT	**PRESENT**
dar	dando
PAST	**PAST**
haber dado	dado

DEBER
to owe, to have to

PRESENT	IMPERFECT	FUTURE
1. debo	debía	deberé
2. debes	debías	deberás
3. debe	debía	deberá
1. debemos	debíamos	deberemos
2. debéis	debíais	deberéis
3. deben	debían	deberán

PRETERITE	PERFECT	PLUPERFECT
1. debí	he debido	había debido
2. debiste	has debido	habías debido
3. debió	ha debido	había debido
1. debimos	hemos debido	habíamos debido
2. debisteis	habéis debido	habíais debido
3. debieron	han debido	habían debido

PAST ANTERIOR	FUTURE PERFECT
hube debido etc	habré debido etc

CONDITIONAL		*IMPERATIVE*
PRESENT	**PAST**	
1. debería	habría debido	
2. deberías	habrías debido	(tú) debe
3. debería	habría debido	(Vd) deba
1. deberíamos	habríamos debido	(nosotros) debamos
2. deberíais	habríais debido	(vosotros) debed
3. deberían	habrían debido	(Vds) deban

SUBJUNCTIVE		
PRESENT	**IMPERFECT**	**PLUPERFECT**
1.deba	deb-iera/iese	hubiera debido
2. debas	deb-iera/ieses	hubieras debido
3. deba	deb-ieras/iese	hubiera debido
1. debamos	deb-iéramos/iésemos	hubiéramos debido
2. debáis	deb-ierais/ieseis	hubierais debido
3. deban	deb-ieran/iesen	hubieran debido

PERFECT haya debido etc

INFINITIVE	*PARTICIPLE*
PRESENT	**PRESENT**
deber	debiendo
PAST	**PAST**
haber debido	debido

DECIDIR
to decide

PRESENT	IMPERFECT	FUTURE
1. decido	decidía	decidiré
2. decides	decidías	decidirás
3. decide	decidía	decidirá
1. decidimos	decidíamos	decidiremos
2. decidís	decidíais	decidiréis
3. deciden	decidían	decidirán

PRETERITE	PERFECT	PLUPERRFECT
1. decidí	he decidido	había decidido
2. decidiste	has decidido	habías decidido
3. decidió	ha decidido	había decidido
1. decidimos	hemos decidido	habíamos decidido
2. decidisteis	habéis decidido	habíais decidido
3. decidieron	han decidido	habían decidido

PAST ANTERIOR	FUTURE PERFECT
hube decidido etc	habré decidido etc

CONDITIONAL		*IMPERATIVE*
PRESENT	**PAST**	
1. decidiría	habría decidido	
2. decidirías	habrías decidido	(tú) decide
3. decidiría	habría decidido	(Vd) decida
1. decidiríamos	habríamos decidido	(nosotros) decidamos
2. decidiríais	habríais decidido	(vosotros) decidid
3. decidirían	habrían decidido	(Vds) decidan

SUBJUNCTIVE		
PRESENT	**IMPERFECT**	**PLUPERFECT**
1. decida	decid-iera/iese	hubiera decidido
2. decidas	decid-ieras/ieses	hubieras decidido
3. decida	decid-iera/iese	hubiera decidido
1. decidamos	decid-iéramos/iésemos	hubiéramos decidido
2. decidáis	decid-ierais/ieseis	hubierais decidido
3. decidan	decid-ieran/iesen	hubieran decidido

PERFECT haya decidido etc

INFINITIVE	*PARTICIPLE*
PRESENT	**PRESENT**
decidir	decidiendo
PAST	**PAST**
haber decidido	decidido

DECIR
to say

PRESENT	IMPERFECT	FUTURE
1. digo	decía	diré
2. dices	decías	dirás
3. dice	decía	dirá
1. decimos	decíamos	diremos
2. decís	decíais	diréis
3. dicen	decían	dirán

PRETERITE	PERFECT	PLUPERFECT
1. dije	he dicho	había dicho
2. dijiste	has dicho	habías dicho
3. dijo	ha dicho	había dicho
1. dijimos	hemos dicho	habíamos dicho
2. dijisteis	habéis dicho	habíais dicho
3. dijeron	han dicho	habían dicho

PAST ANTERIOR	FUTURE PERFECT
hube dicho etc	habré dicho etc

CONDITIONAL		*IMPERATIVE*
PRESENT	**PAST**	
1. diría	habría dicho	
2. dirías	habrías dicho	(tú) di
3. diría	habría dicho	(Vd) diga
1. diríamos	habríamos dicho	(nosotros) digamos
2. diríais	habríais dicho	(vosotros) decid
3. dirían	habrían dicho	(Vds) digan

SUBJUNCTIVE

PRESENT	IMPERFECT	PLUPERFECT
1. diga	dij-era/ese	hubiera dicho
2. digas	dij-eras/eses	hubieras dicho
3. diga	dij-era/ese	hubiera dicho
1. digamos	dij-éramos/ésemos	hubiéramos dicho
2. digáis	dij-erais/eseis	hubierais dicho
3. digan	dij-eran/esen	hubieran dicho

PERFECT	haya dicho etc

INFINITIVE	*PARTICIPLE*
PRESENT	**PRESENT**
decir	diciendo
PAST	**PAST**
haber dicho	dicho

DEGOLLAR 68
to behead

PRESENT	IMPERFECT	FUTURE
1. degüello	degollaba	degollaré
2. degüellas	degollabas	degollarás
3. degüella	degollaba	degollará
1. degollamos	degollábamos	degollaremos
2. degolláis	degollabais	degollaréis
3. degüellan	degollaban	degollarán

PRETERITE	PERFECT	PLUPERFECT
1. degollé	he degollado	había degollado
2. degollaste	has degollado	habías degollado
3. degolló	ha degollado	había degollado
1. degollamos	hemos degollado	habíamos degollado
2. degollasteis	habéis degollado	habíais degollado
3. degollaron	han degollado	habían degollado

PAST ANTERIOR	FUTURE PERFECT
hube degollado etc	habré degollado etc

CONDITIONAL		IMPERATIVE
PRESENT	PAST	
1. degollaría	habría degollado	
2. degollarías	habrías degollado	(tú) degüella
3. degollaría	habría degollado	(Vd) degüelle
1. degollaríamos	habríamos degollado	(nosotros) degollemos
2. degollaríais	habríais degollado	(vosotros) degollad
3. degollarían	habrían degollado	(Vds) degüellen

SUBJUNCTIVE

PRESENT	IMPERFECT	PLUPERFECT
1. degüelle	degoll-ara/ase	hubiera degollado
2. degüelles	degoll-aras/ases	hubieras degollado
3. degüelle	degoll-ara/ase	hubiera degollado
1. degollemos	degoll-áramos/ásemos	hubiéramos degollado
2. degolléis	degoll-arais/aseis	hubierais degollado
3. degüellen	degoll-aran/asen	hubieran degollado

PERFECT haya degollado etc

INFINITIVE	PARTICIPLE
PRESENT	PRESENT
degollar	degollando
PAST	PAST
haber degollado	degollado

DEJAR
to leave, to let

PRESENT	IMPERFECT	FUTURE
1. dejo	dejaba	dejaré
2. dejas	dejabas	dejarás
3. deja	dejaba	dejará
1. dejamos	dejábamos	dejaremos
2. dejáis	dejabais	dejaréis
3. dejan	dejaban	dejarán

PRETERITE	PERFECT	PLUPERFECT
1. dejé	he dejado	había dejado
2. dejaste	has dejado	habías dejado
3. dejó	ha dejado	había dejado
1. dejamos	hemos dejado	habíamos dejado
2. dejasteis	habéis dejado	habíais dejado
3. dejaron	han dejado	habían dejado

PAST ANTERIOR	FUTURE PERFECT
hube dejado etc	habré dejado etc

CONDITIONAL		*IMPERATIVE*
PRESENT	**PAST**	
1. dejaría	habría dejado	
2. dejarías	habrías dejado	(tú) deja
3. dejaría	habría dejado	(Vd) deje
1. dejaríamos	habríamos dejado	(nosotros) dejemos
2. dejaríais	habríais dejado	(vosotros) dejad
3. dejarían	habrían dejado	(Vds) dejen

SUBJUNCTIVE

PRESENT	IMPERFECT	PLUPERFECT
1. deje	dej-ara/ase	hubiera dejado
2. dejes	dej-aras/ases	hubieras dejado
3. deje	dej-ara/ase	hubiera dejado
1. dejemos	dej-áramos/ásemos	hubiéramos dejado
2. dejéis	dej-arais/aseis	hubierais dejado
3. dejen	dej-aran/asen	hubieran dejado

PERFECT haya dejado etc

INFINITIVE	*PARTICIPLE*
PRESENT	**PRESENT**
dejar	dejando
PAST	**PAST**
haber dejado	dejado

PRESENT	IMPERFECT	FUTURE
1. delinco	delinquía	delinquiré
2. delinques	delinquías	delinquirás
3. delinque	delinquía	delinquirá
1. delinquimos	delinquíamos	delinquiremos
2. delinquís	delinquíais	delinquiréis
3. delinquen	delinquían	delinquirán

PRETERITE	PERFECT	PLUPERFECT
1. delinquí	he delinquido	había delinquido
2. delinquiste	has delinquido	habías delinquido
3. delinquió	ha delinquido	había delinquido
1. delinquimos	hemos delinquido	habíamos delinquido
2. delinquisteis	habéis delinquido	habíais delinquido
3. delinquieron	han delinquido	habían delinquido

PAST ANTERIOR	FUTURE PERFECT
hube delinquido etc	habré delinquido etc

CONDITIONAL		*IMPERATIVE*
PRESENT	**PAST**	
1. delinquiría	habría delinquido	
2. delinquirías	habrías delinquido	(tú) delinque
3. delinquiría	habría delinquido	(Vd) delinca
1. delinquiríamos	habríamos delinquido	(nosotros) delincamos
2. delinquiríais	habríais delinquido	(vosotros) delinquid
3. delinquirían	habrían delinquido	(Vds) delincan

SUBJUNCTIVE		
PRESENT	**IMPERFECT**	**PLUPERFECT**
1. delinca	delinqu-iera/iese	hubiera delinquido
2. delincas	delinqu-ieras/ieses	hubieras delinquido
3. delinca	delinqu-iera/iese	hubiera delinquido
1. delincamos	delinqu-iéramos/iésemos	hubiéramos delinquido
2. delincáis	delinqu-ierais/ieseis	hubierais delinquido
3. delincan	delinqu-ieran/iesen	hubieran delinquido

PERFECT haya delinquido etc

INFINITIVE	*PARTICIPLE*
PRESENT	**PRESENT**
delinquir	delinquiendo
PAST	**PAST**
haber delinquido	delinquido

DESCENDER
to descend, to get down

PRESENT	IMPERFECT	FUTURE
1. decsciendo	descendía	descenderé
2. desciendes	descendías	descenderás
3. desciende	descendía	descenderá
1. descendemos	descendíamos	descenderemos
2. descendéis	descendíais	descenderéis
3. descienden	descendían	descenderán

PRETERITE	PERFECT	PLUPERFECT
1. descendí	he descendido	había descendido
2. descendiste	has descendido	habías descendido
3. descendió	ha descendido	había descendido
1. descendimos	hemos descendido	habíamos descendido
2. descendisteis	habéis descendido	habíais descendido
3. descendieron	han descendido	habían descendido

PAST ANTERIOR	FUTURE PERFECT
hube descendido etc	habré descendido etc

CONDITIONAL		*IMPERATIVE*
PRESENT	**PAST**	
1. descendería	habría descendido	
2. descenderías	habrías descendido	(tú) desciende
3. descendería	habría descendido	(Vd) descienda
1. descenderíamos	habríamos descendido	(nosotros) descendamos
2. descenderíais	habríais descendido	(vosotros) descended
3. descenderían	habrían descendido	(Vds) desciendan

SUBJUNCTIVE

PRESENT	IMPERFECT	PLUPERFECT
1. descienda	descend-iera/iese	hubiera descendido
2. desciendas	descend-ieras/ieses	hubieras descendido
3. descienda	descend-iera/iese	hubiera descendido
1. descendamos	descend-iéramos/iésemos	hubiéramos descendido
2. descendáis	descend-ierais/ieseis	hubierais descendido
3. desciendan	descend-ieran/iesen	hubieran descendido

PERFECT haya descendido etc

INFINITIVE	*PARTICIPLE*
PRESENT	**PRESENT**
descender	descendiendo
PAST	**PAST**
haber descendido	descendido

DESCUBRIR 72
to discover

PRESENT	IMPERFECT	FUTURE
1. descubro	descubría	descubriré
2. descubres	descubrías	descubrirás
3. descubre	descubría	descubrirá
1. descubrimos	descubríamos	descubriremos
2. descubrís	descubríais	descubriréis
3. descubren	descubrían	descubrirán

PRETERITE	PERFECT	PLUPERFECT
1. descubrí	he descubierto	había descubierto
2. descubriste	has descubierto	habías descubierto
3. descubrió	ha descubierto	había descubierto
1. descubrimos	hemos descubierto	habíamos descubierto
2. descubristeis	habéis descubierto	habíais descubierto
3. descubrieron	han descubierto	habían descubierto

PAST ANTERIOR	FUTURE PERFECT
hube descubierto etc	habré descubierto etc

CONDITIONAL

PRESENT	PAST	IMPERATIVE
1. descubriría	habría descubierto	
2. descubrirías	habrías descubierto	(tú) descubre
3. descubriría	habría descubierto	(Vd) descubra
1. descubriríamos	habríamos descubierto	(nosotros) descubramos
2. descubriríais	habríais descubierto	(vosotros) descubrid
3. descubrirían	habrían descubierto	(Vds) descubran

SUBJUNCTIVE

PRESENT	IMPERFECT	PLUPERFECT
1. descubra	descubr-iera/iese	hubiera descubierto
2. descubras	descubr-ieras/ieses	hubieras descubierto
3. descubra	descubr-iera/iese	hubiera descubierto
1. descubramos	descubr-iéramos/iésemos	hubiéramos descubierto
2. descubráis	descubr-ierais/ieseis	hubierais descubierto
3. descubran	descubr-ieran/iesen	hubieran descubierto

PERFECT   haya descubierto etc

INFINITIVE

PRESENT	PARTICIPLE PRESENT
descubrir	descubriendo

PAST	PAST
haber descubierto	descubierto

73 DESPERTARSE
to wake up

PRESENT	IMPERFECT	FUTURE
1. me despierto	me despertaba	me despertaré
2. te despiertas	te despertabas	te despertarás
3. se despierta	se despertaba	se despertará
1. nos despertamos	nos despertábamos	nos despertaremos
2. os despertáis	os despertabais	os despertaréis
3. se despiertan	se despertaban	se despertarán

PRETERITE	PERFECT	PLUPERFECT
1. me desperté	me he despertado	me había despertado
2. te despertaste	te has despertado	te habís despertado
3. se despertó	se ha despertado	se había despertado
1. nos despertamos	nos hemos despertado	nos habíamos despertado
2. os despertasteis	os habéis despertado	os habíais despertado
3. se despertaron	se han despertado	se habían despertado

PAST ANTERIOR	FUTURE PERFECT
me hube despertado etc	me habré despertado etc

CONDITIONAL		*IMPERATIVE*
PRESENT	**PAST**	
1. me despertaría	me habría despertado	
2. te despertarías	te habrías despertado	(tú) despiértate
3. se despertaría	se habría despertado	(Vd) despiértese
1. nos despertaríamos	nos habríamos despertado	(nosotros) despertémonos
2. os despertaríais	os habríais despertado	(vosotros) despertaos
3. se despertarían	se habrían despertado	(Vds) despiértense

SUBJUNCTIVE		
PRESENT	**IMPERFECT**	**PLUPERFECT**
1. me despierte	me despert-ara/ase	me hubiera despertado
2. te despiertes	te despert-aras/ases	te hubieras despertado
3. se despierte	se despert-ara/ase	se hubiera despertado
1. nos despertemos	nos despert-áramos/ásemos	nos hubiéramos despertado
2. os despertéis	os despert-arais/aseis	os hubierais despertado
3. se despierten	se despert-aran/asen	se hubieran despertado

PERFECT me haya despertado etc

INFINITIVE	*PARTICIPLE*
PRESENT	**PRESENT**
despertarse	despertándose
PAST	**PAST**
haberse despertado	despertado

DESTRUIR
to destroy

74

PRESENT	IMPERFECT	FUTURE
1. destruyo	destruía	destruiré
2. destruyes	destruías	destruirás
3. destruye	destruía	destruirá
1. destruimos	destruíamos	destruiremos
2. destruís	destruíais	destruiréis
3. destruyen	destruían	destruirán

PRETERITE	PERFECT	PLUPERFECT
1. destruí	he destruido	había destruido
2. destruiste	has destruido	habías destruido
3. destruyó	ha destruido	había destruido
1. destruimos	hemos destruido	habíamos destruido
2. destruisteis	habéis destruido	habíais destruido
3. destruyeron	han destruido	habían destruido

PAST ANTERIOR	FUTURE PERFECT
hube destruido etc	habré destruido etc

CONDITIONAL		IMPERATIVE
PRESENT	**PAST**	
1. destruiría	habría destruido	
2. destruirías	habrías destruido	(tú) destruye
3. destruiría	habría destruido	(Vd) destruya
1. destruiríamos	habríamos destruido	(nosotros) destruyamos
2. destruiríais	habríais destruido	(vosotros) destruid
3. destruirían	habrían destruido	(Vds) destruyan

SUBJUNCTIVE

PRESENT	IMPERFECT	PLUPERFECT
1. destruya	destru-yera/yese	hubiera destruido
2. destruyas	destru-yeras/yeses	hubieras destruido
3. destruya	destru-yera/yese	hubiera destruido
1. destruyamos	destru-yéramos/yésemos	hubiéramos destruido
2. destruyáis	destru-yerais/yeseis	hubierais destruido
3. destruyan	destru-yeran/yesen	hubieran destruido

PERFECT   haya destruido etc

INFINITIVE	PARTICIPLE
PRESENT	**PRESENT**
destruir	destruyendo
PAST	**PAST**
haber destruido	destruido

DIGERIR
to digest

PRESENT	IMPERFECT	FUTURE
1. digiero	digería	digeriré
2. digieres	digerías	digerirás
3. digiere	digería	digerirá
1. digerimos	digeríamos	digeriremos
2. digerís	digeríais	digeriréis
3. digieren	digerían	digerirán

PRETERITE	PERFECT	PLUPERFECT
1. digerí	he digerido	había digerido
2. digeriste	has digerido	habías digerido
3. digirió	ha digerido	había digerido
1. digerimos	hemos digerido	habíamos digerido
2. digeristeis	habéis digerido	habíais digerido
3. digirieron	han digerido	habían digerido

PAST ANTERIOR	FUTURE PERFECT
hube digerido etc	habré digerido etc

CONDITIONAL		*IMPERATIVE*
PRESENT	PAST	
1. digeriría	habría digerido	
2. digerirías	habrías digerido	(tú) digiere
3. digeriría	habría digerido	(Vd) digiera
1. digeriríamos	habríamos digerido	(nosotros) digiramos
2. digeriríais	habríais digerido	(vosotros) digerid
3. digerirían	habrían digerido	(Vds) digieran

SUBJUNCTIVE		
PRESENT	IMPERFECT	PLUPERFECT
1. digiera	digir-iera/iese	hubiera digerido
2. digieras	digir-ieras/ieses	hubieras digerido
3. digiera	digir-iera/iese	hubiera digerido
1. digiramos	digir-iéramos/iésemos	hubiéramos digerido
2. digiráis	digir-ierais/ieseis	hubierais digerido
3. digieran	digir-ieran/iesen	hubieran digerido

PERFECT	haya digerido etc

INFINITIVE	*PARTICIPLE*
PRESENT	PRESENT
digerir	digiriendo
PAST	PAST
haber digerido	digerido

DIRIGIR
to direct

PRESENT	IMPERFECT	FUTURE
1. dirijo	dirigía	dirigiré
2. diriges	dirigías	dirigirás
3. dirige	dirigía	dirigirá
1. dirigimos	dirigíamos	dirigiremos
2. dirigís	dirigíais	dirigiréis
3. dirigen	dirigían	dirigirán

PRETERITE	PERFECT	PLUPERFECT
1. dirigí	he dirigido	había dirigido
2. dirigiste	has dirigido	habías dirigido
3. dirigió	ha dirigido	había dirigido
1. dirigimos	hemos dirigido	habíamos dirigido
2. dirigisteis	habéis dirigido	habíais dirigido
3. dirigieron	han dirigido	habían dirigido

PAST ANTERIOR	FUTURE PERFECT
hube dirigido etc	habré dirigido etc

CONDITIONAL		*IMPERATIVE*
PRESENT	**PAST**	
1. dirigiría	habría dirigido	
2. dirigirías	habrías dirigido	(tú) dirige
3. dirigiría	habría dirigido	(Vd) dirija
1. dirigiríamos	habríamos dirigido	(nosotros) dirijamos
2. dirigiríais	habríais dirigido	(vosotros) dirigid
3. dirigirían	habrían dirigido	(Vds) dirijan

SUBJUNCTIVE		
PRESENT	**IMPERFECT**	**PLUPERFECT**
1. dirija	dirig-iera/iese	hubiera dirigido
2. dirijas	dirig-ieras/ieses	hubieras dirigido
3. dirija	dirig-iera/iese	hubiera dirigido
1. dirijamos	dirig-iéramos/iésemos	hubiéramos dirigido
2. dirijáis	dirig-ierais/ieseis	hubierais dirigido
3. dirijan	dirig-ieran/iesen	hubieran dirigido

PERFECT haya dirigido etc

INFINITIVE	*PARTICIPLE*
PRESENT	**PRESENT**
dirigir	dirigiendo
PAST	**PAST**
haber dirigido	dirigido

DISCERNIR
to discern

PRESENT	IMPERFECT	FUTURE
1. discierno	discernía	discerniré
2. disciernes	discernías	discernirás
3. discierne	discernía	discernirá
1. discernimos	discerníamos	discerniremos
2. discernís	discerníais	discerniréis
3. disciernen	discernían	discernirán

PRETERITE	PERFECT	PLUPERFECT
1. discerní	he discernido	había discernido
2. discerniste	has discernido	habías discernido
3. discirnió	ha discernido	había discernido
1. discernimos	hemos discernido	habíamos discernido
2. discernisteis	habéis discernido	habíais discernido
3. discirnieron	han discernido	habían discernido

PAST ANTERIOR	FUTURE PERFECT
hube discernido etc	habré discernido etc

CONDITIONAL		*IMPERATIVE*
PRESENT	**PAST**	
1. discerniría	habría discernido	
2. discernirías	habrías discernido	(tú) discierne
3. discerniría	habría discernido	(Vd) discierna
1. discerniríamos	habríamos discernido	(nosotros) discirnamos
2. discerniríais	habríais discernido	(vosotros) discernid
3. discernirían	habrían discernido	(Vds) disciernan

SUBJUNCTIVE

PRESENT	IMPERFECT	PLUPERFECT
1. discierna	discirn-iera/iese	hubiera discernido
2. disciernas	discirn-ieras/ieses	hubieras discernido
3. discierna	discirn-iera/iese	hubiera discernido
1. discirnamos	discirn-iéramos/iésemos	hubiéramos discernido
2. discirnáis	discirn-ierais/ieseis	hubierais discernido
3. disciernan	discirn-ieran/iesen	hubieran discernido

PERFECT haya discernido etc

INFINITIVE	*PARTICIPLE*
PRESENT	**PRESENT**
discernir	discirniendo
PAST	**PAST**
haber discernido	discernido

PRESENT	IMPERFECT	FUTURE
1. distingo	distinguía	distinguiré
2. distingues	distinguías	distinguirás
3. distingue	distinguía	distinguirá
1. distinguimos	distinguíamos	distinguiremos
2. distinguís	distinguíais	distinguiréis
3. distinguen	distinguían	distinguirán

PRETERITE	PERFECT	PLUPERFECT
1. distinguí	he distinguido	había distinguido
2. distinguiste	has distinguido	habías distinguido
3. distinguió	ha distinguido	había distinguido
1. distinguimos	hemos distinguido	habíamos distinguido
2. distinguisteis	habéis distinguido	habíais distinguido
3. distinguieron	han distinguido	habían distinguido

PAST ANTERIOR	FUTURE PERFECT
hube distinguido etc	habré distinguido etc

CONDITIONAL		*IMPERATIVE*
PRESENT	**PAST**	
1. distinguiría	habría distinguido	
2. distinguirías	habrías distinguido	(tú) distingue
3. distinguiría	habría distinguido	(Vd) distinga
1. distinguiríamos	habríamos distinguido	(nosotros) distingamos
2. distinguiríais	habríais distinguido	(vosotros) distinguid
3. distinguirían	habrían distinguido	(Vds) distingan

SUBJUNCTIVE

PRESENT	IMPERFECT	PLUPERFECT
1. distinga	distingu-iera/iese	hubiera distinguido
2. distingas	distingu-ieras/ieses	hubieras distinguido
3. distinga	distingu-iera/iese	hubiera distinguido
1. distingamos	distingu-iéramos/iésemos	hubiéramos distinguido
2. distingáis	distingu-ierais/ieseis	hubierais distinguido
3. distingan	distingu-ieran/iesen	hubieran distinguido

PERFECT haya distinguido etc

INFINITIVE	*PARTICIPLE*
PRESENT	**PRESENT**
distinguir	distinguiendo
PAST	**PAST**
haber distinguido	distinguido

PRESENT	IMPERFECT	FUTURE
1. me divierto	me divertía	me divertiré
2. te diviertes	te divertías	te divertirás
3. se divierte	se divertía	se divertirá
1. nos divertimos	nos divertíamos	nos divertiremos
2. os divertís	os divertíais	os divertiréis
3. se divierten	se divertían	se divertirán

PRETERITE	PERFECT	PLUPERFECT
1. me divertí	me he divertido	me había divertido
2. te divertiste	te has divertido	te habías divertido
3. se divirtió	se ha divertido	se había divertido
1. nos divertimos	nos hemos divertido	nos habíamos divertido
2. os divertisteis	os habéis divertido	os habíais divertido
3. se divirtieron	se han divertido	se habían divertido

PAST ANTERIOR	FUTURE PERFECT
me hube divertido etc	me habré divertido etc

CONDITIONAL

PRESENT	PAST	IMPERATIVE
1. me divertiría	me habría divertido	
2. te divertirías	te habrías divertido	(tú) diviértete
3. se divertiría	se habría divertido	(Vd) diviértase
1. nos divetiríamos	nos habríamos divertido	(nosotros) divirtámonos
2. os divertiríais	os habríais divertido	(vosotros) divertíos
3. se divertirían	se habrían divertido	(Vds) diviértanse

SUBJUNCTIVE

PRESENT	IMPERFECT	PLUPERFECT
1. me divierta	me divirt-iera/iese	me hubiera divertido
2. te diviertas	te divirt-ieras/ieses	te hubieras divertido
3. se divierta	se divirt-iera/iese	se hubiera divertido
1. nos divirtamos	nos divirt-iéramos/iésemos	nos hubiéramos divertido
2. os divirtáis	os divirt-ierais/ieseis	os hubierais divertido
3. se diviertan	se divirt-ieran/iesen	se hubieran divertido

PERFECT me haya divertido etc

INFINITIVE	PARTICIPLE
PRESENT	PRESENT
divertirse	divirtiéndose
PAST	PAST
haberse divertido	divertido

PRESENT	IMPERFECT	FUTURE
1. duelo	dolía	doleré
2. dueles	dolías	dolerás
3. duele	dolía	dolerá
1. dolemos	dolíamos	doleremos
2. doléis	dolíais	doleréis
3. duelen	dolían	dolerán

PRETERITE	PERFECT	PLUPERFECT
1. dolí	he dolido	había dolido
2. doliste	has dolido	habías dolido
3. dolió	ha dolido	había dolido
1. dolimos	hemos dolido	habíamos dolido
2. dolisteis	habéis dolido	habíais dolido
3. dolieron	han dolido	habían dolido

PAST ANTERIOR	FUTURE PERFEECT
hube dolido etc	habré dolido etc

CONDITIONAL		*IMPERATIVE*
PRESENT	**PAST**	
1. dolería	habría dolido	
2. dolerías	habrías dolido	(tú) duele
3. dolería	habría dolido	(Vd) duela
1. doleríamos	habríamos dolido	(nosotros) dolamos
2. doleríais	habríais dolido	(vosotros) doled
3. dolerían	habrían dolido	(Vds) duelan

SUBJUNCTIVE

PRESENT	IMPERFECT	PLUPERFECT
1. duela	dol-iera/iese	hubiera dolido
2. duelas	dol-ieras/ieses	hubieras dolido
3. duela	dol-iera/iese	hubiera dolido
1. dolamos	dol-iéramos/iésemos	hubiéramos dolido
2. doláis	dol-ierais/ieseis	hubierais dolido
3. duelan	dol-ieran/iesen	hubieran dolido

PERFECT   haya dolido etc

INFINITIVE	*PARTICIPLE*	*NOTE*
PRESENT	**PRESENT**	In the sense of 'hurt' only
doler	doliendo	3rd person sing. is used. In
		the sense of 'grieve' this
		verb is normally reflexive.
PAST	**PAST**	
haber dolido	dolido	

DORMIR
to sleep

PRESENT	IMPERFECT	FUTURE
1. duermo	dormía	dormiré
2. duermes	dormías	dormirás
3. duerme	dormía	dormirá
1. dormimos	dormíamos	dormiremos
2. dormís	dormíais	dormiréis
3. duermen	dormían	dormirán

PRETERITE	PERFECT	PLUPERFECT
1. dormí	he dormido	había dormido
2. dormiste	has dormido	habías dormido
3. durmió	ha dormido	había dormido
1. dormimos	hemos dormido	habíamos dormido
2. dormisteis	habéis dormido	habíais dormido
3. durmieron	han dormido	habían dormido

PAST ANTERIOR	FUTURE PERFECT
hube dormido etc	habré dormido etc

CONDITIONAL		IMPERATIVE
PRESENT	PAST	
1. dormiría	habría dormido	
2. dormirías	habrías dormido	(tú) duerme
3. dormiría	habría dormido	(Vd) duerma
1. dormiríamos	habríamos dormido	(nosotros) durmamos
2. dormiríais	habríais dormido	(vosotros) dormid
3. dormirían	habrían dormido	(Vds) duerman

SUBJUNCTIVE

PRESENT	IMPERFECT	PLUPERFECT
1. duerma	durm-iera/iese	hubiera dormido
2. duermas	durm-iearas/ieses	hubieras dormido
3. duerma	durm-iera/iese	hubiera dormido
1. durmamos	durm-iéramos/iésemos	hubiéramos dormido
2. durmáis	durm-ierais/ieseis	hubierais dormido
3. duerman	durm-ieran/iesen	hubieran dormido

PERFECT   haya dormido etc

INFINITIVE	PARTICIPLE
PRESENT	PRESENT
dormir	durmiendo
PAST	PAST
haber dormido	dormido

EDUCAR
to educate

82

PRESENT	IMPERFECT	FUTURE
1. educo	educaba	educaré
2. educas	educabas	educarás
3. educa	educaba	educará
1. educamos	educábamos	educaremos
2. educáis	educabais	educaréis
3. educan	educaban	educarán

PRETERITE	PERFECT	PLUPERFECT
1. eduqué	he educado	había educado
2. educaste	has educado	habías educado
3. educó	ha educado	había educado
1. educamos	hemos educado	habíamos educado
2. educasteis	habéis educado	habíais educado
3. educaron	han educado	habían educado

PAST ANTERIOR	FUTURE PERFECT
hube educado etc	habré educado etc

CONDITIONAL		*IMPERATIVE*
PRESENT	**PAST**	
1. educaría	habría educado	
2. educarías	habrías educado	(tú) educa
3. educaría	habría educado	(Vd) eduque
1. educaríamos	habríamos educado	(nosotros) eduquemos
2. educaríais	habríais educado	(vosotros) educad
3. educarían	habrían educado	(Vds) eduquen

SUBJUNCTIVE		
PRESENT	**IMPERFECT**	**PLUPERFECT**
1. eduque	educ-ara/ase	hubiera educado
2. eduques	educ-aras/ases	hubieras educado
3. eduque	educ-ara/ase	hubiera educado
1. eduquemos	educ-áramos/ásemos	hubiéramos educado
2. eduquéis	educ-arais/aseis	hubierais educado
3. eduquen	educ-aran/asen	hubieran educado

PERFECT   haya educado etc

INFINITIVE	*PARTICIPLE*
PRESENT	**PRESENT**
educar	educando
PAST	**PAST**
haber educado	educado

ELEGIR
to choose

PRESENT	IMPERFECT	FUTURE
1. elijo	elegía	elegiré
2. eliges	elegías	elegirás
3. elige	elegía	elegirá
1. elegimos	elegíamos	elegiremos
2. elegís	elegíais	elegiréis
3. eligen	elegían	elegirán

PRETERITE	PERFECT	PLUPERFECT
1. elegí	he elegido	habiá elegido
2. elegiste	has elegido	habías elegido
3. eligió	ha elegido	había elegido
1. elegimos	hemos elegido	habíamos elegido
2. elegisteis	habéis elegido	habíais elegido
3. eligieron	han elegido	habían elegido

PAST ANTERIOR	FUTURE PERFECT
hube elegido etc	habré elegido etc

CONDITIONAL		*IMPERATIVE*
PRESENT	PAST	
1. elegiría	habría elegido	
2. elegirías	habrías elegido	(tú) elige
3. elegiría	habría elegido	(Vd) elija
1. elegiríamos	habríamos elegido	(nosotros) elijamos
2. elegiríais	habríais elegido	(vosotros) elegid
3. elegirían	habrían elegido	(Vds) elijan

SUBJUNCTIVE		
PRESENT	IMPERFECT	PLUPERFECT
1. elija	elig-iera/iese	hubiera elegido
2. elijas	elig-ieras/ieses	hubieras elegido
3. elija	elig-iera/iese	hubiera elegido
1. elijamos	elig-iéramos/iésemos	hubiéramos elegido
2. elijáis	elig-ierais/ieseis	hubierais elegido
3. elijan	elig-ieran/iesen	hubieran elegido

PERFECT   haya elegido etc

INFINITIVE	*PARTICIPLE*
PRESENT	PRESENT
elegir	eligiendo
PAST	PAST
haber elegido	elegido

EMBARCAR
to embark

PRESENT	IMPERFECT	FUTURE
1. embarco	embarcaba	embarcaré
2. embarcas	embarcabas	embarcarás
3. embarca	embarcaba	embarcará
1. embarcamos	embarcábamos	embarcaremos
2. embarcáis	embarcabais	embarcaréis
3. embarcan	embarcaban	embarcarán

PRETERITE	PERFECT	PLUPERFECT
1. embarqué	he embarcado	había embarcado
2. embarcaste	has embarcado	habías embarcado
3. embarcó	ha embarcado	había embarcado
1. embarcamos	hemos embarcado	habíamos embarcado
2. embarcasteis	habéis embarcado	habíais embarcado
3. embarcaron	han embarcado	habían embarcado

PAST ANTERIOR	FUTURE PERFECT
hube embarcado etc	habré embarcado etc

CONDITIONAL		*IMPERATIVE*
PRESENT	**PAST**	
1. embarcaría	habría embarcado	
2. embarcarías	habrías embarcado	(tú) embarca
3. embarcaría	habría embarcado	(Vd) embarque
1. embarcaríamos	habríamos embarcado	(nosotros) embarquemos
2. embarcaríais	habríais embarcado	(vosotros) embarcad
3. embarcarían	habrían embarcado	(Vds) embarquen

SUBJUNCTIVE

PRESENT	IMPERFECT	PLUPERFECT
1. embarque	embarc-ara/ase	hubiera embarcado
2. embarques	embarc-aras/ases	hubieras embarcado
3. embarque	embarc-ara/ase	hubiera embarcado
1. embarquemos	embarc-áramos/ásemos	hubiéramos embarcado
2. embarquéis	embarc-arais/aseis	hubierais embarcado
3. embarquen	embarc-aran/asen	hubieran embarcado

PERFECT haya embarcado etc

INFINITIVE	*PARTICIPLE*
PRESENT	**PRESENT**
embarcar	embarcando
PAST	**PAST**
haber embarcado	embarcado

PRESENT	IMPERFECT	FUTURE
1. empiezo	empezaba	empezaré
2. empiezas	empezabas	empezarás
3. empieza	empezaba	empezará
1. empezamos	empezábamos	empezaremos
2. empezáis	empezabais	empezaréis
3. empiezan	empezaban	empezarán

PRETERITE	PERFECT	PLUPERFECT
1. empecé	he empezado	había empezado
2. empezaste	has empezado	habías empezado
3. empezó	ha empezado	había empezado
1. empezamos	hemos empezado	habíamos empezado
2. empezasteis	habéis empezado	habíais empezado
3. empezaron	han empezado	habían empezado

PAST ANTERIOR	FUTURE PERFECT
hube empezado etc	habré empezado etc

CONDITIONAL		IMPERATIVE
PRESENT	PAST	
1. empezaría	habría empezado	
2. empezarías	habrías empezado	(tú) empieza
3. empezaría	habría empezado	(Vd) empiece
1. empezaríamos	habríamos empezado	(nosotros) empecemos
2. empezaríais	habríais empezado	(vosotros) empezad
3. empezarían	habrían empezado	(Vds) empiecen

SUBJUNCTIVE		
PRESENT	IMPERFECT	PLUPERFECT
1. empiece	empez-ara/ase	hubiera empezado
2. empieces	empez-aras/ases	hubieras empezado
3. empiece	empez-ara/ase	hubiera empezado
1. empecemos	empez-áramos/ásemos	hubiéramos empezado
2. empecéis	empez-arais/aseis	hubierais empezado
3. empiecen	empez-aran/asen	hubieran empezado

PERFECT   haya empezado etc

INFINITIVE	PARTICIPLE
PRESENT	PRESENT
empezar	empezando
PAST	PAST
haber empezado	empezado

PRESENT	**IMPERFECT**	**FUTURE**
1. empujo	empujaba	empujaré
2. empujas	empujabas	empujarás
3. empuja	empujaba	empujará
1. empujamos	empujábamos	empujaremos
2. empujáis	empujabais	empujaréis
3. empujan	empujaban	empujarán

PRETERITE	**PERFECT**	**PLUPERFECT**
1. empujé	he empujado	había empujado
2. empujaste	has empujado	habías empujado
3. empujó	ha empujado	había empujado
1. empujamos	hemos empujado	habíamos empujado
2. empujasteis	habéis empujado	habíais empujado
3. empujaron	han empujado	habían empujado

PAST ANTERIOR	**FUTURE PERFECT**
hube empujado etc	habré empujado etc

CONDITIONAL		*IMPERATIVE*
PRESENT	**PAST**	
1. empujaría	habría empujado	
2. empujarías	habrías empujado	(tú) empuja
3. empujaría	habría empujado	(Vd) empuje
1. empujaríamos	habríamos empujado	(nosotros) empujemos
2. empujaríais	habríais empujado	(vosotros) empujad
3. empujarían	habrían empujado	(Vds) empujen

SUBJUNCTIVE		
PRESENT	**IMPERFECT**	**PLUPERFECT**
1. empuje	empuj-ara/ase	hubiera empujado
2. empujes	empuj-aras/ases	hubieras empujado
3. empuje	empuj-ara/ase	hubiera empujado
1. empujemos	empuj-áramos/ásemos	hubiéramos empujado
2. empujéis	empuj-arais/aseis	hubierais empujado
3. empujen	empuj-aran/asen	hubieran empujado

PERFECT   haya empujado etc

INFINITIVE	*PARTICIPLE*
PRESENT	**PRESENT**
empujar	empujando
PAST	**PAST**
haber empujado	empujado

ENCENDER
to light, to turn on

PRESENT	IMPERFECT	FUTURE
1. enciendo	encendía	encenderé
2. enciendes	encendías	encenderás
3. enciende	encendía	encenderá
1. encendemos	encendíamos	encenderemos
2. encendéis	encendíais	encenderéis
3. encienden	encendían	encenderán

PRETERITE	PERFECT	PLUPERFECT
1. encendí	he encendido	había encendido
2. encendiste	has encendido	habías encendido
3. encendió	ha encendido	había encendido
1. encendimos	hemos encendido	habíamos encendido
2. encendisteis	habéis encendido	habíais encendido
3. encendieron	han encendido	habían encendido

PAST ANTERIOR	FUTURE PERFECT
hube encendido etc	habré encendido etc

CONDITIONAL		IMPERATIVE
PRESENT	PAST	
1. encendería	habría encendido	
2. encenderías	habrías encendido	(tú) enciende
3. encendería	habría encendido	(Vd) encienda
1. encenderíamos	habríamos encendido	(nosotros) encendamos
2. encenderíais	habríais encendido	(vosotros) encended
3. encenderían	habrían encendido	(Vds) enciendan

SUBJUNCTIVE		
PRESENT	IMPERFECT	PLUPERFECT
1. encienda	encend-iera/iese	hubiera encendido
2. enciendas	encend-ieras/ieses	hubieras encendido
3. encienda	encend-iera/iese	hubiera encendido
1. encendamos	encend-iéramos/iésemos	hubiéramos encendido
2. encendáis	encend-ierais/ieseis	hubierais encendido
3. enciendan	encend-ieran/iesen	hubieran encendido

PERFECT	haya encendido etc

INFINITIVE	PARTICIPLE
PRESENT	PRESENT
encender	encendiendo
PAST	PAST
haber encendido	encendido

PRESENT	IMPERFECT	FUTURE
1. encuentro	encontraba	encontraré
2. encuentras	encontrabas	encontrarás
3. encuentra	encontraba	encontrará
1. encontramos	encontrábamos	encontraremos
2. encontráis	encontrabais	encontraréis
3. encuentran	encontraban	encontrarán

PRETERITE	PERFECT	PLUPERFECT
1. encontré	he encontrado	había encontrado
2. encontraste	has encontrado	habías encontrado
3. encontró	ha encontrado	había encontrado
1. encontramos	hemos encontrado	habíamos encontrado
2. encontrasteis	habéis encontrado	habíais encontrado
3. encontraron	han encontrado	habían encontrado

PAST ANTERIOR	FUTURE PERFECT
hube encontrado etc	habré encontrado etc

CONDITIONAL		IMPERATIVE
PRESENT	**PAST**	
1. encontraría	habría encontrado	
2. encontrarías	habrías encontrado	(tú) encuentra
3. encontraría	habría encontrado	(Vd) encuentre
1. encontraríamos	habríamos encontrado	(nosotros) encontremos
2. encontraríais	habríais encontrado	(vosotros) encontrad
3. encontrarían	habrían encontrado	(Vds) encuentren

SUBJUNCTIVE		
PRESENT	**IMPERFECT**	**PLUPERFECT**
1. encuentre	encontr-ara/ase	hubiera encontrado
2. encuentres	encontr-aras/ases	hubieras encontrado
3. encuentre	encontr-ara/ase	hubiera encontrado
1. encontremos	encontr-áramos/ásemos	hubiéramos encontrado
2. encontréis	encontr-arais/aseis	hubierais encontrado
3. encuentren	encontr-aran/asen	hubieran encontrado

PERFECT haya encontrado etc

INFINITIVE	PARTICIPLE
PRESENT	**PRESENT**
encontrar	encontrando
PAST	**PAST**
haber encontrado	encontrado

ENFRIAR
to cool (down)

PRESENT	IMPERFECT	FUTURE
1. enfrío	enfriaba	enfriaré
2. enfrías	enfriabas	enfriarás
3. enfría	enfriaba	enfriará
1. enfriamos	enfriábamos	enfriaremos
2. enfriáis	enfriabais	enfriaréis
3. enfrían	enfriaban	enfriarán

PRETERITE	PERFECT	PLUPERFECT
1. enfrié	he enfriado	había enfriado
2. enfriaste	has enfriado	habías enfriado
3. enfrió	ha enfriado	había enfriado
1. enfriamos	hemos enfriado	habíamos enfriado
2. enfriasteis	habéis enfriado	habíais enfriado
3. enfriaron	han enfriado	habían enfriado

PAST ANTERIOR	FUTURE PERFECT
hube enfriado etc	habré enfriado etc

CONDITIONAL		*IMPERATIVE*
PRESENT	**PAST**	
1. enfriaría	habría enfriado	
2. enfriarías	habrías enfriado	(tú) enfría
3. enfriaría	habría enfriado	(Vd) enfríe
1. enfriaríamos	habríamos enfriado	(nosotros) enfriemos
2. enfriaríais	habíais enfriado	(vosotros) enfriad
3. enfriarían	habrían enfriado	(Vds) enfríen

SUBJUNCTIVE		
PRESENT	**IMPERFECT**	**PLUPERFECT**
1. enfríe	enfri-ara/ase	hubiera enfriado
2. enfríes	enfri-aras/ases	hubieras enfriado
3. enfríe	enfri-ara/ase	hubiera enfriado
1. enfriemos	enfri-áramos/ásemos	hubiéramos enfriado
2. enfriéis	enfri-arais/aseis	hubierais enfriado
3. enfríen	enfri-aran/asen	hubieran enfriado

PERFECT   haya enfriado etc

INFINITIVE	*PARTICIPLE*
PRESENT	**PRESENT**
enfriar	enfriando
PAST	**PAST**
haber enfriado	enfriado

PRESENT	IMPERFECT	FUTURE
1. me enfurezco	me enfurecía	me enfureceré
2. te enfureces	te enfurecías	te enfurecerás
3. se enfurece	se enfurecía	se enfurecerá
1. nos enfurecemos	nos enfurecíamos	nos enfureceremos
2. os enfurecéis	os enfurecíais	os enfureceréis
3. se enfurecen	se enfurecían	se enfurecerán

PRETERITE	PERFECT	PLUPERFECT
1. me enfurecí	me he enfurecido	me había enfurecido
2. te enfureciste	te has enfurecido	te habías enfurecido
3. se enfureció	se ha enfurecido	se había enfurecido
1. nos enfurecimos	nos hemos enfurecido	nos habíamos enfurecido
2. os enfurecisteis	os habéis enfurecido	os habíais enfurecido
3. se enfurecieron	se han enfurecido	se habían enfurecido

PAST ANTERIOR	FUTURE PERFECT
me hube enfurecido etc	me habré enfurecido etc

CONDITIONAL		*IMPERATIVE*
PRESENT	**PAST**	
1. me enfurecería	me habría enfurecido	
2. te enfurecerías	te habrías enfurecido	(tú) enfurécete
3. se enfurecería	se habría enfurecido	(Vd) enfurézcase
1. nos enfureceríamos	nos habríamos enfurecido	(nosotros) enfurezcámonos
2. os enfureceríais	os habríais enfurecido	(vosotros) enfureceos
3. se enfurecerían	se habrían enfurecido	(Vds) enfurézcanse

SUBJUNCTIVE		
PRESENT	**IMPERFECT**	**PLUPERFECT**
1. me enfurezca	me enfurec-iera/iese	me hubiera enfurecido
2. te enfurezcas	te enfurec-ieras/ieses	te hubieras enfurecido
3. se enfurezca	se enfurec-iera/iese	se hubiera enfurecido
1. nos enfurezcamos	nos enfurec-iéramos/iésemos	nos hubiéramos enfurecido
2. os enfurezcáis	os enfurec-ierais/ieseis	os hubierais enfurecido
3. se enfurezcan	se enfurec-ieran/iesen	se hubieran enfurecido

PERFECT   me haya enfurecido etc

INFINITIVE	*PARTICIPLE*
PRESENT	**PRESENT**
enfurecerse	enfureciéndose
PAST	**PAST**
haberse enfurecido	enfurecido

ENMUDECER
to go silent

PRESENT	IMPERFECT	FUTURE
1. enmudezco	enmudecía	enmudeceré
2. enmudeces	enmudecías	enmudecerás
3. enmudece	enmudecía	enmudecerá
1. enmudecemos	enmudecíamos	enmudeceremos
2. enmudecéis	enmudecíais	enmudeceréis
3. enmudecen	enmudecían	enmudecerán

PRETERITE	PERFECT	PLUPERFECT
1. enmudecí	he enmudecido	había enmudecido
2. enmudeciste	has enmudecido	habías enmudecido
3. enmudeció	ha enmudecido	había enmudecido
1. enmudecimos	hemos enmudecido	habíamos enmudecido
2. enmudecisteis	habéis enmudecido	habíais enmudecido
3. enmudecieron	han enmudecido	habían enmudecido

PAST ANTERIOR	FUTURE PERFECT
hube enmudecido etc	habré enmudecido etc

CONDITIONAL		*IMPERATIVE*
PRESENT	**PAST**	
1. enmudecería	habría enmudecido	
2. enmudecerías	habrías enmudecido	(tú) enmudece
3. enmudecería	habría enmudecido	(Vd) enmudezca
1. enmudeceríamos	habríamos enmudecido	(nosotros) enmudezcamos
2. enmudeceríais	habríais enmudecido	(vosotros) enmudeced
3. enmudecerían	habrían enmudecido	(Vds) enmudezcan

SUBJUNCTIVE

PRESENT	IMPERFECT	PLUPERFECT
1. enmudezca	enmudec-iera/iese	hubiera enmudecido
2. enmudezcas	enmudec-ieras/ieses	hubieras enmudecido
3. enmudezca	enmudec-iera/iese	hubiera enmudecido
1. enmudezcamos	enmudec-iéramos/iésemos	hubiéramos enmudecido
2. enmudezcáis	enmudec-ierais/ieseis	hubierais enmudecido
3. enmudezcan	enmudec-icran/iesen	hubieran enmudecido

PERFECT haya enmudecido etc

INFINITIVE	*PARTICIPLE*
PRESENT	**PRESENT**
enmudecer	enmudeciendo
PAST	**PAST**
haber enmudecido	enmudecido

PRESENT	IMPERFECT	FUTURE
1. enraízo	enraizaba	enraizaré
2. enraízas	enraizabas	enraizarás
3. enraíza	enraizaba	enraizará
1. enraizamos	enraizábamos	enraizaremos
2. enraizáis	enraizabais	enraizaréis
3. enraízan	enraizaban	enraizarán

PRETERITE	PERFECT	PLUPERFECT
1. enraicé	he enraizado	había enraizado
2. enraizaste	has enraizado	habías enraizado
3. enraizó	ha enraizado	había enraizado
1. enraizamos	hemos enraizado	habíamos enraizado
2. enraizasteis	habéis enraizado	habíais enraizado
3. enraizaron	han enraizado	habían enraizado

PAST ANTERIOR	FUTURE PERFECT
hube enraizado etc	habré enraizado etc

CONDITIONAL		*IMPERATIVE*
PRESENT	**PAST**	
1. enraizaría	habría enraizado	
2. enraizarías	habrías enraizado	(tú) enraiza
3. enraizaría	habría enraizado	(Vd) enraíce
1. enraizaríamos	habríamos enraizado	(nosotros) enraicemos
2. enraizaríais	habríais enraizado	(vosotros) enraizad
3. enraizarían	habrían enraizado	(Vds) enraícen

SUBJUNCTIVE		
PRESENT	**IMPERFECT**	**PLUPERFECT**
1. enraíce	enraiz-ara/ase	hubiera enraizado
2. enraíces	enraiz-aras/ases	hubieras enraizado
3. enraíce	enraiz-ara/ase	hubiera enraizado
1. enraicemos	enraiz-áramos/ásemos	hubiéramos enraizado
2. enraicéis	enraiz-arais/aseis	hubierais enraizado
3. enraícen	enraiz-aran/asen	hubieran enraizado

PERFECT haya enraizado etc

INFINITIVE	*PARTICIPLE*
PRESENT	**PRESENT**
enraizar	enraizando
PAST	**PAST**
haber enraizado	enraizado

ENTENDER
to understand

PRESENT	IMPERFECT	FUTURE
1. entiendo	entendía	entenderé
2. entiendes	entendías	entenderás
3. entiende	entendía	entenderá
1. entendemos	entendíamos	entenderemos
2. entendéis	entendíais	entenderéis
3. entienden	entendían	entenderán

PRETERITE	PERPECT	PLUPERFECT
1. entendí	he entendido	había entendido
2. entendiste	has entendido	habías entendido
3. entendió	ha entendido	había entendido
1. entendimos	hemos entendido	habíamos entendido
2. entendisteis	habéis entendido	habíais entendido
3. entendieron	han entendido	habían entendido

PAST ANTERIOR	FUTURE PERFECT
hube entendido etc	habré entendido etc

CONDITIONAL		*IMPERATIVE*
PRESENT	**PAST**	
1. entendería	habría entendido	
2. entenderías	habrías entendido	(tú) entiende
3. entendería	habría entendido	(Vd) entienda
1. entenderíamos	habríamos entendido	(nosotros) entendamos
2. entenderíais	habríais entendido	(vosotros) entended
3. entenderían	habrían entendido	(Vds) entiendan

SUBJUNCTIVE		
PRESENT	**IMPERFECT**	**PLUPERFECT**
1. entienda	entend-iera/iese	hubiera entendido
2. entiendas	entend-ieras/ieses	hubieras entendido
3. entienda	entend-iera/iese	hubiera entendido
1. entendamos	entend-iéramos/iésemos	hubiéramos entendido
2. entendáis	entend-ierais/ieseis	hubierais entendido
3. entiendan	entend-ieran/iesen	hubieran entendido

PERFECT   haya entendido etc

INFINITIVE	*PARTICIPLE*
PRESENT	**PRESENT**
entender	entendiendo
PAST	**PAST**
haber entendido	entendido

PRESENT	**IMPERFECT**	**FUTURE**
1. entro	entraba	entraré
2. entras	entrabas	entrarás
3. entra	entraba	entrará
1. entramos	entrábamos	entraremos
2. entráis	entrabais	entraréis
3. entran	entraban	entrarán

PRETERITE	**PERFECT**	**PLUPERFECT**
1. entré	he entrado	había entrado
2. entraste	has entrado	habías entrado
3. entró	ha entrado	había entrado
1. entramos	hemos entrado	habíamos entrado
2. entrasteis	habéis entrado	habíais entrado
3. entraron	han entrado	habían entrado

PAST ANTERIOR	**FUTURE PERFECT**
hube entrado etc	habré entrado etc

CONDITIONAL		*IMPERATIVE*
PRESENT	**PAST**	
1. entraría	habría entrado	
2. entrarías	habrías entrado	(tú) entra
3. entraría	habría entrado	(Vd) entre
1. entraríamos	habríamos entrado	(nosotros) entremos
2. entraríais	habríais entrado	(vosotros) entrad
3. entrarían	habrían entrado	(Vds) entren

SUBJUNCTIVE		
PRESENT	**IMPERFECT**	**PLUPERFECT**
1. entre	entr-ara/ase	hubiera entrado
2. entres	entr-aras/ases	hubieras entrado
3. entre	entr-ara/ase	hubiera entrado
1. entremos	entr-áramos/ásemos	hubiéramos entrado
2. entréis	entr-arais/aseis	hubierais entrado
3. entren	entr-aran/asen	hubieran entrado

PERFECT haya entrado etc

INFINITIVE	*PARTICIPLE*
PRESENT	**PRESENT**
entrar	entrando
PAST	**PAST**
haber entrado	entrado

95

ENVIAR
to send

PRESENT	IMPERFECT	FUTURE
1. envío	enviaba	enviaré
2. envías	enviabas	enviarás
3. envía	enviaba	enviará
1. enviamos	enviábamos	enviaremos
2. enviáis	enviabais	enviaréis
3. envían	enviaban	enviarán

PRETERITE	PERFECT	PLUPERFECT
1. envié	he enviado	había enviado
2. enviaste	has enviado	habías enviado
3. envió	ha enviado	había enviado
1. enviamos	hemos enviado	habíamos enviado
2. enviasteis	habéis enviado	habíais enviado
3. enviaron	han enviado	habían enviado

PAST ANTERIOR	FUTURE PERFECT
hube enviado etc	habré enviado etc

CONDITIONAL		*IMPERATIVE*
PRESENT	**PAST**	
1. enviaría	habría enviado	
2. enviarías	habrías enviado	(tú) envía
3. enviaría	habría enviado	(Vd) envíe
1. enviaríamos	habríamos enviado	(nosotros) enviemos
2. enviaríais	habríais enviado	(vosotros) enviad
3. enviarían	habrían enviado	(Vds) envíen

SUBJUNCTIVE

PRESENT	IMPERFECT	PLUPERFECT
1. envíe	envi-ara/ase	hubiera enviado
2. envíes	envi-aras/ases	hubieras enviado
3. envíe	envi-ara/ase	hubiera enviado
1. enviemos	envi-áramos/ásemos	hubiéramos enviado
2. enviéis	envi-arais/aseis	hubierais enviado
3. envíen	envi-aran/asen	hubieran enviado

PERFECT   haya enviado etc

INFINITIVE	*PARTICIPLE*
PRESENT	**PRESENT**
enviar	enviando
PAST	**PAST**
haber enviado	enviado

PRESENT	**IMPERFECT**	**FUTURE**
1. me equivoco	me equivocaba	me equivocaré
2. te equivocas	te equivocabas	te equivocarás
3. se equivoca	se equivocaba	se equivocará
1. nos equivocamos	nos equivocábamos	nos equivocaremos
2. os equivocáis	os equivocabais	os equivocaréis
3. se equivocan	se equivocaban	se equivocarán

PRETERITE	**PERFECT**	**PLUPERFECT**
1. me equivoqué	me he equivocado	me había equivocado
2. te equivocaste	te has equivocado	te habías equivocado
3. se equivocó	se ha equivocado	se había equivocado
1. nos equivocamos	nos hemos equivocado	nos habíamos equivocado
2. os equivocasteis	os habéis equivocado	os habíais equivocado
3. se equivocaron	se han equivocado	se habían equivocado

PAST ANTERIOR	**FUTURE PERFECT**
me hube equivocado etc	me habré equivocado etc

CONDITIONAL		*IMPERATIVE*
PRESENT	**PAST**	
1. me equivocaría	me habría equivocado	
2. te equivocarías	te habrías equivocado	(tú) equivócate
3. se equivocaría	se habría equivocado	(Vd) equivóquese
1. nos equivocaríamos	nos habríamos equivocado	(nosotros) equivoquémonos
2. os equivocaríais	os habríais equivocado	(vosotros) equivocaos
3. se equivocarían	se habrían equivocado	(Vds) equivóquense

SUBJUNCTIVE		
PRESENT	**IMPERFECT**	**PLUPERFECT**
1. me equivoque	me equivoc-ara/ase	me hubiera equivocado
2. te equivoques	te equivoc-aras/ases	te hubieras equivocado
3. se equivoque	se equivoc-ara/ase	se hubiera equivocado
1. nos equivoquemos	nos equivoc-áramos/ásemos	nos hubiéramos equivocado
2. os equivoquéis	os equivoc-arais/aseis	os hubierais equivocado
3. se equivoquen	se equivoc-aran/asen	se hubieran equivocado

PERFECT me haya equivocado etc

INFINITIVE	*PARTICIPLE*
PRESENT	**PRESENT**
equivocarse	equivocándose
PAST	**PAST**
haberse equivocado	equivocado

97 ERGUIR
to erect

PRESENT	IMPERFECT	FUTURE
1. yergo/irgo	erguía	erguiré
2. yergues/irgues	erguías	erguirás
3. yergue/irgue	erguía	erguirá
1. erguimos	erguíamos	erguiremos
2. erguís	erguíais	erguiréis
3. yerguen/irguen	erguían	erguirán

PAST HISTORIC	PERFECT	PLUPERFECT
1. erguí	he erguido	había erguido
2. erguiste	has erguido	habías erguido
3. irguió	ha erguido	había erguido
1. erguimos	hemos erguido	habíamos erguido
2. erguisteis	habéis erguido	habíais erguido
3. irguieron	han erguido	habían erguido

PAST ANTERIOR	FUTURE PERFECT
hube erguido etc	habré erguido etc

CONDITIONAL
PRESENT	PAST	IMPERATIVE
1. erguiría	habría erguido	
2. erguirías	habrías erguido	(tú) yergue/irgue
3. erguiría	habría erguido	(Vd) yerga/irga
1. erguiríamos	habríamos erguido	(nosotros) irgamos/ yergamos
2. erguiríais	habríais erguido	(vosotros) erguid
3. erguirían	habrían erguido	(Vds) yergan/irgan

SUBJUNCTIVE
PRESENT	IMPERFECT	PLUPERFECT
1. yerga/irga	irgu-iera/iese	hubiera erguido
2. yergas/irgas	irgu-ieras/ieses	hubieras erguido
3. yerga/irga	irgu-iera/iese	hubiera erguido
1. irgamos/yergamos	irgu-iéramos/iésemos	hubiéramos erguido
2. irgáis/yergáis	irgu-ierais/ieseis	hubierais erguido
3. yergan/irgan	irgu-ieran/iesen	hubieran erguido

PERFECT   haya erguido etc

INFINITIVE	PARTICIPLE	NOTE
PRESENT	PRESENT	The second form is not used very much.
erguir	irguiendo	
PAST	PAST	
haber erguido	erguido	

352

PRESENT	IMPERFECT	FUTURE
1. yerro	erraba	erraré
2. yerras	errabas	errarás
3. yerra	erraba	errará
1. erramos	errábamos	erraremos
2. erráis	errabais	erraréis
3. yerran	erraban	errarán

PAST HISTORIC	PERFECT	PLUPERFECT
1. erré	he errado	había errado
2. erraste	has errado	habías errado
3. erró	ha errado	había errado
1. erramos	hemos errado	habíamos errado
2. errasteis	habéis errado	habíais errado
3. erraron	han errado	habían errado

PAST ANTERIOR	FUTURE PERFECT
hube errado etc	habré errado etc

CONDITIONAL		*IMPERATIVE*
PRESENT	**PAST**	
1. erraría	habría errado	
2. errarías	habrías errado	(tú) yerra
3. erraría	habría errado	(Vd) yerre
1. erraríamos	habríamos errado	(nosotros) erremos
2. erraríais	habríais errado	(vosotros) errad
3. errarían	habrían errado	(Vds) yerren

SUBJUNCTIVE		
PRESENT	**IMPERFECT**	**PLUPERFECT**
1. yerre	err-ara/ase	hubiera errado
2. yerres	err-aras/ases	hubieras errado
3. yerre	err-ara/ase	hubiera errado
1. erremos	err-áramos/ásemos	hubiéramos errado
2. erréis	err-arais/aseis	hubierais errado
3. yerren	err-aran/asen	hubieran errado

PERFECT   haya errado etc

INFINITIVE	*PARTICIPLE*
PRESENT	**PRESENT**
errar	errando
PAST	**PAST**
haber errado	errado

99 ESCRIBIR
to write

PRESENT	IMPERFECT	FUTURE
1. escribo	escribía	escribiré
2. escribes	escribías	escribirás
3. escribe	escribía	escribirá
1. escribimos	escribíamos	escribiremos
2. escribís	escribíais	escribiréis
3. escriben	escribían	escribirán

PRETERITE	PERFECT	PLUPERFECT
1. escribí	he escrito	había escrito
2. escribiste	has escrito	habías escrito
3. escribió	ha escrito	había escrito
1. escribimos	hemos escrito	habíamos escrito
2. escribisteis	habéis escrito	habíais escrito
3. escribieron	han escrito	habían escrito

PAST ANTERIOR

hube escrito etc

FUTURE PERFECT

habré escrito etc

CONDITIONAL	*IMPERATIVE*	
PRESENT	**PAST**	
1. escribiría	habría escrito	
2. escribirías	habrías escrito	(tú) escribe
3. escribiría	habría escrito	(Vd) escriba
1. escribiríamos	habríamos escrito	(nosotros) escribamos
2. escribiríais	habríais escrito	(vosotros) escribid
3. escribirían	habrían escrito	(Vds) escriban

SUBJUNCTIVE		
PRESENT	**IMPERFECT**	**PLUPERFECT**
1. escriba	escrib-iera/iese	hubiera escrito
2. escribas	escrib-ieras/ieses	hubieras escrito
3. escriba	escrib-iera/iese	hubiera escrito
1. escribamos	escrib-iéramos/iésemos	hubiéramos escrito
2. escribáis	escrib-ierais/ieseis	hubierais escrito
3. escriban	escrib-ieran/iesen	hubieran escrito

PERFECT haya escrito etc

INFINITIVE	*PARTICIPLE*
PRESENT	**PRESENT**
escribir	escribiendo
PAST	**PAST**
haber escrito	escrito

ESFORZARSE 100
to make an effort

PRESENT	IMPERFECT	FUTURE
1. me esfuerzo	me esforzaba	me esforzaré
2. te esfuerzas	te esforzabas	te esforzarás
3. se esfuerza	se esforzaba	se esforzará
1. nos esforzamos	nos esforzábamos	nos esforzaremos
2. os esforzáis	os esforzabais	os esforzaréis
3. se esfuerzan	se esforzaban	se esforzarán

PRETERITE	PERFECT	PLUPERFECT
1. me esforcé	me he esforzado	me había esforzado
2. te esforzaste	te has esforzado	te habías esforzado
3. se esforzó	se ha esforzado	se había esforzado
1. nos esforzamos	nos hemos esforzado	nos habíamos esforzado
2. os esforzasteis	os habéis esforzado	os habíais esforzado
3. se esforzaron	se han esforzado	se habían esforzado

PAST ANTERIOR	FUTURE PERFECT
me hube esforzado etc	me habré esforzado etc

CONDITIONAL

PRESENT	PAST	IMPERATIVE
1. me esforzaría	me habría esforzado	
2. te esforzarías	te habrías esforzado	(tú) esfuérzate
3. se esforzaría	se habría esforzado	(Vd) esfuércese
1. nos esforzaríamos	nos habríamos esforzado	(nosotros) esforcémonos
2. os esforzaríais	os habríais esforzado	(vosotros) esforzaos
3. se esforzarían	se habrían esforzado	(Vds) esfuércense

SUBJUNCTIVE

PRESENT	IMPERFECT	PLUPERFECT
1. me esfuerce	me esforz-ara/ase	me hubiera esforzado
2. te esfuerces	te esforz-aras/ases	te hubieras esforzado
3. se esfuerce	se esforz-ara/ase	se hubiera esforzado
1. nos esforcemos	nos esforz-áramos/ásemos	nos hubiéramos esforzado
2. os esforcéis	os esforz-arais/aseis	os hubierais esforzado
3. se esfuercen	se esforz-aran/asen	se hubieran esforzado

PERFECT   me haya esforzado etc

INFINITIVE	PARTICIPLE
PRESENT	PRESENT
esforzarse	esforzándose
PAST	PAST
haberse esforzado	esforzado

ESPERAR
to wait, to hope

PRESENT	IMPERFECT	FUTURE
1. espero	esperaba	esperaré
2. esperas	esperabas	esperarás
3. espera	esperaba	esperará
1. esperamos	esperábamos	esperaremos
2. esperáis	esperabais	esperaréis
3. esperan	esperaban	esperarán

PRETERITE	PERFECT	PLUPERFECT
1. esperé	he esperado	había esperado
2. esperaste	has esperado	habías esperado
3. esperó	ha esperado	había esperado
1. esperamos	hemos esperado	habíamos esperado
2. esperasteis	habéis esperado	habíais esperado
3. esperaron	han esperado	habían esperado

PAST ANTERIOR	FUTURE PERFECT
hube esperado etc	habré esperado etc

CONDITIONAL		*IMPERATIVE*
PRESENT	PAST	
1. esperaría	habría esperado	
2. esperarías	habrías esperado	(tú) espera
3. esperaría	habría esperado	(Vd) espere
1. esperaríamos	habríamos esperado	(nosotros) esperemos
2. esperaríais	habríais esperado	(vosotros) esperad
3. esperarían	habrían esperado	(Vds) esperen

SUBJUNCTIVE

PRESENT	IMPERFECT	PLUPERFECT
1. espere	esper-ara/ase	hubiera esperado
2. esperes	esper-aras/ases	hubieras esperado
3. espere	esper-ara/ase	hubiera esperado
1. esperemos	esper-áramos/ásemos	hubiéramos esperado
2. esperéis	esper-arais/aseis	hubierais esperado
3. esperen	esper-aran/asen	hubieran esperado

PERFECT   haya esperado etc

INFINITIVE	*PARTICIPLE*
PRESENT	PRESENT
esperar	esperando
PAST	PAST
haber esperado	esperado

PRESENT	IMPERFECT	FUTURE
1. estoy	estaba	estaré
2. estás	estabas	estarás
3. está	estaba	estará
1. estamos	estábamos	estaremos
2. estáis	estabais	estaréis
3. están	estaban	estarán

PRETERITE	PERFECT	PLUPERFECT
1. estuve	he estado	había estado
2. estuviste	has estado	habías estado
3. estuvo	ha estado	había estado
1. estuvimos	hemos estado	habíamos estado
2. estuvisteis	habéis estado	habíais estado
3. estuvieron	han estado	habían estado

PAST ANTERIOR	FUTURE PERFECT
hube estado etc	habré estado etc

CONDITIONAL

PRESENT	PAST	*IMPERATIVE*
1. estaría	habría estado	
2. estarías	habrías estado	(tú) está
3. estaría	habría estado	(Vd) esté
1. estaríamos	habríamos estado	(nosotros) estemos
2. estaríais	habríais estado	(vosotros) estad
3. estarían	habrían estado	(Vds) estén

SUBJUNCTIVE

PRESENT	IMPERFECT	PLUPERFECT
1. esté	estuv-iera/iese	hubiera estado
2. estés	estuv-ieras/ieses	hubieras estado
3. esté	estuv-iera/iese	hubiera estado
1. estemos	estuv-iéramos/iésemos	hubiéramos estado
2. estéis	estuv-ierais/ieseis	hubierais estado
3. estén	estuv-ieran/iesen	hubieran estado

PERFECT   haya estado etc

INFINITIVE	*PARTICIPLE*
PRESENT	**PRESENT**
estar	estando
PAST	**PAST**
haber estado	estado

103 EVACUAR
to evacuate

PRESENT	IMPERFECT	FUTURE
1. evacuo	evacuaba	evacuaré
2. evacuas	evacuabas	evacuarás
3. evacua	evacuaba	evacuará
1. evacuamos	evacuábamos	evacuaremos
2. evacuáis	evacuabais	evacuaréis
3. evacuan	evacuaban	evacuarán

PRETERITE	PERFECT	PLUPERFECT
1. evacué	he evacuado	había evacuado
2. evacuaste	has evacuado	habías evacuado
3. evacuó	ha evacuado	había evacuado
1. evacuamos	hemos evacuado	habíamos evacuado
2. evacuasteis	habéis evacuado	habíais evacuado
3. evacuaron	han evacuado	habían evacuado

PAST ANTERIOR

hube evacuado etc

FUTURE PERFECT

habré evacuado etc

CONDITIONAL		IMPERATIVE
PRESENT	PAST	
1. evacuaría	habría evacuado	
2. evacuarías	habrías evacuado	(tú) evacua
3. evacuaría	habría evacuado	(Vd) evacue
1. evacuaríamos	habríamos evacuado	(nosotros) evacuemos
2. evacuaríais	habríais evacuado	(vosotros) evacuad
3. evacuarían	habrían evacuado	(Vds) evacuen

SUBJUNCTIVE
PRESENT	IMPERFECT	PLUPERFECT
1. evacue	evacu-ara/ase	hubiera evacuado
2. evacues	evacu-aras/ases	hubieras evacuado
3. evacue	evacu-ara/ase	hubiera evacuado
1. evacuemos	evacu-áramos/ásemos	hubiéramos evacuado
2. evacuéis	evacu-arais/aseis	hubierais evacuado
3. evacuen	evacu-aran/asen	hubieran evacuado

PERFECT haya evacuado etc

INFINITIVE	PARTICIPLE
PRESENT	PRESENT
evacuar	evacuando
PAST	PAST
haber evacuado	evacuado

PRESENT	**IMPERFECT**	**FUTURE**
1. exijo	exigía	exigiré
2. exiges	exigías	exigirás
3. exige	exigía	exigirá
1. exigimos	exigíamos	exigiremos
2. exigís	exigíais	exigiréis
3. exigen	exigían	exigirán

PRETERITE	**PERFECT**	**PLUPERFECT**
1. exigí	he exigido	había exigido
2. exigiste	has exigido	habías exigido
3. exigió	ha exigido	había exigido
1. exigimos	hemos exigido	habíamos exigido
2. exigisteis	habéis exigido	habíais exigido
3. exigieron	han exigido	habían exigido

PAST ANTERIOR	**FUTURE PERFECT**
hube exigido etc	habré exigido etc

CONDITIONAL		*IMPERATIVE*
PRESENT	**PAST**	
1. exigiría	habría exigido	
2. exigirías	habrías exigido	(tú) exige
3. exigiría	habría exigido	(Vd) exija
1. exigiríamos	habríamos exigido	(nosotros) exijamos
2. exigiríais	habríais exigido	(vosotros) exigid
3. exigirían	habrían exigido	(Vds) exijan

SUBJUNCTIVE		
PRESENT	**IMPERFECT**	**PLUPERFECT**
1. exija	exig-iera/iese	hubiera exigido
2. exijas	exig-ieras/ieses	hubieras exigido
3. exija	exig-iera/iese	hubiera exigido
1. exijamos	exig-iéramos/iésemos	hubiéramos exigido
2. exijáis	exig-ierais/ieseis	hubierais exigido
3. exijan	exig-ieran/iesen	hubieran exigido

PERFECT haya exigido etc

INFINITIVE	*PARTICIPLE*
PRESENT	**PRESENT**
exigir	exigiendo
PAST	**PAST**
haber exigido	exigido

105 EXPLICAR
to explain

PRESENT	IMPERFECT	FUTURE
1. explico	explicaba	explicaré
2. explicas	explicabas	explicarás
3. explica	explicaba	explicará
1. explicamos	explicábamos	explicaremos
2. explicáis	explicabais	explicaréis
3. explican	explicaban	explicarán

PRETERITE	PERFECT	PLUPERFECT
1. expliqué	he explicado	había explicado
2. explicaste	has explicado	habías explicado
3. explicó	ha explicado	había explicado
1. explicamos	hemos explicado	habíamos explicado
2. explicasteis	habéis explicado	habíais explicado
3. explicaron	han explicado	habían explicado

PAST ANTERIOR	FUTURE PERFECT
hube explicado etc	habré explicado etc

CONDITIONAL		*IMPERATIVE*
PRESENT	**PAST**	
1. explicaría	habría explicado	
2. explicarías	habrías explicado	(tú) explica
3. explicaría	habría explicado	(Vd) explique
1. explicaríamos	habríamos explicado	(nosotros) expliquemos
2. explicaríais	habríais explicado	(vosotros) explicad
3. explicarían	habrían explicado	(Vds) expliquen

SUBJUNCTIVE

PRESENT	IMPERFECT	PLUPERFECT
1. explique	explic-ara/ase	hubiera explicado
2. expliques	explic-aras/ases	hubieras explicado
3. explique	explic-ara/ase	hubiera explicado
1. expliquemos	explic-áramos/ásemos	hubiéramos explicado
2. expliquéis	explic-arais/aseis	hubierais explicado
3. expliquen	explic-aran/asen	hubieran explicado

PERFECT haya explicado etc

INFINITIVE	*PARTICIPLE*
PRESENT	**PRESENT**
explicar	explicando
PAST	**PAST**
haber explicado	explicado

FREGAR

to scrub, to wash

PRESENT	IMPERFECT	FUTURE
1. friego	fregaba	fregaré
2. friegas	fregabas	fregarás
3. friega	fregaba	fregará
1. fregamos	fregábamos	fregaremos
2. fregáis	fregabais	fregaréis
3. friegan	fregaban	fregarán

PRETERITE	PERFECT	PLUPERFECT
1. fregúe	he fregado	había fregado
2. fregaste	has fregado	habías fregado
3. friegó	ha fregado	habia fregado
1. fregamos	hemos fregado	habíamos fregado
2. fregasteis	habéis fregado	habíais fregado
3. fregaron	han fregado	habían fregado

PAST ANTERIOR	FUTURE PERFECT
hube fregado etc	habré fregado etc

CONDITIONAL		*IMPERATIVE*
PRESENT	**PAST**	
1. fregaría	habría fregado	
2. fregarías	habrías fregado	(tú) friega
3. fregaría	habría fregado	(Vd) friegue
1. fregaríamos	habríamos fregado	(nosotros) freguemos
2. fregaríais	habríais fregado	(vosotros) fregad
3. fregarían	habrían fregado	(Vds) frieguen

SUBJUNCTIVE

PRESENT	IMPERFECT	PLUPERFECT
1. friegue	freg-ara/ase	hubiera fregado
2. friegues	freg-aras/ases	hubieras fregado
3. friegue	freg-ara/ase	hubiera fregado
1. freguemos	freg-áramos/ásemos	hubiéramos fregado
2. freguéis	freg-arais/aseis	hubierais fregado
3. frieguen	freg-aran/asen	hubieran fregado

PERFECT   haya fregado etc

INFINITIVE	*PARTICIPLE*
PRESENT	**PRESENT**
fregar	fregando
PAST	**PAST**
haber fregado	fregado

FREIR
to fry

PRESENT	IMPERFECT	FUTURE
1. frío	freía	freiré
2. fríes	freías	freirás
3. fríe	freía	freirá
1. freímos	freíamos	freiremos
2. freís	freíais	freiréis
3. fríen	freían	freirán

PRETERITE	PERFECT	PLUPERFECT
1. freí	he frito	había frito
2. freíste	has frito	habías frito
3. frió	ha frito	había frito
1. freímos	hemos frito	habíamos frito
2. freísteis	habéis frito	habíais frito
3. frieron	han frito	habían frito

PAST ANTERIOR	FUTURE PERFECT
hube frito etc	habré frito etc

CONDITIONAL		*IMPERATIVE*
PRESENT	**PAST**	
1. freiría	habría frito	
2. freirías	habrías frito	(tú) fríe
3. freiría	habría frito	(Vd) fría
1. freiríamos	habríamos frito	(nosotros) friamos
2. freiríais	habríais frito	(vosotros) freíd
3. freirían	habrían frito	(Vds) frían

SUBJUNCTIVE		
PRESENT	**IMPERFECT**	**PLUPERFECT**
1. fría	fr-iera/iese	hubiera frito
2. frías	fr-ieras/ieses	hubieras frito
3. fría	fr-iera/iese	hubiera frito
1. friamos	fr-iéramos/iésemos	hubiéramos frito
2. friáis	fr-ierais/ieseis	hubierais frito
3. frían	fr-ieran/iesen	hubieran frito

PERFECT haya frito etc

INFINITIVE	*PARTICIPLE*
PRESENT	**PRESENT**
freír	friendo
PAST	**PAST**
haber frito	frito

to groan, to whine, to roar

PRESENT	IMPERFECT	FUTURE
1. gimo	gemía	gemiré
2. gimes	gemías	gemirás
3. gime	gemía	gemirá
1. gemimos	gemíamos	gemiremos
2. gemís	gemíais	gemiréis
3. gimen	gemían	gemirán

PRETERITE	PERFECT	PLUPERFECT
1. gemí	he gemido	había gemido
2. gemiste	has gemido	habías gemido
3. gimió	ha gemido	había gemido
1. gemimos	hemos gemido	habíamos gemido
2. gemisteis	habéis gemido	habíais gemido
3. gimieron	han gemido	habían gemido

PAST ANTERIOR	FUTURE PERFECT
hube gemido etc	habré gemido etc

CONDITIONAL		*IMPERATIVE*
PRESENT	**PAST**	
1. gemiría	habría gemido	
2. gemirías	habrías gemido	(tú) gime
3. gemiría	habría gemido	(Vd) gima
1. gemiríamos	habríamos gemido	(nosotros) gimamos
2. gemiríais	habríais gemido	(vosotros) gemid
3. gemirían	habrían gemido	(Vds) giman

SUBJUNCTIVE		
PRESENT	**IMPERFECT**	**PLUPERFECT**
1. gima	gim-iera/iese	hubiera gemido
2. gimas	gim-ieras/ieses	hubieras gemido
3. gima	gim-iera/iese	hubiera gemido
1. gimamos	gim-iéramos/iésemos	hubiéramos gemido
2. gimáis	gim-ierais/ieseis	hubierais gemido
3. giman	gim-ieran/iesen	hubieran gemido

PERFECT	haya gemido etc

INFINITIVE	*PARTICIPLE*
PRESENT	**PRESENT**
gemir	gimiendo
PAST	**PAST**
haber gemido	gemido

GRUÑIR
to grunt

PRESENT	IMPERFECT	FUTURE
1. gruño	gruñía	gruñiré
2. gruñes	gruñías	gruñirás
3. gruñe	gruñía	gruñirá
1. gruñimos	gruñíamos	gruñiremos
2. gruñís	gruñíais	gruñiréis
3. gruñen	gruñían	gruñirán

PAST HISTORIC	PERFECT	PLUPERFECT
1. gruñí	he gruñido	había gruñido
2. gruñiste	has gruñido	habías gruñido
3. gruñó	ha gruñido	había gruñido
1. gruñimos	hemos gruñido	habíamos gruñido
2. gruñisteis	habéis gruñido	habíais gruñido
3. gruñeron	han gruñido	habían gruñido

PAST ANTERIOR	FUTURE PERFECT
hube gruñido etc	habré gruñido etc

CONDITIONAL		*IMPERATIVE*
PRESENT	PAST	
1. gruñiría	habría gruñido	
2. gruñirías	habrías gruñido	(tú) gruñe
3. gruñiría	habría gruñido	(Vd) gruña
1. gruñiríamos	habríamos gruñido	(nosotros) gruñamos
2. gruñiríais	habríais gruñido	(vosotros) gruñid
3. gruñirían	habrían gruñido	(Vds) gruñan

SUBJUNCTIVE

PRESENT	IMPERFECT	PLUPERFECT
1. gruña	gruñ-era/ese	hubiera gruñido
2. gruñas	gruñ-eras/eses	hubieras gruñido
3. gruña	gruñ-era/ese	hubiera gruñido
1. gruñamos	gruñ-éramos/ésemos	hubiéramos gruñido
2. gruñáis	gruñ-erais/eseis	hubierais gruñido
3. gruñan	gruñ-eran/esen	hubieran gruñido

PERFECT   haya gruñido etc

INFINITIVE	*PARTICIPLE*
PRESENT	PRESENT
gruñir	gruñendo
PAST	PAST
haber gruñido	gruñido

PRESENT	**IMPERFECT**	**FUTURE**
1. gusto	gustaba	gustaré
2. gustas	gustabas	gustarás
3. gusta	gustaba	gustará
1. gustamos	gustábamos	gustaremos
2. gustáis	gustabais	gustaréis
3. gustan	gustaban	gustarán

PAST HISTORIC	**PERFECT**	**PLUPERFECT**
1. gusté	he gustado	había gustado
2. gustaste	has gustado	habías gustado
3. gustó	ha gustado	había gustado
1. gustamos	hemos gustado	habíamos gustado
2. gustasteis	habéis gustado	habíais gustado
3. gustaron	han gustado	habían gustado

PAST ANTERIOR	**FUTURE PERFECT**
hube gustado etc	habré gustado etc

CONDITIONAL		*IMPERATIVE*
PRESENT	**PAST**	
1. gustaría	habría gustado	
2. gustarías	habrías gustado	(tú) gusta
3. gustaría	habría gustado	(Vd) guste
1. gustaríamos	habríamos gustado	(nosotros) gustemos
2. gustaríais	habríais gustado	(vosotros) gustad
3. gustarían	habrían gustado	(Vds) gusten

SUBJUNCTIVE		
PRESENT	**IMPERFECT**	**PLUPERFECT**
1. guste	gust-ara/ase	hubiera gustado
2. gustes	gust-aras/ases	hubieras gustado
3. guste	gust-ara/ase	hubiera gustado
1. gustemos	gust-áramos/ásemos	hubiéramos gustado
2. gustéis	gust-arais/aseis	hubierais gustado
3. gusten	gust-aran/asen	hubieran gustado

PERFECT	haya gustado etc

INFINITIVE	*PARTICIPLE*	*NOTE*
PRESENT	**PRESENT**	Normally used only in
gustar	gustando	third person;
		I like = me gusta
PAST	**PAST**	
haber gustado	gustado	

111 HABER
to have (auxiliary)

PRESENT	IMPERFECT	FUTURE
1. he	había	habré
2. has	habías	habrás
3. ha/hay*	había	habrá
1. hemos	habíamos	habremos
2. habéis	habíais	habréis
3. han	habían	habrán

PRETERITE	PERFECT	PLUPERFECT
1. hube		
2. hubiste		
3. hubo	ha habido	había habido
1. hubimos		
2. hubisteis		
3. hubieron		

PAST ANTERIOR	FUTURE PERFECT
hubo habido etc	habrá habido etc

CONDITIONAL

PRESENT	PAST	IMPERATIVE
1. habría		
2. habrías		
3. habría	habría habido	
1. habríamos		
2. habríais		
3. habrían		

SUBJUNCTIVE

PRESENT	IMPERFECT	PLUPERFECT
1. haya	hub-iera/iese	
2. hayas	hub-ieras/ieses	
3. haya	hub-iera/iese	hubiera habido
1. hayamos	hub-iéramos/iésemos	
2. hayáis	hub-ierais/ieseis	
3. hayan	hub-ieran/iesen	

PERFECT   haya habido etc

INFINITIVE	PARTICIPLE	NOTE
PRESENT	PRESENT	This verb is an auxiliary used for compound tenses (eg he bebido – I have drunk) – see also TENER.
haber	habiendo	
		*'hay' means 'there is/are'.
PAST	PAST	
haber habido	habido	

PRESENT	IMPERFECT	FUTURE
1. hablo	hablaba	hablaré
2. hablas	hablabas	hablarás
3. habla	hablaba	hablará
1. hablamos	hablábamos	hablaremos
2. habláis	hablabais	hablaréis
3. hablan	hablaban	hablarán

PRETERITE	PERFECT	PLUPERFECT
1. hablé	he hablado	había hablado
2. hablaste	has hablado	habías hablado
3. habló	ha hablado	había hablado
1. hablamos	hemos hablado	habíamos hablado
2. hablasteis	habéis hablado	habíais hablado
3. hablaron	han hablado	habían hablado

PAST ANTERIOR	FUTURE PERFECT
hube hablado etc	habré hablado etc

CONDITIONAL		*IMPERATIVE*
PRESENT	**PAST**	
1. hablaría	habría hablado	
2. hablarías	habrías hablado	(tú) habla
3. hablaría	habría hablado	(Vd) hable
1. hablaríamos	habríamos hablado	(nosotros) hablemos
2. hablaríais	habríais hablado	(vosotros) hablad
3. hablarían	habrían hablado	(Vds) hablen

SUBJUNCTIVE		
PRESENT	**IMPERFECT**	**PLUPERFECT**
1. hable	habl-ara/ase	hubiera hablado
2. hables	habl-aras/ases	hubieras hablado
3. hable	habl-ara/ase	hubiera hablado
1. hablemos	habl-áramos/ásemos	hubiéramos hablado
2. habléis	habl-arais/aseis	hubierais hablado
3. hablen	habl-aran/asen	hubieran hablado

PERFECT   haya hablado etc

INFINITIVE	*PARTICIPLE*
PRESENT	**PRESENT**
hablar	hablando
PAST	**PAST**
haber hablado	hablado

HACER
to make, to do

PRESENT	IMPERFECT	FUTURE
1. hago	hacía	haré
2. haces	hacías	harás
3. hace	hacía	hará
1. hacemos	hacíamos	haremos
2. hacéis	hacíais	haréis
3. hacen	hacían	harán

PRETERITE	PERFECT	PLUPERFECT
1. hice	he hecho	había hecho
2. hiciste	has hecho	habías hecho
3. hizo	ha hecho	había hecho
1. hicimos	hemos hecho	habíamos hecho
2. hicisteis	habéis hecho	habíais hecho
3. hicieron	han hecho	habían hecho

PAST ANTERIOR	FUTURE PERFECT
hube hecho etc	habré hecho etc

CONDITIONAL		*IMPERATIVE*
PRESENT	**PAST**	
1. haría	habría hecho	
2. harías	habrías hecho	(tú) haz
3. haría	habría hecho	(Vd) haga
1. haríamos	habríamos hecho	(nosotros) hagamos
2. haríais	habríais hecho	(vosotros) haced
3. harían	habrían hecho	(Vds) hagan

SUBJUNCTIVE

PRESENT	IMPERFECT	PLUPERFECT
1. haga	hic-iera/iese	hubiera hecho
2. hagas	hic-ieras/ieses	hubieras hecho
3. haga	hic-iera/iese	hubiera hecho
1. hagamos	hic-iéramos/iésemos	hubiéramos hecho
2. hagáis	hic-ierais/ieseis	hubierais hecho
3. hagan	hic-ieran/iesen	hubieran hecho

PERFECT haya hecho etc

INFINITIVE	*PARTICIPLE*
PRESENT	**PRESENT**
hacer	haciendo
PAST	**PAST**
haber hecho	hecho

HALLARSE
to be, to find oneself
114

PRESENT	IMPERFECT	FUTURE
1. me hallo	me hallaba	me hallaré
2. te hallas	te hallabas	te hallarás
3. se halla	se hallaba	se hallará
1. nos hallamos	nos hallábamos	nos hallaremos
2. os halláis	os hallabais	os hallaréis
3. se hallan	se hallaban	se hallarán

PRETERITE	PERFECT	PLUPERFECT
1. me hallé	me he hallado	me había hallado
2. te hallaste	te has hallado	te habías hallado
3. se halló	se ha hallado	se había hallado
1. nos hallamos	nos hemos hallado	nos habíamos hallado
2. os hallasteis	os habéis hallado	os habíais hallado
3. se hallaron	se han hallado	se habían hallado

PAST ANTERIOR	FUTURE PERFECT
me hube hallado etc	me habré hallado etc

CONDITIONAL		*IMPERATIVE*
PRESENT	**PAST**	
1. me hallaría	me habría hallado	
2. te hallarías	te habrías hallado	(tú) hállate
3. se hallaría	se habría hallado	(Vd) hállese
1. nos hallaríamos	nos habríamos hallado	(nosotros) hallémonos
2. os hallaríais	os habríais hallado	(vosotros) hallaos
3. se hallarían	se habrían hallado	(Vds) hállense

SUBJUNCTIVE		
PRESENT	**IMPERFECT**	**PLUPERFECT**
1. me halle	me hall-ara/ase	me hubiera hallado
2. te halles	te hall-aras/ases	te hubieras hallado
3. se halle	se hall-ara/ase	se hubiera hallado
1. nos hallemos	nos hall-áramos/ásemos	nos hubiéramos hallado
2. os halléis	os hall-arais/aseis	os hubierais hallado
3. se hallen	se hall-aran/asen	se hubieran hallado

PERFECT	me haya hallado etc

INFINITIVE	*PARTICIPLE*
PRESENT	**PRESENT**
hallarse	hallándose
PAST	**PAST**
haberse hallado	hallado

115 HELAR
to freeze

PRESENT	IMPERFECT	FUTURE
3. hiela	helaba	helará
PRETERITE	**PERFECT**	**PLUPERFECT**
3. heló	ha helado	había helado
PAST ANTERIOR		**FUTURE PERFECT**
hubo helado		habrá helado

CONDITIONAL

PRESENT	PAST	*IMPERATIVE*
3. helaría	habría helado	

SUBJUNCTIVE

PRESENT	IMPERFECT	PLUPERFECT
3. hiele	hel-ara/ase	hubiera helado
PERFECT haya helado		

INFINITIVE	*PARTICIPLE*
PRESENT	**PRESENT**
helar	helando
PAST	**PAST**
haber helado	helado

PRESENT	IMPERFECT	FUTURE
1. hiero	hería	heriré
2. hieres	herías	herirás
3. hiere	hería	herirá
1. herimos	heríamos	heriremos
2. herís	heríais	heriréis
3. hieren	herían	herirán

PRETERITE	PERFECT	PLUPERFECT
1. herí	he herido	había herido
2. heriste	has herido	habías herido
3. hirió	ha herido	había herido
1. herimos	hemos herido	habíamos herido
2. heristeis	habéis herido	habíais herido
3. hirieron	han herido	habían herido

PAST ANTERIOR	FUTURE PERFECT
hube herido etc	habré herido etc

CONDITIONAL		*IMPERATIVE*
PRESENT	**PAST**	
1. heriría	habría herido	
2. herirías	habrías herido	(tú) hiere
3. heriría	habría herido	(Vd) hiera
1. heriríamos	habríamos herido	(nosotros) hiramos
2. heriríais	habríais herido	(vosotros) herid
3. herirían	habrían herido	(Vds) hieran

SUBJUNCTIVE

PRESENT	IMPERFECT	PLUPERFECT
1. hiera	hir-iera/iese	hubiera herido
2. hieras	hir-ieras/ieses	hubieras herido
3. hiera	hir-iera/iese	hubiera herido
1. hiramos	hir-iéramos/iésemos	hubiéramos herido
2. hiráis	hir-ierais/ieseis	hubierais herido
3. hieran	hir-ieran/iesen	hubieran herido

PERFECT haya herido etc

INFINITIVE	*PARTICIPLE*
PRESENT	**PRESENT**
herir	hiriendo
PAST	**PAST**
haber herido	herido

HUIR
to run away

PRESENT	IMPERFECT	FUTURE
1. huyo	huía	huiré
2. huyes	huías	huirás
3. huye	huía	huirá
1. huimos	huíamos	huiremos
2. huís	huíais	huiréis
3. huyen	huían	huirán

PRETERITE	PERFECT	PLUPERFECT
1. huí	he huido	había huido
2. huiste	has huido	habías huido
3. huyó	ha huido	había huido
1. huimos	hemos huido	habíamos huido
2. huisteis	habéis huido	habíais huido
3. huyeron	han huido	habían huido

PAST ANTERIOR	FUTURE PERFECT
hube huido etc	habré huido etc

CONDITIONAL		*IMPERATIVE*
PRESENT	PAST	
1. huiría	habría huido	
2. huirías	habrías huido	(tú) huye
3. huiría	habría huido	(Vd) huya
1. huiríamos	habríamos huido	(nosotros) huyamos
2. huiríais	habríais huido	(vosotros) huid
3. huirían	habrían huido	(Vds) huyan

SUBJUNCTIVE

PRESENT	IMPERFECT	PLUPERFECT
1. huya	hu-yera/yese	hubiera huido
2. huyas	hu-yeras/yeses	hubieras huido
3. huya	hu-yera/yese	hubiera huido
1. huyamos	hu-yéramos/yésemos	hubiéramos huido
2. huyáis	hu-yerais/yeseis	hubierais huido
3. huyan	hu-yeran/yesen	hubieran huido

PERFECT haya huido etc

INFINITIVE	*PARTICIPLE*
PRESENT	PRESENT
huir	huyendo
PAST	PAST
haber huido	huido

INDICAR
to indicate

PRESENT	IMPERFECT	FUTURE
1. indico	indicaba	indicaré
2. indicas	indicabas	indicarás
3. indica	indicaba	indicará
1. indicamos	indicábamos	indicaremos
2. indicáis	indicabais	indicaréis
3. indican	indicaban	indicarán

PRETERITE	PERFECT	PLUPERFECT
1. indiqué	he indicado	había indicado
2. indicaste	has indicado	habías indicado
3. indicó	ha indicado	había indicado
1. indicamos	hemos indicado	habíamos indicado
2. indicasteis	habéis indicado	habíais indicado
3. indicaron	han indicado	habían indicado

PAST ANTERIOR	FUTURE PERFECT
hube indicado etc	habré indicado etc

CONDITIONAL		IMPERATIVE
PRESENT	PAST	
1. indicaría	habría indicado	
2. indicarías	habrías indicado	(tú) indica
3. indicaría	habría indicado	(Vd) indique
1. indicaríamos	habríamos indicado	(nosotros) indiquemos
2. indicaríais	habríais indicado	(vosotros) indicad
3. indicarían	habrían indicado	(Vds) indiquen

SUBJUNCTIVE		
PRESENT	IMPERFECT	PLUPERFECT
1. indique	indic-ara/ase	hubiera indicado
2. indiques	indic-aras/ases	hubieras indicado
3. indique	indic-ara/ase	hubiera indicado
1. indiquemos	indic-áramos/ásemos	hubiéramos indicado
2. indiquéis	indic-arais/aseis	hubierais indicado
3. indiquen	indic-aran/asen	hubieran indicado

PERFECT   haya indicado etc

INFINITIVE	PARTICIPLE
PRESENT	PRESENT
indicar	indicando
PAST	PAST
haber indicado	indicado

119 INTENTAR
to try

PRESENT	IMPERFECT	FUTURE
1. intento	intentaba	intentaré
2. intentas	intentabas	intentarás
3. intenta	intentaba	intentará
1. intentamos	intentábamos	intentaremos
2. intentáis	intentabais	intentaréis
3. intentan	intentaban	intentarán

PRETERITE	PERFECT	PLUPERFECT
1. intenté	he intentado	había intentado
2. intentaste	has intentado	habías intentado
3. intentó	ha intentado	había intentado
1. intentamos	hemos intentado	habíamos intentado
2. intentasteis	habéis intentado	habíais intentado
3. intentaron	han intentado	habían intentado

PAST ANTERIOR	FUTURE PERFECT
hube intentado etc	habré intentado etc

CONDITIONAL

PRESENT	PAST	IMPERATIVE
1. intentaría	habría intentado	
2. intentarías	habrías intentado	(tú) intenta
3. intentaría	habría intentado	(Vd) intente
1. intentaríamos	habríamos intentado	(nosotros) intentemos
2. intentaríais	habríais intentado	(vosotros) intentad
3. intentarían	habrían intentado	(Vds) intenten

SUBJUNCTIVE

PRESENT	IMPERFECT	PLUPERFECT
1. intente	intent-ara/ase	hubiera intentado
2. intentes	intent-aras/ases	hubieras intentado
3. intente	intent-ara/ase	hubiera intentado
1. intentemos	intent-áramos/ásemos	hubiéramos intentado
2. intentéis	intent-arais/aseis	hubierais intentado
3. intenten	intent-aran/asen	hubieran intentado

PERFECT haya intentado etc

INFINITIVE	PARTICIPLE
PRESENT	PRESENT
intentar	intentando
PAST	PAST
haber intentado	intentado

374

PRESENT	IMPERFECT	FUTURE
1. introduzco	introducía	introduciré
2. introduces	introducías	introducirás
3. introduce	introducía	introducirá
1. introducimos	introducíamos	introduciremos
2. introducís	introducíais	introduciréis
3. introducen	introducían	introducirán

PRETERITE	PERFECT	PLUPERFECT
1. introduje	he introducido	había introducido
2. introdujiste	has introducido	habías introducido
3. introdujo	ha introducido	había introducido
1. introdujimos	hemos introducido	habíamos introducido
2. introdujisteis	habéis introducido	habíais introducido
3. introdujeron	han introducido	habían introducido

PAST ANTERIOR	FUTURE PERFECT
hube introducido etc	habré introducido etc

CONDITIONAL		*IMPERATIVE*
PRESENT	**PAST**	
1. introduciría	habría introducido	
2. introducirías	habrías introducido	(tú) introduce
3. introduciría	habría introducido	(Vd) introduzca
1. introduciríamos	habríamos introducido	(nosotros) introduzcamos
2. introduciríais	habríais introducido	(vosotros) introducid
3. introducirían	habrían introducido	(Vds) introduzcan

SUBJUNCTIVE		
PRESENT	**IMPERFECT**	**PLUPERFECT**
1. introduzca	introduj-era/ese	hubiera introducido
2. introduzcas	introduj-eras/eses	hubieras introducido
3. introduzca	introduj-era/ese	hubiera introducido
1. introduzcamos	introduj-éramos/ésemos	hubiéramos introducido
2. introduzcáis	introduj-erais/eseis	hubierais introducido
3. introduzcan	introduj-eran/esen	hubieran introducido

PERFECT haya introducido etc

INFINITIVE	*PARTICIPLE*
PRESENT	**PRESENT**
introducir	introduciendo
PAST	**PAST**
haber introducido	introducido

PRESENT	IMPERFECT	FUTURE
1. voy	iba	iré
2. vas	ibas	irás
3. va	iba	irá
1. vamos	íbamos	iremos
2. vais	ibais	iréis
3. van	iban	irán

PRETERITE	PERFECT	PLUPERFECT
1. fui	he ido	había ido
2. fuiste	has ido	habías ido
3. fue	ha ido	había ido
1. fuimos	hemos ido	habíamos ido
2. fuisteis	habéis ido	habíais ido
3. fueron	han ido	habían ido

PAST ANTERIOR	FUTURE PERFECT
hube ido etc	habré ido etc

CONDITIONAL		IMPERATIVE
PRESENT	**PAST**	
1. iría	habría ido	
2. irías	habrías ido	(tú) ve
3. iría	haría ido	(Vd) vaya
1. iríamos	habríamos ido	(nosotros) vamos
2. iríais	habríais ido	(vosotros) id
3. irían	habrían ido	(Vds) vayan

SUBJUNCTIVE

PRESENT	IMPERFECT	PLUPERFECT
1. vaya	fu-era/ese	hubiera ido
2. vayas	fu-eras/eses	hubieras ido
3. vaya	fu-era/ese	hubiera ido
1. vayamos	fu-éramos/ésemos	hubiéramos ido
2. vayáis	fu-erais/eseis	hubierais ido
3. vayan	fu-eran/esen	hubieran ido

PERFECT	haya ido etc

INFINITIVE	PARTICIPLE
PRESENT	**PRESENT**
ir	yendo
PAST	**PAST**
haber ido	ido

PRESENT	IMPERFECT	FUTURE
1. juego	jugaba	jugaré
2. juegas	jugabas	jugarás
3. juega	jugaba	jugará
1. jugamos	jugábamos	jugaremos
2. jugáis	jugabais	jugaréis
3. juegan	jugaban	jugarán

PRETERITE	PERFECT	PLUPERFECT
1. jugué	he jugado	había jugado
2. jugaste	has jugado	habías jugado
3. jugó	ha jugado	había jugado
1. jugamos	hemos jugado	habíamos jugado
2. jugasteis	habéis jugado	habíais jugado
3. jugaron	han jugado	habían jugado

PAST ANTERIOR	FUTURE PERFECT
hube jugado etc	habré jugado etc

CONDITIONAL		*IMPERATIVE*
PRESENT	**PAST**	
1. jugaría	habría jugado	
2. jugarías	habrías jugado	(tú) juega
3. jugaría	habría jugado	(Vd) juegue
1. jugaríamos	habríamos jugado	(nosotros) juguemos
2. jugaríais	habríais jugado	(vosotros) jugad
3. jugarían	habrían jugado	(Vds) jueguen

SUBJUNCTIVE

PRESENT	IMPERFECT	PLUPERFECT
1. juegue	jug-ara/ase	hubiera jugado
2. juegues	jug-aras/ases	hubieras jugado
3. juegue	jug-ara/ase	hubiera jugado
1. juguemos	jug-áramos/ásemos	hubiéramos jugado
2. juguéis	jug-arais/aseis	hubierais jugado
3. jueguen	jug-aran/asen	hubieran jugado

PERFECT   haya jugado etc

INFINITIVE	*PARTICIPLE*
PRESENT	**PRESENT**
jugar	jugando
PAST	**PAST**
haber jugado	jugado

JUZGAR
to judge

PRESENT	IMPERFECT	FUTURE
1. juzgo	juzgaba	juzgaré
2. juzgas	juzgabas	juzgarás
3. juzga	juzgaba	juzgará
1. juzgamos	juzgábamos	juzgaremos
2. juzgáis	juzgabais	juzgaréis
3. juzgan	juzgaban	juzgarán

PRETERITE	PERFECT	PLUPERFECT
1. juzgué	he juzgado	había juzgado
2. juzgaste	has juzgado	habias juzgado
3. juzgó	ha juzgado	había juzgado
1. juzgamos	hemos juzgado	habíamos juzgado
2. juzgasteis	habéis juzgado	habíais juzgado
3. juzgaron	han juzgado	habían juzgado

PAST ANTERIOR	FUTURE PERFECT
hube juzgado etc	habré juzgado etc

CONDITIONAL		*IMPERATIVE*
PRESENT	**PAST**	
1. juzgaría	habría juzgado	
2. juzgarías	habrías juzgado	(tú) juzga
3. juzgaría	habría juzgado	(Vd) juzgue
1. juzgaríamos	habríamos juzgado	(nosotros) juzguemos
2. juzgaríais	habríais juzgado	(vosotros) juzgad
3. juzgarían	habrían juzgado	(Vds) juzguen

SUBJUNCTIVE

PRESENT	IMPERFECT	PLUPERFECT
1. juzgue	juzg-ara/ase	hubiera juzgado
2. juzgues	juzg-aras/ases	hubieras juzgado
3. juzgue	juzg-ara/ase	hubiera juzgado
1. juzguemos	juzg-áramos/ásemos	hubiéramos juzgado
2. juzguéis	juzg-arais/aseis	hubierais juzgado
3. juzguen	juzg-aran/asen	hubieran juzgado

PERFECT   haya juzgado etc

INFINITIVE	*PARTICIPLE*
PRESENT	**PRESENT**
juzgar	juzgando
PAST	**PAST**
haber juzgado	juzgado

PRESENT	IMPERFECT	FUTURE
1. lavo	lavaba	lavaré
2. lavas	lavabas	lavarás
3. lava	lavaba	lavará
1. lavamos	lavábamos	lavaremos
2. laváis	lavabais	lavaréis
3. lavan	lavaban	lavarán

PRETERITE	PERFECT	PLUPERFECT
1. lavé	he lavado	había lavado
2. lavaste	has lavado	habías lavado
3. lavó	ha lavado	había lavado
1. lavamos	hemos lavado	habíamos lavado
2. lavasteis	habéis lavado	habíais lavado
3. lavaron	han lavado	habían lavado

PAST ANTERIOR	FUTURE PERFECT
hube lavado etc	habré lavado etc

CONDITIONAL		*IMPERATIVE*
PRESENT	**PAST**	
1. lavaría	habría lavado	
2. lavarías	habrías lavado	(tú) lava
3. lavaría	habría lavado	(Vd) lave
1. lavaríamos	habríamos lavado	(nosotros) lavemos
2. lavaríais	habríais lavado	(vosotros) lavad
3. lavarían	habrían lavado	(Vds) laven

SUBJUNCTIVE

PRESENT	IMPERFECT	PLUPERFECT
1. lave	lav-ara/ase	hubiera lavado
2. laves	lav-aras/ases	hubieras lavado
3. lave	lav-ara/ase	hubiera lavado
1. lavemos	lav-áramos/ásemos	hubiéramos lavado
2. lavéis	lav-arais/aseis	hubierais lavado
3. laven	lav-aran/asen	hubieran lavado

PERFECT haya lavado etc

INFINITIVE	*PARTICIPLE*
PRESENT	**PRESENT**
lavar	lavando
PAST	**PAST**
haber lavado	lavado

LEER
to read

PRESENT	IMPERFECT	FUTURE
1. leo	leía	leeré
2. lees	leías	leerás
3. lee	leía	leerá
1. leemos	leíamos	leeremos
2. leéis	leíais	leeréis
3. leen	leían	leerán

PRETERITE	PERFECT	PLUPERFECT
1. leí	he leído	había leído
2. leíste	has leído	habías leído
3. leyó	ha leído	había leído
1. leímos	hemos leído	habíamos leído
2. leísteis	habéis leído	habíais leído
3. leyeron	han leído	habían leído

PAST ANTERIOR	FUTURE PERFECT
hube leído etc	habré leído etc

CONDITIONAL		IMPERATIVE
PRESENT	PAST	
1. leería	habría leído	
2. leerías	habrías leído	(tú) lee
3. leería	habría leído	(Vd) lea
1. leeríamos	habríamos leído	(nosotros) leamos
2. leeríais	habríais leído	(vosotros) leed
3. leerían	habrían leido	(Vds) lean

SUBJUNCTIVE

PRESENT	IMPERFECT	PLUPERFECT
1. lea	le-yera/yese	hubiera leído
2. leas	le-yeras/yeses	hubieras leído
3. lea	le-yera/yese	hubiera leído
1. leamos	le-yéramos/yésemos	hubiéramos leído
2. leáis	le-yerais/yeseis	hubierais leído
3. lean	le-yeran/yesen	hubieran leído

PERFECT haya leído etc

INFINITIVE	PARTICIPLE
PRESENT	PRESENT
leer	leyendo
PAST	PAST
haber leído	leído

to shine, to show to good effect

PRESENT	IMPERFECT	FUTURE
1. luzco	lucía	luciré
2. luces	lucías	lucirás
3. luce	lucía	lucirá
1. lucimos	lucíamos	luciremos
2. lucís	lucíais	luciréis
3. lucen	lucían	lucirán

PRETERITE	PERFECT	PLUPERFECT
1. lucí	he lucido	había lucido
2. luciste	has lucido	habías lucido
3. lució	ha lucido	había lucido
1. lucimos	hemos lucido	habíamos lucido
2. lucisteis	habéis lucido	habíais lucido
3. lucieron	han lucido	habían lucido

PAST ANTERIOR	FUTURE PERFECT
hube lucido etc	habré lucido etc

CONDITIONAL		*IMPERATIVE*
PRESENT	**PAST**	
1. luciría	habría lucido	
2. lucirías	habrías lucido	(tú) luce
3. luciría	habría lucido	(Vd) luzca
1. luciríamos	habríamos lucido	(nosotros) luzcamos
2. luciríais	habríais lucido	(vosotros) lucid
3. lucirían	habrían lucido	(Vds) luzcan

SUBJUNCTIVE

PRESENT	IMPERFECT	PLUPERFECT
1. luzca	luc-iera/iese	hubiera lucido
2. luzcas	luc-ieras/ieses	hubieras lucido
3. luzca	luc-iera/iese	hubiera lucido
1. luzcamos	luc-iéramos/iésemos	hubiéramos lucido
2. luzcáis	luc-ierais/ieseis	hubierais lucido
3. luzcan	luc-ieran/iesen	hubieran lucido

PERFECT haya lucido etc

INFINITIVE	*PARTICIPLE*
PRESENT	**PRESENT**
lucir	luciendo
PAST	**PAST**
haber lucido	lucido

LLAMAR
to call

PRESENT	IMPERFECT	FUTURE
1. llamo	llamaba	llamaré
2. llamas	llamabas	llamarás
3. llama	llamaba	llamará
1. llamamos	llamábamos	llamaremos
2. llamáis	llamabais	llamaréis
3. llaman	llamaban	llamarán

PRETERITE	PERFECT	PLUPERFECT
1. llamé	he llamado	había llamado
2. llamaste	has llamado	habías llamado
3. llamó	ha llamado	había llamado
1. llamamos	hemos llamado	habíamos llamado
2. llamasteis	habéis llamado	habíais llamado
3. llamaron	han llamado	habían llamado

PAST ANTERIOR	FUTURE PERFECT
hube llamado etc	habré llamado etc

CONDITIONAL		IMPERATIVE
PRESENT	**PAST**	
1. llamaría	habría llamado	
2. llamarías	habrías llamado	(tú) llama
3. llamaría	habría llamado	(Vd) llame
1. llamaríamos	habríamos llamado	(nosotros) llamemos
2. llamaríais	habríais llamado	(vosotros) llamad
3. llamarían	habrían llamado	(Vds) llamen

SUBJUNCTIVE

PRESENT	IMPERFECT	PLUPERFECT
1. llame	llam-ara/ase	hubiera llamado
2. llames	llam-aras/ases	hubieras llamado
3. llame	llam-ara/ase	hubiera llamado
1. llamemos	llam-áramos/ásemos	hubiéramos llamado
2. llaméis	llam-arais/aseis	hubierais llamado
3. llamen	llam-aran/asen	hubieran llamado

PERFECT   haya llamado etc

INFINITIVE	PARTICIPLE
PRESENT	**PRESENT**
llamar	llamando
PAST	**PAST**
haber llamado	llamado

LLEGAR
to arrive

PRESENT	IMPERFECT	FUTURE
1. llego	llegaba	llegaré
2. llegas	llegabas	llegarás
3. llega	llegaba	llegará
1. llegamos	llegábamos	llegaremos
2. llegáis	llegabais	llegaréis
3. llegan	llegaban	llegarán

PRETERITE	PERFECT	PLUPERFECT
1. llegué	he llegado	había llegado
2. llegaste	has llegado	habías llegado
3. llegó	ha llegado	había llegado
1. llegamos	hemos llegado	habíamos llegado
2. llegasteis	habéis llegado	habíais llegado
3. llegaron	han llegado	habían llegado

PAST ANTERIOR	FUTURE PERFECT
hube llegado etc	habré llegado etc

CONDITIONAL		*IMPERATIVE*
PRESENT	**PAST**	
1. llegaría	habría llegado	
2. llegarías	habrías llegado	(tú) llega
3. llegaría	habría llegado	(Vd) llegue
1. llegaríamos	habríamos llegado	(nosotros) lleguemos
2. llegaríais	habríais llegado	(vosotros) llegad
3. llegarían	habrían llegado	(Vds) lleguen

SUBJUNCTIVE

PRESENT	IMPERFECT	PLUPERFECT
1. llegue	lleg-ara/ase	hubiera llegado
2. llegues	lleg-aras/ases	hubieras llegado
3. llegue	lleg-ara/ase	hubiera llegado
1. lleguemos	lleg-áramos/ásemos	hubiéramos llegado
2. lleguéis	lleg-arais/aseis	hubierais llegado
3. lleguen	lleg-aran/asen	hubieran llegado

PERFECT haya llegado etc

INFINITIVE	*PARTICIPLE*
PRESENT	**PRESENT**
llegar	llegando
PAST	**PAST**
haber llegado	llegado

129 LLOVER
to rain

PRESENT	IMPERFECT	FUTURE
3. llueve	llovía	lloverá

PRETERITE	PERFECT	PLUPERFECT
3. llovió	ha llovido	había llovido

PAST ANTERIOR		FUTURE PERFECT
hubo llovido		habrá llovido

CONDITIONAL		*IMPERATIVE*
PRESENT	**PAST**	
3. llovería	habría llovido	

SUBJUNCTIVE		
PRESENT	**IMPERFECT**	**PLUPERFECT**
3. llueva	llov-iera/iese	hubiera llovido
PERFECT haya llovido		

INFINITIVE	*PARTICIPLE*
PRESENT	**PRESENT**
llover	lloviendo
PAST	**PAST**
haber llovido	llovido

PRESENT	IMPERFECT	FUTURE
1. miento	mentía	mentiré
2. mientes	mentías	mentirás
3. miente	mentía	mentirá
1. mentimos	mentíamos	mentiremos
2. mentís	mentíais	mentiréis
3. mienten	mentían	mentirán

PRETERITE	PERFECT	PLUPERFECT
1. mentí	he mentido	había mentido
2. mentiste	has mentido	habías mentido
3. mintió	ha mentido	había mentido
1. mentimos	hemos mentido	habíamos mentido
2. mentisteis	habéis mentido	habíais mentido
3. mintieron	han mentido	habían mentido

PAST ANTERIOR	FUTURE PERFECT
hube mentido etc	habré mentido etc

CONDITIONAL

PRESENT	PAST	IMPERATIVE
1. mentiría	habría mentido	
2. mentirías	habrías mentido	(tú) miente
3. mentiría	habría mentido	(Vd) mienta
1. mentiríamos	habríamos mentido	(nosotros) mintamos
2. mentiríais	habríais mentido	(vosotros) mentid
3. mentirían	habrían mentido	(Vds) mientan

SUBJUNCTIVE

PRESENT	IMPERFECT	PLUPERFECT
1. mienta	mint-iera/iese	hubiera mentido
2. mientas	mint-ieras/ieses	hubieras mentido
3. mienta	mint-iera/iese	hubiera mentido
1. mintamos	mint-iéramos/iésemos	hubiéramos mentido
2. mintáis	mint-ierais/ieseis	hubierais mentido
3. mientan	mint-ieran/iesen	hubieran mentido

PERFECT   haya mentido etc

INFINITIVE	PARTICIPLE
PRESENT	PRESENT
mentir	mintiendo
PAST	PAST
haber mentido	mentido

131 MERECER
to deserve

PRESENT	IMPERFECT	FUTURE
1. merezco	merecía	mereceré
2. mereces	merecías	merecerás
3. merece	merecía	merecerá
1. merecemos	merecíamos	mereceremos
2. merecéis	merecíais	mereceréis
3. merecen	merecían	merecerán

PRETERITE	PERFECT	PLUPERFECT
1. merecí	he merecido	había merecido
2. mereciste	has merecido	habías merecido
3. mereció	ha merecido	había merecido
1. merecimos	hemos merecido	habíamos merecido
2. merecisteis	habéis merecido	habíais merecido
3. merecieron	han merecido	habían merecido

PAST ANTERIOR	FUTURE PERFECT
hube merecido etc	habré merecido etc

CONDITIONAL		*IMPERATIVE*
PRESENT	**PAST**	
1. merecería	habría merecido	
2. merecerías	habrías merecido	(tú) merece
3. merecería	habría merecido	(Vd) merezca
1. mereceríamos	habríamos merecido	(nosotros) merezcamos
2. mereceríais	habríais merecido	(vosotros) mereced
3. merecerían	habrían merecido	(Vds) merescan

SUBJUNCTIVE

PRESENT	IMPERFECT	PLUPERFECT
1. merezca	merec-iera/iese	hubiera merecido
2. merezcas	merec-ieras/ieses	hubieras merecido
3. merezca	merec-iera/iese	hubiera merecido
1. merezcamos	merec-iéramos/iésemos	hubiéramos merecido
2. merezcáis	merec-ierais/ieseis	hubierais merecido
3. merezcan	merec-ieran/iesen	hubieran merecido

PERFECT haya merecido etc

INFINITIVE	*PARTICIPLE*
PRESENT	**PRESENT**
merecer	mereciendo
PAST	**PAST**
haber merecido	merecido

PRESENT	IMPERFECT	FUTURE
1. muerdo	mordía	morderé
2. muerdes	mordías	morderás
3. muerde	mordía	morderá
1. mordemos	mordíamos	morderemos
2. mordéis	mordíais	morderéis
3. muerden	mordían	morderán

PRETERITE	PERFECT	PLUPERFECT
1. mordí	he mordido	había mordido
2. mordiste	has mordido	habías mordido
3. mordió	ha mordido	había mordido
1. mordimos	hemos mordido	habíamos mordido
2. mordisteis	habéis mordido	habíais mordido
3. mordieron	han mordido	habían mordido

PAST ANTERIOR	FUTURE PERFECT
hube mordido etc	habré mordido etc

CONDITIONAL		*IMPERATIVE*
PRESENT	**PAST**	
1. mordería	habría mordido	
2. morderías	habrías mordido	(tú) muerde
3. mordería	habría mordido	(Vd) muerda
1. morderíamos	habríamos mordido	(nosotros) mordamos
2. morderíais	habríais mordido	(vosotros) morded
3. morderían	habrían mordido	(Vds) muerdan

SUBJUNCTIVE		
PRESENT	**IMPERFECT**	**PLUPERFECT**
1. muerda	mord-iera/iese	hubiera mordido
2. muerdas	mord-ieras/iese	hubieras mordido
3. muerda	mord-iera/iese	hubiera mordido
1. mordamos	mord-iéramos/iésemos	hubiéramos mordido
2. mordáis	mord-ierais/ieseis	hubierais mordido
3. muerdan	mord-ieran/iesen	hubieran mordido

PERFECT   haya mordido etc

INFINITIVE	*PARTICIPLE*
PRESENT	**PRESENT**
morder	mordiendo
PAST	**PAST**
haber mordido	mordido

MORIR
to die

PRESENT	IMPERFECT	FUTURE
1. muero	moría	moriré
2. mueres	morías	morirás
3. muere	moría	morirá
1. morimos	moríamos	moriremos
2. morís	moríais	moriréis
3. mueren	morían	morirán

PRETERITE	PERFECT	PLUPERFECT
1. morí	he muerto	había muerto
2. moriste	has muerto	habías muerto
3. murió	ha muerto	había muerto
1. morimos	hemos muerto	habíamos muerto
2. moristeis	habéis muerto	habíais muerto
3. murieron	han muerto	habían muerto

PAST ANTERIOR	FUTURE PERFECT
hube muerte etc	habré muerto etc

CONDITIONAL		IMPERATIVE
PRESENT	**PAST**	
1. moriría	habría muerto	
2. morirías	habrías muerto	(tú) muere
3. moriría	habría muerto	(Vd) muera
1. moriríamos	habríamos muerto	(nosotros) muramos
2. moriríais	habríais muerto	(vosotros) morid
3. morirían	habrían muerto	(Vds) mueran

SUBJUNCTIVE		
PRESENT	**IMPERFECT**	**PLUPERFECT**
1. muera	mur-iera/iese	hubiera muerto
2. mueras	mur-ieras/ieses	hubieras muerto
3. muera	mur-iera/iese	hubiera muerto
1. muramos	mur-iéramos/iésemos	hubiéramos muerto
2. muráis	mur-ierais/ieseis	hubierais muerto
3. mueran	mur-ieran/iesen	hubieran muerto

PERFECT   haya muerto etc

INFINITIVE	PARTICIPLE
PRESENT	**PRESENT**
morir	muriendo
PAST	**PAST**
haber muerto	muerto

MOVER

to move

134

PRESENT	IMPERFECT	FUTURE
1. muevo	movía	moveré
2. mueves	movías	moverás
3. mueve	movía	moverá
1. movemos	movíamos	moveremos
2. movéis	moviais	moveréis
3. mueven	movían	moverán

PRETERITE	PERFECT	PLUPERFECT
1. moví	he movido	había movido
2. moviste	has movido	habías movido
3. movió	ha movido	había movido
1. movimos	hemos movido	habíamos movido
2. movisteis	habéis movido	habíais movido
3. movieron	han movido	habían movido

PAST ANTERIOR	FUTURE PERFECT
hube movido etc	habré movido etc

CONDITIONAL		IMPERATIVE
PRESENT	**PAST**	
1. movería	había movido	
2. moverías	habrías movido	(tú) mueve
3. movería	habría movido	(Vd) mueva
1. moveríamos	habríamos movido	(nosotros) movamos
2. moveríais	habríais movido	(vosotros) moved
3. moverían	habrían movido	(Vds) muevan

SUBJUNCTIVE		
PRESENT	**IMPERFECT**	**PLUPERFECT**
1. mueva	mov-iera/iese	hubiera movido
2. muevas	mov-ieras/ieses	hubieras movido
3. mueva	mov-iera/iese	hubiera movido
1. movamos	mov-iéramos/iésemos	hubiéramos movido
2. mováis	mov-ierais/ieseis	hubierais movido
3. muevan	mov-ieran/iesen	hubieran movido

PERFECT   haya movido etc

INFINITIVE	PARTICIPLE
PRESENT	**PRESENT**
mover	moviendo
PAST	**PAST**
haber movido	movido

NACER
to be born

PRESENT	IMPERFECT	FUTURE
1. nazco	nacía	naceré
2. naces	nacías	nacerás
3. nace	nacía	nacerá
1. nacemos	nacíamos	naceremos
2. nacéis	nacíais	naceréis
3. nacen	nacían	nacerán

PRETERITE	PERFECT	PLUPERFECT
1. nací	he nacido	había nacido
2. naciste	has nacido	habías nacido
3. nació	ha nacido	había nacido
1. nacimos	hemos nacido	habíamos nacido
2. nacisteis	habéis nacido	habíais nacido
3. nacieron	han nacido	habían nacido

PAST ANTERIOR	FUTURE PERFECT
hube nacido etc	habré nacido etc

CONDITIONAL		*IMPERATIVE*
PRESENT	PAST	
1. nacería	habría nacido	
2. nacerías	habrías nacido	(tú) nace
3. nacería	habría nacido	(Vd) nazca
1. naceríamos	habríamos nacido	(nosotros) nazcamos
2. naceríais	habríais nacido	(vosotros) naced
3. nacerían	habrían nacido	(Vds) nazcan

SUBJUNCTIVE

PRESENT	IMPERFECT	PLUPERFECT
1. nazca	nac-iera/iese	hubiera nacido
2. nazcas	nac-ieras/ieses	hubieras nacido
3. nazca	nac-iera/iese	hubiera nacido
1. nazcamos	nac-iéramos/iésemos	hubiéramos nacido
2. nazcáis	nac-ierais/ieseis	hubierais nacido
3. nazcan	nac-ieran/iesen	hubieran nacido

PERFECT   haya nacido etc

INFINITIVE	*PARTICIPLE*
PRESENT	PRESENT
nacer	naciendo
PAST	PAST
haber nacido	nacido

PRESENT	IMPERFECT	FUTURE
1. nado	nadaba	nadaré
2. nadas	nadabas	nadarás
3. nada	nadaba	nadará
1. nadamos	nadábamos	nadaremos
2. nadáis	nadabais	nadaréis
3. nadan	nadaban	nadarán

PRETERITE	PERFECT	PLUPERFECT
1. nadé	he nadado	había nadado
2. nadaste	has nadado	habías nadado
3. nadó	ha nadado	había nadado
1. nadamos	hemos nadado	habíamos nadado
2. nadasteis	habéis nadado	habíais nadado
3. nadaron	han nadado	habían nadado

PAST ANTERIOR	FUTURE PERFECT
hube nadado etc	habré nadado etc

CONDITIONAL		IMPERATIVE
PRESENT	PAST	
1. nadaría	habría nadado	
2. nadarías	habrías nadado	(tú) nada
3. nadaría	habría nadado	(Vd) nade
1. nadaríamos	habríamos nadado	(nosotros) nademos
2. nadaríais	habríais nadado	(vosotros) nadad
3. nadarían	habrían nadado	(Vds) naden

SUBJUNCTIVE		
PRESENT	IMPERFECT	PLUPERFECT
1. nade	nad-ara/ase	hubiera nadado
2. nades	nad-aras/ases	hubieras nadado
3. nade	nad-ara/ase	hubiera nadado
1. nademos	nad-áramos/ásemos	hubiéramos nadado
2. nadéis	nad-arais/aseis	hubierais nadado
3. naden	nad-aran/asen	hubieran nadado

PERFECT haya nadado etc

INFINITIVE	PARTICIPLE
PRESENT	PRESENT
nadar	nadando
PAST	PAST
haber nadado	nadado

137 NECESITAR
to need

PRESENT	IMPERFECT	FUTURE
1. necesito	necesitaba	necesitaré
2. necesitas	necesitabas	necesitarás
3. necesita	necesitaba	necesitará
1. necesitamos	necesitábamos	necesitaremos
2. necesitáis	necesitabais	necesitaréis
3. necesitan	necesitaban	necesitarán

PRETERITE	PERFECT	PLUPERFECT
1. necesité	he necesitado	había necesitado
2. necesitaste	has necesitado	habías necesitado
3. necesitó	ha necesitado	había necesitado
1. necesitamos	hemos necesitado	habíamos necesitado
2. necesitasteis	habéis necesitado	habíais necesitado
3. necesitaron	han necesitado	habían necesitado

PAST ANTERIOR	FUTURE PERFECT
hube necesitado etc	habré necesitado etc

CONDITIONAL		IMPERATIVE
PRESENT	PAST	
1. necesitaría	habría necesitado	
2. necesitarías	habrías necesitado	(tú) necesita
3. necesitaría	habría necesitado	(Vd) necesite
1. necesitaríamos	habríamos necesitado	(nosotros) necesitemos
2. necesitaríais	habríais necesitado	(vosotros) necesitad
3. necesitarían	habrían necesitado	(Vds) necesiten

SUBJUNCTIVE

PRESENT	IMPERFECT	PLUPERFECT
1. necesite	necesit-ara/ase	hubiera necesitado
2. necesites	necesit-aras/ases	hubieras necesitado
3. necesite	necesit-ara/ase	hubiera necesitado
1. necesitemos	necesit-áramos/ásemos	hubiéramos necesitado
2. necesitéis	necesit-arais/aseis	hubierais necesitado
3. necesiten	necesit-aran/asen	hubieran necesitado

PERFECT   haya necesitado etc

INFINITIVE	PARTICIPLE
PRESENT	PRESENT
necesitar	necesitando
PAST	PAST
haber necesitado	necesitado

PRESENT	IMPERFECT	FUTURE
1. niego	negaba	negaré
2. niegas	negabas	negarás
3. niega	negaba	negará
1. negamos	negábamos	negaremos
2. negáis	negabais	negaréis
3. niegan	negaban	negarán

PRETERITE	PERFECT	PLUPERFECT
1. negué	he negado	había negado
2. negaste	has negado	habías negado
3. negó	ha negado	había negado
1. negamos	hemos negado	habíamos negado
2. negasteis	habéis negado	habíais negado
3. negaron	han negado	habían negado

PAST ANTERIOR	FUTURE PERFECT
hube negado etc	habré negado etc

CONDITIONAL		*IMPERATIVE*
PRESENT	**PAST**	
1. negaría	habría negado	
2. negarías	habrías negado	(tú) niega
3. negaría	habría negado	(Vd) niegue
1. negaríamos	habríamos negado	(nosotros) neguemos
2. negaríais	habríais negado	(vosotros) negad
3. negarían	habrían negado	(Vds) nieguen

SUBJUNCTIVE		
PRESENT	**IMPERFECT**	**PLUPERFECT**
1. niegue	neg-ara/ase	hubiera negado
2. niegues	neg-aras/ases	hubieras negado
3. niegue	neg-ara/ase	hubiera negado
1. neguemos	neg-áramos/ásemos	hubiéramos negado
2. neguéis	neg-arais/aseis	hubierais negado
3. nieguen	neg-aran/asen	hubieran negado

PERFECT   haya negado etc

INFINITIVE	*PARTICIPLE*
PRESENT	**PRESENT**
negar	negando
PAST	**PAST**
haber negado	negado

139 NEVAR
to snow

PRESENT	IMPERFECT	FUTURE
3. nieva	nevaba	nevará

PRETERITE	PERFECT	PLUPERFECT
3. nevó	ha nevado	había nevado

PAST ANTERIOR		FUTURE PERFECT
hubo nevado		habrá nevado

CONDITIONAL		*IMPERATIVE*
PRESENT	**PAST**	
3. nevaría	habría nevado	

SUBJUNCTIVE		
PRESENT	**IMPERFECT**	**PLUPERFECT**
3. nieve	nev-ara/ase	hubiera nevado

PERFECT	haya nevado

INFINITIVE	*PARTICIPLE*
PRESENT	**PRESENT**
nevar	nevando
PAST	**PAST**
haber nevado	nevado

to obey

PRESENT	**IMPERFECT**	**FUTURE**
1. obedezco	obedecía	obedeceré
2. obedeces	obedecías	obedecerás
3. obedece	obedecía	obedecerá
1. obedecemos	obedecíamos	obedeceremos
2. obedecéis	obedecíais	obedeceréis
3. obedecen	obedecían	obedecerán

PRETERITE	**PERFECT**	**PLUPERFECT**
1. obedecí	he obedecido	había obedecido
2. obedeciste	has obedecido	habías obedecido
3. obedeció	ha obedecido	había obedecido
1. obedecimos	hemos obedecido	habíamos obedecido
2. obedecisteis	habéis obedecido	habíais obedecido
3. obedecieron	han obedecido	habían obedecido

PAST ANTERIOR	**FUTURE PERFECT**
hube obedecido etc	habré obedecido etc

CONDITIONAL

PRESENT	**PAST**	*IMPERATIVE*
1. obedecería	habría obedecido	
2. obedecerías	habrías obedecido	(tú) obedece
3. obedecería	habría obedecido	(Vd) obedezca
1. obedeceriamosos	habríamos obedecido	(nosotros) obedezcamos
2. obedeceríais	habríais obedecido	(vosotros) obedeced
3. obedecerían	habrían obedecido	(Vds) obedezcan

SUBJUNCTIVE

PRESENT	**IMPERFECT**	**PLUPERFECT**
1. obedezca	obedec-iera/iese	hubiera obedecido
2. obedezcas	obedec-ieras/ieses	hubieras obedecido
3. obedezca	obedec-iera/iese	hubiera obedecido
1. obedezcamos	obedec-iéramos/iésemos	hubiéramos obedecido
2. obedezcáis	obedec-ierais/ieseis	hubierais obedecido
3. obedezcan	obedec-ieran/iesen	hubieran obedecido

PERFECT   haya obedecido etc

INFINITIVE	*PARTICIPLE*
PRESENT	**PRESENT**
obedecer	obedeciendo
PAST	**PAST**
haber obedecido	obedecido

OBLIGAR
to oblige, to force

PRESENT	IMPERFECT	FUTURE
1. obligo	obligaba	obligaré
2. obligas	obligabas	obligarás
3. obliga	obligaba	obligará
1. obligamos	obligábamos	obligaremos
2. obligáis	obligabais	obligaréis
3. obligan	obligaban	obligarán

PRETERITE	PERFECT	PLUPERFECT
1. obligué	he obligado	había obligado
2. obligaste	has obligado	habías obligado
3. obligó	ha obligado	había obligado
1. obligamos	hemos obligado	habíamos obligado
2. obligasteis	habéis obligado	habíais obligado
3. obligaron	han obligado	habían obligado

PAST ANTERIOR	FUTURE PERFECT
hube obligado etc	habré obligado etc

CONDITIONAL		*IMPERATIVE*
PRESENT	**PAST**	
1. obligaría	habría obligado	
2. obligarías	habrías obligado	(tú) obliga
3. obligaría	habría obligado	(Vd) obligue
1. obligaríamos	habríamos obligado	(nosotros) obliguemos
2. obligaríais	habríais obligado	(vosotros) obligad
3. obligarían	habrían obligado	(Vds) obliguen

SUBJUNCTIVE

PRESENT	IMPERFECT	PLUPERFECT
1. obligue	oblig-ara/ase	hubiera obligado
2. obligues	oblig-aras/ases	hubieras obligado
3. obligue	oblig-ara/ase	hubiera obligado
1. obliguemos	oblig-áramos/ásemos	hubiéramos obligado
2. obliguéis	oblig-arais/aseis	hubierais obligado
3. obliguen	oblig-aran/asen	hubieran obligado

PERFECT   haya obligado etc

INFINITIVE	*PARTICIPLE*
PRESENT	**PRESENT**
obligar	obligando
PAST	**PAST**
haber obligado	obligado

PRESENT	IMPERFECT	FUTURE
1. ofrezco	ofrecía	ofreceré
2. ofreces	ofrecías	ofrecerás
3. ofrece	ofrecía	ofrecerá
1. ofrecemos	ofrecíamos	ofreceremos
2. ofrecéis	ofrecíais	ofreceréis
3. ofrecen	ofrecían	ofrecerán

PRETERITE	PERFECT	PLUPERFECT
1. ofrecí	he ofrecido	había ofrecido
2. ofreciste	has ofrecido	habías ofrecido
3. ofreció	ha ofrecido	había ofrecido
1. ofrecimos	hemos ofrecido	habíamos ofrecido
2. ofrecisteis	habéis ofrecido	habíais ofrecido
3. ofrecieron	han ofrecido	habían ofrecido

PAST ANTERIOR	FUTURE PERFECT
hube ofrecido etc	habré ofrecido etc

CONDITIONAL		*IMPERATIVE*
PRESENT	**PAST**	
1. ofrecería	habría ofrecido	
2. ofrecerías	habrías ofrecido	(tú) ofrece
3. ofrecería	habría ofrecido	(Vd) ofrezca
1. ofreceríamos	habríamos ofrecido	(nosotros) ofrezcamos
2. ofreceríais	habríais ofrecido	(vosotros) ofreced
3. ofrecerían	habrían ofrecido	(Vds) ofrezcan

SUBJUNCTIVE

PRESENT	IMPERFECT	PLUPERFECT
1. ofrezca	ofrec-iera/iese	hubiera ofrecido
2. ofrezcas	ofrec-ieras/ieses	hubieras ofrecido
3. ofrezca	ofrec-iera/iese	hubiera ofrecido
1. ofrezcamos	ofrec-iéramos/iésemos	hubiéramos ofrecido
2. ofrezcáis	ofrec-ierais/ieseis	hubierais ofrecido
3. ofrezcan	ofrec-ieran/iesen	hubieran ofrecido

PERFECT   haya ofrecido etc

INFINITIVE	*PARTICIPLE*
PRESENT	**PRESENT**
ofrecer	ofreciendo
PAST	**PAST**
haber ofrecido	ofrecido

143

OIR
to hear

PRESENT	IMPERFECT	FUTURE
1. oigo	oía	oiré
2. oyes	oías	oirás
3. oye	oía	oirá
1. oímos	oíamos	oiremos
2. oís	oíais	oiréis
3. oyen	oían	oirán

PRETERITE	PERFECT	PLUPERFECT
1. oí	he oído	había oído
2. oíste	has oído	habías oído
3. oyó	ha oído	había oído
1. oímos	hemos oído	habíamos oído
2. oísteis	habéis oído	habíais oído
3. oyeron	han oído	habían oído

PAST ANTERIOR	FUTURE PERFECT
hube oído etc	habré oído etc

CONDITIONAL		IMPERATIVE
PRESENT	PAST	
1. oiría	habría oído	
2. oirías	habrías oído	(tú) oye
3. oiría	habría oído	(Vd) oiga
1. oiríamos	habríamos oído	(nosotros) oigamos
2. oiríais	habríais oído	(vosotros) oíd
3. oirían	habrían oído	(Vds) oigan

SUBJUNCTIVE		
PRESENT	IMPERFECT	PLUPERFECT
1. oiga	o-yera/yese	hubiera oído
2. oigas	o-yeras/yeses	hubieras oído
3. oiga	o-yera/yese	hubiera oído
1. oigamos	o-yéramos/yésemos	hubiéramos oído
2. oigáis	o-yerais/yeseis	hubierais oído
3. oigan	o-yeran/yesen	hubieran oído

PERFECT	haya oído etc

INFINITIVE	PARTICIPLE
PRESENT	PRESENT
oír	oyendo
PAST	PAST
haber oído	oído

PRESENT	IMPERFECT	FUTURE
1. huelo	olía	oleré
2. hueles	olías	olerás
3. huele	olía	olerá
1. olemos	olíamos	oleremos
2. oléis	olíais	oleréis
3. huelen	olían	olerán

PRETERITE	PERFECT	PLUPERFECT
1. olí	he olido	había olido
2. oliste	has olido	habías olido
3. olió	ha olido	había olido
1. olimos	hemos olido	habíamos olido
2. olisteis	habéis olido	habíais olido
3. olieron	han olido	habían olido

PAST ANTERIOR	FUTURE PERFECT
hube olido etc	habré olido etc

CONDITIONAL		*IMPERATIVE*
PRESENT	**PAST**	
1. olería	habría olido	
2. olerías	habrías olido	(tú) huele
3. olería	habría olido	(Vd) huela
1. oleríamos	habríamos olido	(nosotros) olamos
2. oleríais	habríais olido	(vosotros) oled
3. olerían	habrían olido	(Vds) huelan

SUBJUNCTIVE		
PRESENT	**IMPERFECT**	**PLUEPERFECT**
1. huela	ol-iera/iese	hubiera olido
2. huelas	ol-ieras/ieses	hubieras olido
3. huela	ol-iera/iese	hubiera olido
1. olamos	ol-iéramos/iésemos	hubiéramos olido
2. oláis	ol-ierais/ieseis	hubierais olido
3. huelan	ol-ieran/iesen	hubieran olido

PERFECT haya olido etc

INFINITIVE	*PARTICIPLE*
PRESENT	**PRESENT**
oler	oliendo
PAST	**PAST**
haber olido	olido

PAGAR
to pay

PRESENT	IMPERFECT	FUTURE
1. pago	pagaba	pagaré
2. pagas	pagabas	pagarás
3. paga	pagaba	pagará
1. pagamos	pagábamos	pagaremos
2. pagáis	pagabais	pagaréis
3. pagan	pagaban	pagarán

PRETERITE	PERFECT	PLUPERFECT
1. pagué	he pagado	había pagado
2. pagaste	has pagado	habías pagado
3. pagó	ha pagado	había pagado
1. pagamos	hemos pagado	habíamos pagado
2. pagasteis	habéis pagado	habíais pagado
3. pagaron	han pagado	habían pagado

PAST ANTERIOR	FUTURE PERFECT
hube pagado etc	habré pagado etc

CONDITIONAL		IMPERATIVE
PRESENT	PAST	
1. pagaría	habría pagado	
2. pagarías	habrías pagado	(tú) paga
3. pagaría	habría pagado	(Vd) pague
1. pagaríamos	habríamos pagado	(nosotros) paguemos
2. pagaríais	habríais pagado	(vosotros) pagad
3. pagarían	habrían pagado	(Vds) paguen

SUBJUNCTIVE

PRESENT	IMPERFECT	PLUPERFECT
1. pague	pag-ara/ase	hubiera pagado
2. pagues	pag-aras/ases	hubieras pagado
3. pague	pag-ara/ase	hubiera pagado
1. paguemos	pag-áramos/ásemos	hubiéramos pagado
2. paguéis	pag-arais/aseis	hubierais pagado
3. paguen	pag-aran/asen	hubieran pagado

PERFECT   haya pagado etc

INFINITIVE	PARTICIPLE
PRESENT	PRESENT
pagar	pagando
PAST	PAST
haber pagado	pagado

to seem

PRESENT	IMPERFECT	FUTURE
1. parezco	parecía	pareceré
2. pareces	parecías	parecerás
3. parece	parecía	parecerá
1. parecemos	parecíamos	pareceremos
2. parecéis	parecíais	pareceréis
3. parecen	parecían	parecerán

PRETERITE	PERFECT	PLUPERFECT
1. parecí	he parecido	había parecido
2. pareciste	has parecido	habías parecido
3. pareció	ha parecido	había parecido
1. parecimos	hemos parecido	habíamos parecido
2. parecisteis	habéis parecido	habíais parecido
3. parecieron	han parecido	habían parecido

PAST ANTERIOR	FUTURE PERFECT
hube parecido etc	habré parecido etc

CONDITIONAL		*IMPERATIVE*
PRESENT	PAST	
1. parecería	habría parecido	
2. parecerías	habrías parecido	(tú) parece
3. parecería	habría parecido	(Vd) parezca
1. pareceríamos	habríamos parecido	(nosotros) parezcamos
2. pareceríais	habríais parecido	(vosotros) pareced
3. parecerían	habrían parecido	(Vds) parezcan

SUBJUNCTIVE

PRESENT	IMPERFECT	PLUPERFECT
1. parezca	parec-iera/iese	hubiera parecido
2. parezcas	parec-ieras/ieses	hubieras parecido
3. parezca	parec-iera/iese	hubiera parecido
1. parezcamos	parec-iéramos/iésemos	hubiéramos parecido
2. parezcáis	parec-ierais/ieseis	hubierais parecido
3. parezcan	parec-ieran/iesen	hubieran parecido

PERFECT haya parecido etc

INFINITIVE	*PARTICIPLE*
PRESENT	PRESENT
parecer	pareciendo
PAST	PAST
haber parecido	parecido

PASEAR
to walk

PRESENT	IMPERFECT	FUTURE
1. paseo	paseaba	pasearé
2. paseas	paseabas	pasearás
3. pasea	paseaba	paseará
1. paseamos	paseábamos	pasearemos
2. paseáis	paseabais	pasearéis
3. pasean	paseaban	pasearán

PRETERITE	PERFECT	PLUPERFECT
1. paseé	he paseado	había paseado
2. paseaste	has paseado	habías paseado
3. paseó	ha paseado	había paseado
1. paseamos	hemos paseado	habíamos paseado
2. paseasteis	habéis paseado	habíais paseado
3. pasearon	han paseado	habían paseado

PAST ANTERIOR	FUTURE PERFECT
hube paseado etc	habré paseado etc

CONDITIONAL		*IMPERATIVE*
PRESENT	**PAST**	
1. pasearía	habría paseado	
2. pasearías	habrías paseado	(tú) pasea
3. pasearía	habría paseado	(Vd) pasee
1. pasearíamos	habríamos paseado	(nosotros) paseemos
2. pasearíais	habríais paseado	(vosotros) pasead
3. pasearían	habrían paseado	(Vds) paseen

SUBJUNCTIVE

PRESENT	IMPERFECT	PLUPERFECT
1. pasee	pase-ara/ase	hubiera paseado
2. pasees	pase-aras/ases	hubieras paseado
3. pasee	pase-ara/ase	hubiera paseado
1. paseemos	pase-áramos/ásemos	hubiéramos paseado
2. paseéis	pase-arais/aseis	hubierais paseado
3. paseen	pase-aran/asen	hubieran paseado

PERFECT haya paseado etc

INFINITIVE	*PARTICIPLE*
PRESENT	**PRESENT**
pasear	paseando
PAST	**PAST**
haber paseado	paseado

PRESENT	IMPERFECT	FUTURE
1. pido	pedía	pediré
2. pides	pedías	pedirás
3. pide	pedía	pedirá
1. pedimos	pedíamos	pediremos
2. pedís	pedíais	pediréis
3. piden	pedían	pedirán

PRETERITE	PERFECT	PLUPERFECT
1. pedí	he pedido	había pedido
2. pediste	has pedido	habías pedido
3. pidió	ha pedido	había pedido
1. pedimos	hemos pedido	habíamos pedido
2. pedisteis	habéis pedido	habíais pedido
3. pidieron	han pedido	habían pedido

PAST ANTERIOR	FUTURE PERFECT
hube pedido etc	habré pedido etc

CONDITIONAL		*IMPERATIVE*
PRESENT	PAST	
1. pediría	habría pedido	
2. pedirías	habrías pedido	(tú) pide
3. pediría	habría pedido	(Vd) pida
1. pediríamos	habríamos pedido	(nosotros) pidamos
2. pediríais	habríais pedido	(vosotros) pedid
3. pedirían	habrían pedido	(Vds) pidan

SUBJUNCTIVE		
PRESENT	IMPERFECT	PLUPERFECT
1. pida	pid-iera/iese	hubiera pedido
2. pidas	pid-ieras/ieses	hubieras pedido
3. pida	pid-iera/iese	hubiera pedido
1. pidamos	pid-iéramos/iésemos	hubiéramos pedido
2. pidáis	pid-ierais/ieseis	hubierais pedido
3. pidan	pid-ieran/iesen	hubieran pedido

PERFECT haya pedido etc

INFINITIVE	*PARTICIPLE*
PRESENT	PRESENT
pedir	pidiendo
PAST	PAST
haber pedido	pedido

PENSAR
to think

PRESENT	IMPERFECT	FUTURE
1. pienso	pensaba	pensaré
2. piensas	pensabas	pensarás
3. piensa	pensaba	pensará
1. pensamos	pensábamos	pensaremos
2. pensáis	pensabais	pensaréis
3. piensan	pensaban	pensarán

PRETERITE	PERFECT	PLUPERFECT
1. pensé	he pensado	había pensado
2. pensaste	has pensado	habías pensado
3. pensó	ha pensado	había pensado
1. pensamos	hemos pensado	habíamos pensado
2. pensasteis	habéis pensado	habíais pensado
3. pensaron	han pensado	habían pensado

PAST ANTERIOR	FUTURE PERFECT
hube pensado etc	habré pensado etc

CONDITIONAL		*IMPERATIVE*
PRESENT	**PAST**	
1. pensaría	habría pensado	
2. pensarías	habrías pensado	(tú) piensa
3. pensaría	habría pensado	(Vd) piense
1. pensaríamos	habríamos pensado	(nosotros) pensemos
2. pensaríais	habríais pensado	(vosotros) pensad
3. pensarían	habrían pensado	(Vds) piensen

SUBJUNCTIVE

PRESENT	IMPERFECT	PLUPERFECT
1. piense	pens-ara/ase	hubiera pensado
2. pienses	pens-aras/ases	hubieras pensado
3. piense	pens-ara/ase	hubiera pensado
1. pensemos	pens-áramos/ásemos	hubiéramos pensado
2. penséis	pens-arais/aseis	hubierais pensado
3. piensen	pens-aran/asen	hubieran pensado

PERFECT	haya pensado etc

INFINITIVE	*PARTICIPLE*
PRESENT	**PRESENT**
pensar	pensando
PAST	**PAST**
haber pensado	pensado

PRESENT	IMPERFECT	FUTURE
1. pierdo	perdía	perderé
2. pierdes	perdías	perderás
3. pierde	perdía	perderá
1. perdemos	perdíamos	perderemos
2. perdéis	perdíais	perderéis
3. pierden	perdían	perderán

PRETERITE	PERFECT	PLUPERFECT
1. perdí	he perdido	había perdido
2. perdiste	has perdido	habías perdido
3. perdió	ha perdido	había perdido
1. perdimos	hemos perdido	habíamos perdido
2. perdisteis	habéis perdido	habíais perdido
3. perdieron	han perdido	habían perdido

PAST ANTERIOR	FUTURE PERFECT
hube perdido etc	habré perdido etc

CONDITIONAL		*IMPERATIVE*
PRESENT	**PAST**	
1. perdería	habría perdido	
2. perderías	habrías perdido	(tú) pierde
3. perdería	habría perdido	(Vd) pierda
1. perderíamos	habríamos perdido	(nosotros) perdamos
2. perderíais	habríais perdido	(vosotros) perded
3. perderían	habrían perdido	(Vds) pierdan

SUBJUNCTIVE

PRESENT	IMPERFECT	PLUPERFECT
1. pierda	perd-iera/iese	hubiera perdido
2. pierdas	perd-ieras/ieses	hubieras perdido
3. pierda	perd-iera/iese	hubiera perdido
1. perdamos	perd-iéramos/iésemos	hubiéramos perdido
2. perdáis	perd-ierais/ieseis	hubierais perdido
3. pierdan	perd-ieran/iesen	hubieran perdido

PERFECT haya perdido etc

INFINITIVE	*PARTICIPLE*
PRESENT	**PRESENT**
perder	perdiendo
PAST	**PAST**
haber perdido	perdido

PERTENECER
to belong

PRESENT	IMPERFECT	FUTURE
1. pertenezco	pertenecía	perteneceré
2. perteneces	pertenecías	pertenecerás
3. pertenece	pertenecía	pertenecerá
1. pertenecemos	pertenecíamos	perteneceremos
2. pertenecéis	pertenecíais	pertenceréis
3. pertenecen	pertenecían	pertenecerán

PRETERITE	PERFECT	PLUPERFECT
1. pertenecí	he pertenecido	había pertenecido
2. perteneciste	has pertenecido	habías pertenecido
3. perteneció	ha pertenecido	había pertenecido
1. pertenecimos	hernos pertenecido	habíamos pertenecido
2. pertenecisteis	habéis pertenecido	habíais pertenecido
3. pertenecieron	han pertenecido	habían pertenecido

PAST ANTERIOR	FUTURE PERFECT
hube pertenecido etc	habré pertenecido etc

CONDITIONAL		*IMPERATIVE*
PRESENT	PAST	
1. pertenecería	habría pertenecido	
2. pertenecerías	habrías pertenecido	(tú) pertenece
3. pertenecería	habría pertenecido	(Vd) pertenezca
1. perteneceríamos	habríamos pertenecido	(nosotros) pertenezcamos
2. perteneceríais	habríais pertenecido	(vosotros) perteneced
3. pertenecerían	habrían pertenecido	(Vds) pertenezcan

SUBJUNCTIVE		
PRESENT	IMPERFECT	PLUPERFECT
1. pertenezca	pertenec-iera/iese	hubiera pertenecido
2. pertenezcas	pertenec-ieras/ieses	hubieras pertenecido
3. pertenezca	pertenec-iera/iese	hubiera pertenecido
1. pertenezcamos	pertenec-iéramos/ iésemos	hubiéramos pertenecido
2. pertenezcáis	pertenec-ierais/ieseis	hubierais pertenecido
3. pertenezcan	pertenec-ieran/iesen	hubieran pertenecido

PERFECT   haya pertenecido etc

INFINITIVE	*PARTICIPLE*
PRESENT	PRESENT
pertenecer	perteneciendo
PAST	PAST
haber pertenecido	pertenecido

PODER 152
to be able

PRESENT	IMPERFECT	FUTURE
1. puedo	podía	podré
2. puedes	podías	podrás
3. puede	podía	podrá
1. podemos	podíamos	podremos
2. podéis	podíais	podréis
3. pueden	podían	podrán

PRETERITE	PERFECT	PLUPERFECT
1. pude	he podido	había podido
2. pudiste	has podido	habías podido
3. pudo	ha podido	había podido
1. pudimos	hemos podido	habíamos podido
2. pudisteis	habéis podido	habíais podido
3. pudieron	han podido	habían podido

PAST ANTERIOR	FUTURE PERFECT
hube podido etc	habré podido etc

CONDITIONAL

PRESENT	PAST	IMPERATIVE
1. podría	habría podido	
2. podrías	habrías podido	(tú) puede
3. podría	habría podido	(Vd) pueda
1. podríamos	habríamos podido	(nosotros) podamos
2. podríais	habríais podido	(vosotros) poded
3. podrían	habrían podido	(Vds) puedan

SUBJUNCTIVE

PRESENT	IMPERFECT	PLUPERFECT
1. pueda	pud-iera/iese	hubiera podido
2. puedas	pud-ieras/ieses	hubieras podido
3. pueda	pud-iera/iese	hubiera podido
1. podamos	pud-iéramos/iésemos	hubiéramos podido
2. podáis	pud-ierais/ieseis	hubierais podido
3. puedan	pud-ieran/iesen	hubieran podido

PERFECT   haya podido etc

INFINITIVE	PARTICIPLE
PRESENT	PRESENT
poder	pudiendo
PAST	PAST
haber podido	podido

153

PONER
to put

PRESENT	IMPERFECT	FUTURE
1. pongo	poniá	pondré
2. pones	poniás	pondrás
3. pone	poniá	pondrá
1. ponemos	poníamos	pondremos
2. ponéis	poníais	pondréis
3. ponen	ponían	pondrán

PRETERITE	PERFECT	PLUPERFECT
1. puse	he puesto	había puesto
2. pusiste	has puesto	habías puesto
3. puso	ha puesto	había puesto
1. pusimos	hemos puesto	habíamos puesto
2. pusisteis	habéis puesto	habíais puesto
3. pusieron	han puesto	habían puesto

PAST ANTERIOR	FUTURE PERFECT
hube puesto etc	habré puesto etc

CONDITIONAL		*IMPERATIVE*
PRESENT	**PAST**	
1. pondría	habría puesto	
2. pondrías	habrías puesto	(tú) pon
3. pondría	habría puesto	(Vd) ponga
1. pondríamos	habríamos puesto	(nosotros) pongamos
2. pondríais	habríais puesto	(vosotros) poned
3. pondrían	habrían puesto	(Vds) pongan

SUBJUNCTIVE

PRESENT	IMPERFECT	PLUPERFECT
1. ponga	pus-iera/iese	hubiera puesto
2. pongas	pus-ieras/ieses	hubieras puesto
3. ponga	pus-iera/iese	hubiera puesto
1. pongamos	pus-iéramos/iésemos	hubiéramos puesto
2. pongáis	pus-ierais/ieseis	hubierais puesto
3. pongan	pus-ieran/iesen	hubieran puesto

PERFECT	haya puesto etc

INFINITIVE	*PARTICIPLE*
PRESENT	**PRESENT**
poner	poniendo
PAST	**PAST**
haber puesto	puesto

to prefer

PRESENT	IMPERFECT	FUTURE
1. prefiero	prefería	preferiré
2. prefieres	preferías	preferirás
3. prefiere	prefería	preferirá
1. preferimos	preferíamos	preferiremos
2. preferís	preferíais	preferiréis
3. prefieren	preferían	preferirán

PRETERITE	PERFECT	PLUPERFECT
1. preferí	he preferido	había preferido
2. preferiste	has preferido	habías preferido
3. prefirió	ha preferido	había preferido
1. preferimos	hemos preferido	habíamos preferido
2. preferisteis	habéis preferido	habíais preferido
3. prefirieron	han preferido	habían preferido

PAST ANTERIOR	FUTURE PERFECT
hube preferido etc	habré preferido etc

CONDITIONAL		*IMPERATIVE*
PRESENT	**PAST**	
1. preferiría	habría preferido	
2. preferirías	habrías preferido	(tú) prefiere
3. preferiría	habría preferido	(Vd) prefiera
1. preferiríamos	habríamos preferido	(nosotros) prefiramos
2. preferiríais	habríais preferido	(vosotros) preferid
3. preferirían	habrían preferido	(Vds) prefieran

SUBJUNCTIVE		
PRESENT	**IMPERFECT**	**PLUPERFECT**
1. prefiera	prefir-iera/iese	hubiera preferido
2. prefieras	prefir-ieras/ieses	hubieras preferido
3. prefiera	prefir-iera/iese	hubiera preferido
1. prefiramos	prefir-iéramos/iésemos	hubiéramos preferido
2. prefiráis	prefir-ierais/ieseis	hubierais preferido
3. prefieran	prefir-ieran/iesen	hubieran preferido

PERFECT   haya preferido etc

INFINITIVE	*PARTICIPLE*
PRESENT	**PRESENT**
preferir	prefiriendo
PAST	**PAST**
haber preferido	preferido

155 PROBAR
to try, to taste

PRESENT	IMPERFECT	FUTURE
1. pruebo	probaba	probaré
2. pruebas	probabas	probarías
3. prueba	probaba	probará
1. probamos	probábamos	probaremos
2. probáis	probabais	probaréis
3. proeban	probaban	probarán

PAST HISTORIC	PERFECT	PLUPERFECT
1. probé	he probado	había probado
2. probaste	has probado	habías probado
3. probó	ha probado	había probado
1. probamos	hemos probado	habíamos probado
2. probasteis	habén probado	habíais probado
3. probaron	han probado	habían probado

PAST ANTERIOR		FUTURE PERFECT
hube probado etc		habré probado etc

CONDITIONAL

PRESENT	PAST	IMPERATIVE
1. probaría	habría probado	
2. probarías	habrías probado	(tú) prueba
3. probaría	habría probado	(Vd) pruebe
1. probaríamos	habríamos probado	(nosotros) probemos
2. probaríais	habríais probado	(vosotros) probed
3. probarían	habrían probado	(Vds) prueben

SUBJUNCTIVE

PRESENT	IMPERFECT	PLUPERFECT
1. pruebe	prob-ara/ase	hubiera probado
2. pruebes	prob-aras/ases	hubieras probado
3. pruebe	prob-ara/ase	hubiera probado
1. probemos	prob-áramos/ásemos	hubiéramos probado
2. probéis	prob-arais/aseis	hubierais probado
3. prueben	prob-aran/asen	hubieran probado

PERFECT haya probado etc

INFINITIVE	PARTICIPLE
PRESENT	**PRESENT**
probar	probando
PAST	**PAST**
haber probado	probado

410

PRESENT	IMPERFECT	FUTURE
1. prohíbo	prohibía	prohibiré
2. prohíbes	prohibías	prohibirás
3. prohíbe	prohibía	prohibirá
1. prohibimos	prohibíamos	prohibiremos
2. prohibís	prohibíais	prohibiréis
3. prohíben	prohibían	prohibirán

PRETERITE	PERFECT	PLUPERFECT
1. prohibí	he prohibido	había prohibido
2. prohibiste	has prohibido	había prohibido
3. prohibió	ha prohibido	había prohibido
1. prohibimos	hemos prohibido	habíamos prohibido
2. prohibisteis	habéis prohibido	habíais prohibido
3. prohibieron	han prohibido	habían prohibido

PAST ANTERIOR	FUTURE PERFECT
hube prohibido etc	habré prohibido etc

CONDITIONAL		*IMPERATIVE*
PRESENT	**PAST**	
1. prohibiría	habría prohibido	
2. prohibirías	habrías prohibido	(tú) prohíbe
3. prohibiría	habría prohibido	(Vd) prohíba
1. prohibiríamos	habríamos prohibido	(nosotros) prohibamos
2. prohibiríais	habríais prohibido	(vosotros) prohibid
3. prohibirían	habrían prohibido	(Vds) prohíban

SUBJUNCTIVE		
PRESENT	**IMPERFECT**	**PLUPERFECT**
1. prohíba	prohib-iera/iese	hubiera prohibido
2. prohíbas	prohib-ieras/ieses	hubieras prohibido
3. prohíba	prohib-iera/iese	hubiera prohibido
1. prohibamos	prohib-iéramos/iésemos	hubiéramos prohibido
2. prohibáis	prohib-ierais/ieseis	hubierais prohibido
3. prohíban	prohib-ieran/iesen	hubieran prohibido

PERFECT   haya prohibido etc

INFINITIVE	*PARTICIPLE*
PRESENT	**PRESENT**
prohibir	prohibiendo
PAST	**PAST**
haber prohibido	prohibido

157 PROTEGER
to protect

PRESENT	IMPERFECT	FUTURE
1. protejo	protegía	protegeré
2. proteges	protegías	protegerás
3. protege	protegía	protegerá
1. protegemos	protegíamos	protegeremos
2. protegéis	protegíais	protegeréis
3. protegen	protegían	protegerán

PRETERITE	PERFECT	PLUPERFECT
1. protegí	he protegido	había protegido
2. protegiste	has protegido	habías protegido
3. protegió	ha protegido	había protegido
1. protegimos	hemos protegido	habíamos protegido
2. protegisteis	habéis protegido	habíais protegido
3. protegieron	han protegido	habían protegido

PAST ANTERIOR	FUTURE PERFECT
hube protegido etc	habré protegido etc

CONDITIONAL

PRESENT	PAST	IMPERATIVE
1. protegería	habría protegido	
2. protegerías	habrías protegido	(tú) protege
3. protegería	habría protegido	(Vd) proteja
1. protegeríamos	habríamos protegido	(nosotros) protejamos
2. protegeríais	habríais protegido	(vosotros) proteged
3. protegerían	habrían protegido	(Vds) protejan

SUBJUNCTIVE

PRESENT	IMPERFECT	PLUPERFECT
1. proteja	proteg-iera/iese	hubiera protegido
2. protejas	proteg-ieras/ieses	hubieras protegido
3. proteja	proteg-iera/iese	hubiera protegido
1. protejamos	proteg-iéramos/iésemos	hubiéramos protegido
2. protejáis	proteg-ierais/ieseis	hubierais protegido
3. protejan	proteg-ieran/iesen	hubieran protegido

PERFECT   haya protegido etc

INFINITIVE	PARTICIPLE
PRESENT	**PRESENT**
proteger	protegiendo
PAST	**PAST**
haber protegido	protegido

412

PUDRIR
to rot

158

PRESENT	IMPERFECT	FUTURE
1. pudro	pudría	pudriré
2. pudres	pudrías	pudrirás
3. pudre	pudría	pudrirá
1. pudrimos	pudríamos	pudriremos
2. pudrís	pudríais	pudriréis
3. pudren	pudrían	pudrirán

PRETERITE	PERFECT	PLUPERFECT
1. pudrí	he podrido	había podrido
2. pudriste	has podrido	habías podrido
3. pudrió	ha podrido	había podrido
1. pudrimos	hemos podrido	habíamos podrido
2. pudristeis	habéis podrido	habíais podrido
3. pudrieron	han podrido	habían podrido

PAST ANTERIOR	FUTURE PERFECT
hube podrido etc	habré podrido etc

CONDITIONAL

IMPERATIVE

PRESENT	PAST	
1. pudriría	habría podrido	
2. pudrirías	habrías podrido	(tú) pudre
3. pudriría	habría podrido	(Vd) pudra
1. pudriríamos	habríamos podrido	(nosotros) pudramos
2. pudriríais	habríais podrido	(vosotros) pudrid
3. pudrirían	habrían podrido	(Vds) pudran

SUBJUNCTIVE

PRESENT	IMPERFECT	PLUPERFECT
1. pudra	pudr-iera/iese	hubiera podrido
2. pudras	pudr-ieras/ieses	hubieras podrido
3. pudra	pudr-iera/iese	hubiera podrido
1. pudramos	pudr-iéramos/iésemos	hubiéramos podrido
2. pudráis	pudr-ierais/ieseis	hubierais podrido
3. pudran	pudr-ieran/iesen	hubieran podrido

PERFECT haya podrido etc

INFINITIVE	*PARTICIPLE*
PRESENT	**PRESENT**
pudrir	pudriendo
PAST	**PAST**
haber podrido	podrido

159 QUERER
to want, to love

PRESENT	**IMPERFECT**	**FUTURE**
1. quiero	quería	querré
2. quieres	querías	querrás
3. quiere	quería	querrá
1. queremos	queríamos	querremos
2. queréis	queríais	querréis
3. quieren	querían	querrán

PRETERITE	**PERFECT**	**PLUPERFECT**
1. quise	he querido	había querido
2. quisiste	has querido	habías querido
3. quiso	ha querido	había querido
1. quisimos	hemos querido	habíamos querido
2. quisisteis	habéis querido	habíais querido
3. quisieron	han querido	habían querido

PAST ANTERIOR	**FUTURE PERFECT**
hube querido etc	habré querido etc

CONDITIONAL		*IMPERATIVE*
PRESENT	**PAST**	
1. querría	habría querido	
2. querrías	habrías querido	(tú) quiere
3. querría	habría querido	(Vd)quiera
1. querríamos	habríamos querido	(nosotros) queramos
2. querríais	habríais querido	(vosotros) quered
3. querrían	habrían querido	(Vds) quieran

SUBJUNCTIVE

PRESENT	**IMPERFECT**	**PLUPERFECT**
1. quiera	quis-iera/iese	hubiera querido
2. quieras	quis-ieras/ieses	hubieras querido
3. quiera	quis-iera/iese	hubiera querido
1. queramos	quis-iéramos/iésemos	hubiéramos querido
2. queráis	quis-ierais/ieseis	hubierais querido
3. quieran	quis-ieran/iesen	hubieran querido

PERFECT haya querido etc

INFINITIVE	*PARTICIPLE*
PRESENT	**PRESENT**
querer	queriendo
PAST	**PAST**
haber querido	querido

PRESENT	IMPERFECT	FUTURE
1. recibo	recibía	recibiré
2. recibes	recibías	recibirás
3. recibe	recibía	recibirá
1. recibimos	recibíamos	recibiremos
2. recibís	recibíais	recibiréis
3. reciben	recibían	recibirán

PRETERITE	PERFECT	PLUPERFECT
1. recibí	he recibido	había recibido
2. recibiste	has recibido	habías recibido
3. recibió	ha recibido	había recibido
1. recibimos	hemos recibido	habíamos recibido
2. recibisteis	habéis recibido	habíais recibido
3. recibieron	han recibido	habían recibido

PAST ANTERIOR	FUTURE PERFECT
hube recibido etc	habré recibido etc

CONDITIONAL		*IMPERATIVE*
PRESENT	**PAST**	
1. recibiría	habría recibido	
2. recibirías	habrías recibido	(tú) recibe
3. recibiría	habría recibido	(Vd) reciba
1. recibiríamos	habríamos recibido	(nosotros) recibamos
2. recibiríais	habríais recibido	(vosotros) recibid
3. recibirían	habrían recibido	(Vds) reciban

SUBJUNCTIVE		
PRESENT	**IMPERFECT**	**PLUPERFECT**
1. reciba	recib-iera/iese	hubiera recibido
2. recibas	recib-ieras/ieses	hubieras recibido
3. reciba	recib-iera/iese	hubiera recibido
1. recibamos	recib-iéramos/iésemos	hubiéramos recibido
2. recibáis	recib-ierais/ieseis	hubierais recibido
3. reciban	recib-ieran/iesen	hubieran recibido

PERFECT   haya recibido etc

INFINITIVE	*PARTICIPLE*
PRESENT	**PRESENT**
recibir	recibiendo
PAST	**PAST**
haber recibido	recibido

PRESENT	IMPERFECT	FUTURE
1. recuerdo	recordaba	recordaré
2. recuerdas	recordabas	recordarás
3. recuerda	recordaba	recordará
1. recordamos	recordábamos	recordaremos
2. recordáis	recordabais	recordaréis
3. recuerdan	recordaban	recordarán

PRETERITE	PERFECT	PLUPERFECT
1. recordé	he recordado	había recordado
2. recordaste	has recordado	habías recordado
3. recordó	ha recordado	había recordado
1. recordamos	hemos recordado	habíamos recordado
2. recordasteis	habéis recordado	habíais recordado
3. recordaron	han recordado	habían recordado

PAST ANTERIOR	FUTURE PERFECT
hube recordado etc	habré recordado etc

CONDITIONAL		IMPERATIVE
PRESENT	**PAST**	
1. recordaría	habría recordado	
2. recordarías	habrías recordado	(tú) recuerda
3. recordaría	habría recordado	(Vd) recuerde
1. recordaríamos	habríamos recordado	(nosotros) recordemos
2. recordaríais	habríais recordado	(vosotros) recordad
3. recordarían	habrían recordado	(Vds) recuerden

SUBJUNCTIVE

PRESENT	IMPERFECT	PLUPERFECT
1. recuerde	record-ara/ase	hubiera recordado
2. recuerdes	record-aras/ases	hubieras recordado
3. recuerde	record-ara/ase	hubiera recordado
1. recordemos	record-áramos/ásemos	hubiéramos recordado
2. recordéis	record-arais/aseis	hubierais recordado
3. recuerden	record-aran/asen	hubieran recordado

PERFECT haya recordado etc

INFINITIVE	PARTICIPLE
PRESENT	**PRESENT**
recordar	recordando
PAST	**PAST**
haber recordado	recordado

REDUCIR
to reduce

PRESENT	IMPERFECT	FUTURE
1. reduzco	reducía	reduciré
2. reduces	reducías	reducirás
3. reduce	reducía	reducirá
1. reducimos	reducíamos	reduciremos
2. reducís	reducíais	reduciréis
3. reducen	reducían	reducirán

PRETERITE	PERFECT	PLUPERFECT
1. reduje	he reducido	había reducido
2. redujiste	has reducido	habías reducido
3. redujo	ha reducido	había reducido
1. redujimos	hemos reducido	habíamos reducido
2. redujisteis	habéis reducido	habíais reducido
3. redujeron	han reducido	habían reducido

PAST ANTERIOR	FUTURE PERFECT
hube reducido etc	habré reducido etc

CONDITIONAL		IMPERATIVE
PRESENT	PAST	
1. reduciría	habría reducido	
2. reducirías	habrías reducido	(tú) reduce
3. reduciría	habría reducido	(Vd) reduzca
1. reduciríamos	habríamos reducido	(nosotros) reduzcamos
2. reduciríais	habríais reducido	(vosotros) reducid
3. reducirían	habrían reducido	(Vds) reduzcan

SUBJUNCTIVE		
PRESENT	IMPERFECT	PLUPERFECT
1. reduzca	reduj-era/ese	hubiera reducido
2. reduzcas	reduj-eras/eses	hubieras reducido
3. reduzca	reduj-era/ese	hubiera reducido
1. reduzcamos	reduj-éramos/ésemos	hubiéramos reducido
2. reduzcáis	reduj-erais/eseis	hubierais reducido
3. reduzcan	reduj-eran/esen	hubieran reducido

PERFECT   haya reducido etc

INFINITIVE	PARTICIPLE
PRESENT	PRESENT
reducir	reduciendo
PAST	PAST
haber reducido	reducido

163 REGALAR
to give as a present

PRESENT	IMPERFECT	FUTURE
1. regalo	regalaba	regalaré
2. regalas	regalabas	regalarás
3. regala	regalaba	reglará
1. regalamos	regalábamos	regalaremos
2. regaláis	regalabais	regalaréis
3. regalan	regalaban	regalarán

PRETERITE	PERFECT	PLUPERFECT
1. regalé	he regalado	había regalado
2. regalaste	has regalado	habías regalado
3. regaló	ha regalado	había regalado
1. regalamos	hemos regalado	habíamos regalado
2. regalasteis	habéis regalado	habíais regalado
3. regalaron	han regalado	habían regalado

PAST ANTERIOR	FUTURE PERFECT
hube regelado etc	habré regalado etc

CONDITIONAL		*IMPERATIVE*
PRESENT	**PAST**	
1. regalaría	habría regalado	
2. regalarías	habrías regalado	(tú) regala
3. regalaría	habría regalado	(Vd regale)
1. regalaríamos	habríamos regalado	(nosotros) regalemos
2. regalaríais	habríais regalado	(vosotros) regalad
3. regalarian	habrían regalado	(Vds) regalen

SUBJUNCTIVE

PRESENT	IMPERFECT	PLUPERFECT
1. regale	regal-ara/ase	hubiera regalado
2. regales	regal-aras/ases	hubieras regalado
3. regale	regal-ara/ase	hubiera regalado
1. regalemos	regal-áramos/ásemos	hubiéramos regalado
2. regaléis	regal-arais/aseis	hubierais regalado
3. regalen	regal-aran/asen	hubieran regalado

PERFECT haya regalado etc

INFINITIVE	*PARTICIPLE*
PRESENT	**PRESENT**
regalar	regalado
PAST	**PAST**
haber regalado	regalado

PRESENT	IMPERFECT	FUTURE
1. rehúyo	rehuía	rehuiré
2. rehúyes	rehuías	rehuirás
3. rehúye	rehuía	rehuirá
1. rehuimos	rehuíamos	rehuiremos
2. rehuís	rehuíais	rehuiréis
3. rehúyen	rehuían	rehuirán

PRETERITE	PERFECT	PLUPERFECT
1. rehuí	he rehuido	había rehuido
2. rehuiste	has rehuido	habías rehuido
3. rehuyó	ha rehuido	había rehuido
1. rehuimos	hemos rehuido	habíamos rehuido
2. rehuisteis	habéis rehuido	habíais rehuido
3. rehuyeron	han rehuido	habían rehuido

PAST ANTERIOR	FUTURE PERFECT
hube rehuido etc	habré rehuido etc

CONDITIONAL		*IMPERATIVE*
PRESENT	**PAST**	
1. rehuiria	habría rehuido	
2. rehuirías	habrías rehuido	(tú) rehúye
3. rehuiría	habría rehuido	(Vd) rehúya
1. rehuiríamos	habríamos rehuido	(nosotros) rehuyamos
2. rehuirías	habríais rehuido	(vosotros) rehuid
3. rehuirían	habrían rehuido	(Vds) rehúyan

SUBJUNCTIVE		
PRESENT	**IMPERFECT**	**PLUPERFECT**
1. rehúya	rehu-yera/yese	hubiera rehuido
2. rehúyas	rehu-yeras/yeses	hubieras rehuido
3. rehúya	rehu-yera/yese	hubiera rehuido
1. rehuyamos	rehu-yéramos/yésemos	hubiéramos rehuido
2. rehuyáis	rehu-yerais/yeseis	hubierais rehuido
3. rehúyan	rehu-yeran/yesen	hubieran rehuido

PERFECT   haya rehuido etc

INFINITIVE	*PARTICIPLE*
PRESENT	**PRESENT**
rehuir	rehuyendo
PAST	**PAST**
haber rehuido	rehuido

REHUSAR
to refuse

PRESENT	IMPERFECT	FUTURE
1. rehúso	rehusaba	rehusaré
2. rehúsas	rehusabas	rehusarás
3. rehúsa	rehusaba	rehusará
1. rehusamos	rehusábamos	rehusaremos
2. rehusáis	rehusabais	rehusaréis
3. rehúsan	rehusaban	rehusarán

PRETERITE	PERFECT	PLUPERFECT
1. rehusé	he rehusado	había rehusado
2. rehusaste	has rehusado	habías rehusado
3. rehusó	ha rehusado	había rehusado
1. rehusamos	hemos rehusado	habíamos rehusado
2. rehusasteis	habéis rehusado	habíais rehusado
3. rehusaron	han rehusado	habían rehusado

PAST ANTERIOR	FUTURE PERFECT
hube rehusado etc	habré rehusado etc

CONDITIONAL		*IMPERATIVE*
PRESENT	**PAST**	
1. rehusaría	habría rehusado	
2. rehusarías	habrías rehusado	(tú) rehúsa
3. rehusaría	habría rehusado	(Vd) rehúse
1. rehusaríamos	habríamos rehusado	(nosotros) rehusemos
2. rehusaríais	habríais rehusado	(vosotros) rehusad
3. rehusarían	habrían rehusado	(Vds) rehúsen

SUBJUNCTIVE

PRESENT	IMPERFECT	PLUPERFECT
1. rehúse	rehus-ara/ase	hubiera rehusado
2. rehúses	rehus-aras/ases	hubieras rehusado
3. rehúse	rehus-ara/ase	hubiera rehusado
1. rehusemos	rehus-áramos/ásemos	hubiéramos rehusado
2. rehuséis	rehus-arais/aseis	hubierais rehusado
3. rehúsen	rehus-aran/asen	hubieran rehusado

PERFECT haya rehusado etc

INFINITIVE	*PARTICIPLE*
PRESENT	**PRESENT**
rehusar	rehusando
PAST	**PAST**
haber rehusado	rehusado

PRESENT	IMPERFECT	FUTURE
1. río	reía	reiré
2. ríes	reías	reirás
3. ríe	reía	reirá
1. reímos	reíamos	reiremos
2. reís	reíais	reiréis
3. ríen	reían	reirán

PRETERITE	PERFECT	PLUPERFECT
1. reí	he reído	había reído
2. reíste	has reído	habías reído
3. rió	ha reído	había reído
1. reímos	hemos reído	habíamos reído
2. reísteis	habéis reído	habíais reído
3. rieron	han reído	habían reído

PAST ANTERIOR	FUTURE PERFECT
hube reído etc	habré reído etc

CONDITIONAL		*IMPERATIVE*
PRESENT	**PAST**	
1. reiría	habría reído	
2. reirías	habrías reído	(tú) ríe
3. reiría	habría reído	(Vd) ría
1. reiríamos	habríamos reído	(nosotros) riamos
2. reiríais	habríais reído	(vosotros) reíd
3. reirían	habrían reído	(Vds) rían

SUBJUNCTIVE		
PRESENT	**IMPERFECT**	**PLUPERFECT**
1. ría	ri-era/ese	hubiera reído
2. rías	ri-eras/eses	hubieras reído
3. ría	ri-era/ese	hubiera reído
1. riamos	ri-éramos/ésemos	hubiéramos reído
2. riáis	ri-erais/eseis	hubierais reído
3. rían	ri-eran/esen	hubieran reído

PERFECT   haya reído etc

INFINITIVE	*PARTICIPLE*
PRESENT	**PRESENT**
reír	riendo
PAST	**PAST**
haber reído	reído

167 RENOVAR
to renew

PRESENT	IMPERFECT	FUTURE
1. renuevo	renovaba	renovaré
2. renuevas	renovabas	renovarás
3. renueva	renovaba	renovará
1. renovamos	renovábamos	renovaremos
2. renováis	renovabais	renovaréis
3. renuevan	renovaban	renovarán

PRETERITE	PERFECT	PLUPERFECT
1. renové	he renovado	había renovado
2. renovaste	has renovado	habías renovado
3. renovó	ha renovado	había renovado
1. renovamos	hemos renovado	habíamos renovado
2. renovasteis	habéis renovado	habíais renovado
3. renovaron	han renovado	habían renovado

PAST ANTERIOR	FUTURE PERFECT
hube renovado etc	habré renovado etc

CONDITIONAL		IMPERATIVE
PRESENT	PAST	
1. renovaría	habría renovado	
2. renovarías	habrías renovado	(tú) renueva
3. renovaría	habría renovado	(Vd) renueve
1. renovaríamos	habríamos renovado	(nosotros) renovemos
2. renovaríais	habríais renovado	(vosotros) renovad
3. renovarían	habrían renovado	(Vds) renueven

SUBJUNCTIVE

PRESENT	IMPERFECT	PLUPERFECT
1. renueve	renov-ara/ase	hubiera renovado
2. renueves	renov-aras/ases	hubieras renovado
3. renueve	renov-ara/ase	hubiera renovado
1. renovemos	renov-áramos/ásemos	hubiéramos renovado
2. renovéis	renov-arais/aseis	hubierais renovado
3. renueven	renov-aran/asen	hubieran renovado

PERFECT   haya renovado etc

INFINITIVE	PARTICIPLE
PRESENT	PRESENT
renovar	renovando
PAST	PAST
haber renovado	renovado

REÑIR
to scold

PRESENT	IMPERFECT	FUTURE
1. riño	reñía	reñiré
2. riñes	reñías	reñirás
3. riñe	reñía	reñirá
1. reñimos	reñíamos	reñiremos
2. reñís	reñíais	reñiréis
3. riñen	reñían	reñirán

PRETERITE	PERFECT	PLUPERFECT
1. reñí	he reñido	había reñido
2. reñiste	has reñido	habías reñido
3. riñó	ha reñido	había reñido
1. reñimos	hemos reñido	habíamos reñido
2. reñisteis	habéis reñido	habíais reñido
3. riñeron	han reñido	habían reñido

PAST ANTERIOR	FUTURE PERFECT
hube reñido etc	habré reñido etc

CONDITIONAL		*IMPERATIVE*
PRESENT	**PAST**	
1. reñiría	habría reñido	
2. reñirías	habrías reñido	(tú) riñe
3. reñiría	habría reñido	(Vd) riña
1. reñiríamos	habríamos reñido	(nosotros) riñamos
2. reñiríais	habríais reñido	(vosotros) reñid
3. reñirían	habrían reñido	(Vds) riñan

SUBJUNCTIVE

PRESENT	IMPERFECT	PLUPERFECT
1. riña	riñ-era/ese	hubiera reñido
2. riñas	riñ-eras/eses	hubieras reñido
3. riña	riñ-era/ese	hubiera reñido
1. riñamos	riñ-éramos/ésemos	hubiéramos reñido
2. riñáis	riñ-erais/eseis	hubierais reñido
3. riñan	riñ-eran/esen	hubieran reñido

PERFECT   haya reñido etc

INFINITIVE	*PARTICIPLE*
PRESENT	**PRESENT**
reñir	riñendo
PAST	**PAST**
haber reñido	reñido

REPETIR
to repeat

PRESENT	IMPERFECT	FUTURE
1. repito	repetía	repetiré
2. repites	repetías	repetirás
3. repite	repetía	repetirá
1. repetimos	repetíamos	repetiremos
2. repetís	repetíais	repetiréis
3. repiten	repetían	repetirán

PRETERITE	PERFECT	PLUPERFECT
1. repetí	he repetido	había repetido
2. repetiste	has repetido	habías repetido
3. repitió	ha repetido	había repetido
1. repetimos	hemos repetido	habíamos repetido
2. repetisteis	habéis repetido	habíais repetido
3. repitieron	han repetido	habían repetido

PAST ANTERIOR	FUTURE PERFECT
hube repetido etc	habré repetido etc

CONDITIONAL		*IMPERATIVE*
PRESENT	**PAST**	
1. repetiría	habría repetido	
2. repetirías	habrías repetido	(tú) repite
3. repetiría	habría repetido	(Vd) repita
1. repetiríamos	habríamos repetido	(nosotros) repitamos
2. repetiríais	habríais repetido	(vosotros) repetid
3. repetirían	habrían repetido	(Vds) repitan

SUBJUNCTIVE		
PRESENT	**IMPERFECT**	**PLUPERFECT**
1. repita	repit-iera/iese	hubiera repetido
2. repitas	repit-ieras/ieses	hubieras repetido
3. repita	repit-iera/iese	hubiera repetido
1. repitamos	repit-iéramos/iésemos	hubiéramos repetido
2. repitáis	repit-ierais/ieseis	hubierais repetido
3. repitan	repit-ieran/iesen	hubieran repetido

PERFECT haya repetido etc

INFINITIVE	*PARTICIPLE*
PRESENT	**PRESENT**
repetir	repitiendo
PAST	**PAST**
haber repetido	repetido

to gnaw

PRESENT	IMPERFECT	FUTURE
1. roo/roigo/royo	roía	roeré
2. roes	roías	roerás
3. roe	roía	roerá
1. roemos	roíamos	roeremos
2. roéis	roíais	roeréis
3. roen	roían	roerán

PRETERITE	PERFECT	PLUPERFECT
1. roí	he roído	había roído
2. roíste	has roído	habías roído
3. royó	ha roído	había roído
1. roímos	hemos roído	habíamos roído
2. roísteis	habéis roído	habíais roído
3. royeron	han roído	habían roído

PAST ANTERIOR		FUTURE PERFECT
hube roído etc		habré roído etc

CONDITIONAL		*IMPERATIVE*
PRESENT	**PAST**	
1. roería	habría roído	
2. roerías	habrías roído	(tú) roe
3. roería	habría roído	(Vd) roa
1. roeríamos	habríamos roído	(nosotros) roamos
2. roeríais	habríais roído	(vosotros) roed
3. roerían	habrían roído	(Vds) roan

SUBJUNCTIVE		
PRESENT	**IMPERFECT**	**PLUPERFECT**
1. roa/roiga/roya	ro-yera/yese	hubiera roído
2. roas	ro-yeras/yeses	hubieras roído
3. roa	ro-yera/yese	hubiera roído
1. roamos	ro-yéramos/yésemos	hubiéramos roído
2. roáis	ro-yerais/yeseis	hubierais roído
3. roan	ro-yeran/yesen	hubieran roído

PERFECT haya roído etc

INFINITIVE	*PARTICIPLE*
PRESENT	**PRESENT**
roer	royendo
PAST	**PAST**
haber roído	roído

171

ROGAR
to beg

PRESENT	IMPERFECT	FUTURE
1. ruego	rogaba	rogaré
2. ruegas	rogabas	rogarás
3. ruega	rogaba	rogará
1. rogamos	rogábamos	rogaremos
2. rogáis	rogabais	rogaréis
3. ruegan	rogaban	rogarán

PRETERITE	PERFECT	PLUPERFECT
1. rogué	he rogado	había rogado
2. rogaste	has rogado	habías rogado
3. rogó	ha rogado	había rogado
1. rogamos	hemos rogado	habíamos rogado
2. rogasteis	habéis rogado	habíais rogado
3. rogaron	han rogado	habían rogado

PAST ANTERIOR	FUTURE PERFECT
hube rogado etc	habré rogado etc

CONDITIONAL		IMPERATIVE
PRESENT	PAST	
1. rogaría	habría rogado	
2. rogarías	habrías rogado	(tú) ruega
3. rogaría	habría rogado	(Vd) ruegue
1. rogaríamos	habríamos rogado	(nosotros) roguemos
2. rogaríais	habíais rogado	(vosotros) rogad
3. rogarían	habrían rogado	(Vds) rueguen

SUBJUNCTIVE

PRESENT	IMPERFECT	PLUPERFECT
1. ruegue	rog-ara/ase	hubiera rogado
2. ruegues	rog-aras/ases	hubieras rogado
3. ruegue	rog-ara/ase	hubiera rogado
1. roguemos	rog-áramos/ásemos	hubiéramos rogado
2. roguéis	rog-arais/aseis	hubierais rogado
3. rueguen	rog-aran/asen	hubieran rogado

PERFECT   haya rogado etc

INFINITIVE	PARTICIPLE
PRESENT	PRESENT
rogar	rogando
PAST	PAST
haber rogado	rogado

PRESENT	IMPERFECT	FUTURE
1. rompo	rompía	romperé
2. rompes	rompías	romperás
3. rompe	rompía	romperá
1. rompemos	rompíamos	romperemos
2. rompéis	rompíais	romperéis
3. rompen	rompían	romperán

PRETERITE	PERFECT	PLUPERFECT
1. rompí	he roto	había roto
2. rompiste	has roto	habías roto
3. rompió	ha roto	había roto
1. rompimos	hemos roto	habíamos roto
2. rompisteis	habéis roto	habíais roto
3. rompieron	han roto	habían roto

PAST ANTERIOR		FUTURE PERFECT
hube roto etc		habré roto etc

CONDITIONAL

PRESENT	PAST	*IMPERATIVE*
1. rompería	habría roto	
2. romperías	habrías roto	(tú) rompe
3. rompería	habría roto	(Vd) rompa
1. romperíamos	habríamos roto	(nosotros) rompamos
2. romperíais	habríais roto	(vosotros) romped
3. romperían	habrían roto	(Vds) rompan

SUBJUNCTIVE

PRESENT	IMPERFECT	PLUPERFECT
1. rompa	romp-iera/iese	hubiera roto
2. rompas	romp-ieras/ieses	hubieras roto
3. rompa	romp-iera/iese	hubiera roto
1. rompamos	romp-iéramos/iésemos	hubiéramos roto
2. rompáis	romp-ierais/ieseis	hubierais roto
3. rompan	romp-ieran/iesen	hubieran roto

PERFECT   haya roto etc

INFINITIVE	*PARTICIPLE*
PRESENT	PRESENT
romper	rompiendo
PAST	PAST
haber roto	roto

SABER
to know

PRESENT	IMPERFECT	FUTURE
1. sé	sabía	sabré
2. sabes	sabías	sabrás
3. sabe	sabía	sabrá
1. sabemos	sabíamos	sabremos
2. sabéis	sabíais	sabréis
3. saben	sabían	sabrán

PRETERITE	PERFECT	PLUPERFECT
1. supe	he sabido	había sabido
2. supiste	has sabido	habías sabido
3. supo	ha sabido	había sabido
1. supimos	hemos sabido	habíamos sabido
2. supisteis	habéis sabido	habíais sabido
3. supieron	han sabido	habían sabido

PAST ANTERIOR	FUTURE PERFECT
hube sabido etc	habré sabido etc

CONDITIONAL		IMPERATIVE
PRESENT	PAST	
1. sabría	habría sabido	
2. sabrías	habrías sabido	(tú) sabe
3. sabría	habría sabido	(Vd) sepa
1. sabríamos	habríamos sabido	(nosotros) sepamos
2. sabríais	habríais sabido	(vosotros) sabed
3. sabrían	habrían sabido	(Vds) sepan

SUBJUNCTIVE

PRESENT	IMPERFECT	PLUPERFECT
1. sepa	sup-iera/iese	hubiera sabido
2. sepas	sup-ieras/ieses	hubieras sabido
3. sepa	sup-iera/iese	hubiera sabido
1. sepamos	sup-iéramos/iésemos	hubiéramos sabido
2. sepáis	sup-ierais/ieseis	hubierais sabido
3. sepan	sup-ieran/iesen	hubieran sabido

PERFECT   haya sabido etc

INFINITIVE	PARTICIPLE
PRESENT	PRESENT
saber	sabiendo
PAST	PAST
haber sabido	sabido

SACAR
to take out
174

PRESENT	IMPERFECT	FUTURE
1. saco	sacaba	sacaré
2. sacas	sacabas	sacarás
3. saca	sacaba	sacará
1. sacamos	sacábamos	sacaremos
2. sacáis	sacabais	sacaréis
3. sacan	sacaban	sacarán

PRETERITE	PERFECT	PLUPERFECT
1. saqué	he sacado	había sacado
2. sacaste	has sacado	habías sacado
3. sacó	ha sacado	había sacado
1. sacamos	hemos sacado	habíamos sacado
2. sacasteis	habéis sacado	habíais sacado
3. sacaron	han sacado	habían sacado

PAST ANTERIOR	FUTURE PERFECT
hube sacado etc	habré sacado etc

CONDITIONAL

PRESENT	PAST	*IMPERATIVE*
1. sacaría	habría sacado	
2. sacarías	habrías sacado	(tú) saca
3. sacaría	habría sacado	(Vd) saque
1. sacaríamos	habríamos sacado	(nosotros) saquemos
2. sacaríais	habríais sacado	(vosotros) sacad
3. sacarían	habrían sacado	(Vds) saquen

SUBJUNCTIVE

PRESENT	IMPERFECT	PLUPERFECT
1. saque	sac-ara/ase	hubiera sacado
2. saques	sac-aras/ases	hubieras sacado
3. saque	sac-ara/ase	hubiera sacado
1. saquemos	sac-áramos/ásemos	hubiéramos sacado
2. saquéis	sac-arais/aseis	hubierais sacado
3. saquen	sac-aran/asen	hubieran sacado

PERFECT   haya sacado etc

INFINITIVE	*PARTICIPLE*
PRESENT	PRESENT
sacar	sacando
PAST	PAST
haber sacado	sacado

PRESENT	IMPERFECT	FUTURE
1. salgo	salía	saldré
2. sales	salías	saldrás
3. sale	salía	saldrá
1. salimos	salíamos	saldremos
2. salís	salíais	saldréis
3. salen	salían	saldrán

PRETERITE	PERFECT	PLUPERFECT
1. salí	he salido	había salido
2. saliste	has salido	habías salido
3. salió	ha salido	había salido
1. salimos	hemos salido	habíamos salido
2. salisteis	habéis salido	habíais salido
3. salieron	han salido	habían salido

PAST ANTERIOR	FUTURE PERFECT
hube salido etc	habré salido etc

CONDITIONAL		IMPERATIVE
PRESENT	**PAST**	
1. saldría	habría salido	
2. saldrías	habrías salido	(tú) sal
3. saldría	habría salido	(Vd) salga
1. saldríamos	habríamos salido	(nosotros) salgamos
2. saldríais	habríais salido	(vosotros) salid
3. saldrían	habrían salido	(Vds) salgan

SUBJUNCTIVE

PRESENT	IMPERFECT	PLUPERFECT
1. salga	sal-iera/iese	hubiera salido
2. salgas	sal-ieras/ieses	hubieras salido
3. salga	sal-iera/iese	hubiera salido
1. salgamos	sal-iéramos/iésemos	hubiéramos salido
2. salgáis	sal-ierais/ieseis	hubierais salido
3. salgan	sal-ieran/iesen	hubieran salido

PERFECT   haya salido etc

INFINITIVE	PARTICIPLE
PRESENT	**PRESENT**
salir	saliendo
PAST	**PAST**
haber salido	salido

to satisfy

PRESENT	IMPERFECT	FUTURE
1. satisfago	satisfacía	satisfaré
2. satisfaces	satisfacías	satisfarás
3. satisface	satisfacía	satisfará
1. satisfacemos	satisfacíamos	satisfaremos
2. satisfacéis	satisfacíais	satisfaréis
3. satisfacen	satisfacían	satisfarán

PRETERITE	PERFECT	PLUPERFECT
1. satisfice	he satisfecho	había satisfecho
2. satisficiste	has satisfecho	habías satisfecho
3. satisfizo	ha satisfecho	había satisfecho
1. satisficimos	hemos satisfecho	habíamos satisfecho
2. satisficisteis	habéis satisfecho	habíais satisfecho
3. satisficieron	han satisfecho	habían satisfecho

PAST ANTERIOR	FUTURE PERFECT
hube satisfecho etc	habré satisfecho etc

CONDITIONAL		*IMPERATIVE*
PRESENT	**PAST**	
1. satisfaría	habría satisfecho	
2. satisfarías	habrías satisfecho	(tú) satisface/satisfaz
3. satisfaría	habría satisfecho	(Vd) satisfaga
1. satisfaríamos	habríamos satisfecho	(nosotros) satisfagamos
2. satisfaríais	habríais satisfecho	(vosotros) satisfaced
3. satisfarían	habrían satisfecho	(Vds) satisfagan

SUBJUNCTIVE

PRESENT	IMPERFECT	PLUPERFECT
1. satisfaga	satisfic-iera/iese	hubiera satisfecho
2. satisfagas	satisfic-ieras/ieses	hubieras satisfecho
3. satisfaga	satisfic-iera/iese	hubiera satisfecho
1. satisfagamos	satisfic-iéramos/iésemos	hubiéramos satisfecho
2. satisfagáis	satisfic-ierais/ieseis	hubierais satisfecho
3. satisfagan	satisfic-ieran/iesen	hubieran satisfecho

PERFECT haya satisfecho etc

INFINITIVE	*PARTICIPLE*
PRESENT	**PRESENT**
satisfacer	satisfaciendo
PAST	**PAST**
haber satisfecho	satisfecho

PRESENT	IMPERFECT	FUTURE
1. seco	secaba	secaré
2. secas	secabas	secarás
3. seca	secaba	secará
1. secamos	secábamos	secaremos
2. secáis	secabais	secaréis
3. secan	secaban	secarán

PRETERITE	PERFECT	PLUPERFECT
1. sequé	he secado	había secado
2. secaste	has secado	habías secado
3. secó	ha secado	había secado
1. secamos	hemos secado	habíamos secado
2. secasteis	habéis secado	habíais secado
3. secaron	han secado	habían secado

PAST ANTERIOR	FUTURE PERFECT
hube secado etc	habré secado etc

CONDITIONAL		*IMPERATIVE*
PRESENT	**PAST**	
1. secaría	habría secado	
2. secarías	habrías secado	(tú) seca
3. secaría	habría secado	(Vd) seque
1. secaríamos	habríamos secado	(nosotros) sequemos
2. secaríais	habríais secado	(vosotros) secad
3. secarían	habrían secado	(Vds) sequen

SUBJUNCTIVE		
PRESENT	**IMPERFECT**	**PLUPERFECT**
1. seque	sec-ara/ase	hubiera secado
2. seques	sec-aras/ases	hubieras secado
3. seque	sec-ara/ase	hubiera secado
1. sequemos	sec-áramos/ásemos	hubiéramos secado
2. sequéis	sec-arais/aseis	hubierais secado
3. sequen	sec-aran/asen	hubieran secado

PERFECT	haya secado etc

INFINITIVE	*PARTICIPLE*
PRESENT	**PRESENT**
secar	secando
PAST	**PAST**
haber secado	secado

PRESENT	**IMPERFECT**	**FUTURE**
1. sigo	seguía	seguiré
2. sigues	seguías	seguirás
3. sigue	seguía	seguirá
1. seguimos	seguíamos	seguiremos
2. seguís	seguíais	seguiréis
3. siguen	seguían	seguirán

PRETERITE	**PERFECT**	**PLUPERFECT**
1. seguí	he seguido	había seguido
2. seguiste	has seguido	habías seguido
3. siguió	ha seguido	había seguido
1. seguimos	hemos seguido	habíamos seguido
2. seguisteis	habéis seguido	habíais seguido
3. siguieron	han seguido	habían seguido

PAST ANTERIOR	**FUTURE PERFECT**
hube seguido etc	habré seguido etc

CONDITIONAL		*IMPERATIVE*
PRESENT	**PAST**	
1. seguiría	habría seguido	
2. seguirías	habrías seguido	(tú) sigue
3. seguiría	habría seguido	(Vd) siga
1. seguiríamos	habríamos seguido	(nosotros) sigamos
2. seguiríais	habríais seguido	(vosotros) seguid
3. seguirían	habrían seguido	(Vds) sigan

SUBJUNCTIVE		
PRESENT	**IMPERFECT**	**PLUPERFECT**
1. siga	sigu-iera/iese	hubiera seguido
2. sigas	sigu-ieras/ieses	hubieras seguido
3. siga	sigu-iera/iese	hubiera seguido
1. sigamos	sigu-iéramos/iésemos	hubiéramos seguido
2. sigáis	sigu-ierais/ieseis	hubierais seguido
3. sigan	sigu-ieran/iesen	hubieran seguido

PERFECT   haya seguido etc

INFINITIVE	*PARTICIPLE*
PRESENT	**PRESENT**
seguir	siguiendo
PAST	**PAST**
haber seguido	seguido

PRESENT	IMPERFECT	FUTURE
1. me siento	me sentaba	me sentaré
2. te sientas	te sentabas	te sentarás
3. se sienta	se sentaba	se sentará
1. nos sentamos	nos sentábamos	nos sentaremos
2. os sentáis	os sentabais	os sentaréis
3. se sientan	se sentaban	se sentarán

PRETERITE	PERFECT	PLUPERFECT
1. me senté	me he sentado	me había sentado
2. te sentaste	te has sentado	te habías sentado
3. se sentó	se ha sentado	se había sentado
1. nos sentamos	nos hemos sentado	nos habíamos sentado
2. os sentasteis	os habéis sentado	os habíais sentado
3. se sentaron	se han sentado	se habían sentado

PAST ANTERIOR	FUTURE PERFECT
me hube sentado etc	me habré sentado etc

CONDITIONAL

PRESENT	PAST	*IMPERATIVE*
1. me sentaría	me habría sentado	
2. te sentarías	te habrías sentado	(tú) siéntate
3. se sentaría	se habría sentado	(Vd) siéntese
1. nos sentaríamos	nos habríamos sentado	(nosotros) sentémonos
2. os sentaríais	os habríais sentado	(vosotros) sentaos
3. se sentarían	se habrían sentado	(Vds) siéntense

SUBJUNCTIVE

PRESENT	IMPERFECT	PLUPERFECT
1. me siente	me sent-ara/ase	me hubiera sentado
2. te sientes	te sent-aras/ases	te hubieras sentado
3. se siente	se sent-ara/ase	se hubiera sentado
1. nos sentemos	nos sent-áramos/ásemos	nos hubiéramos sentado
2. os sentéis	os sent-arais/aseis	os hubierais sentado
3. se sienten	se sent-aran/asen	se hubieran sentado

PERFECT me haya sentado etc

INFINITIVE	*PARTICIPLE*
PRESENT	PRESENT
sentarse	sentándose
PAST	PAST
haberse sentado	sentado

PRESENT	IMPERFECT	FUTURE
1. siento	sentiría	sentiré
2. sientes	sentirías	sentirás
3. siente	sentiría	sentirá
1. sentimos	sentiríamos	sentiremos
2. sentís	sentiríais	sentiréis
3. sienten	sentirían	sentirán

PRETERITE	PERFECT	PLUPERFECT
1. sentí	he sentido	había sentido
2. sentiste	has sentido	habías sentido
3. sintió	ha sentido	había sentido
1. sentimos	hemos sentido	habíamos sentido
2. sentisteis	habéis sentido	habíais sentido
3. sintieron	han sentido	habían sentido

PAST ANTERIOR	FUTURE PERFECT
hube sentido etc	habré sentido etc

CONDITIONAL		*IMPERATIVE*
PRESENT	**PAST**	
1. sentiría	habría sentido	
2. sentirías	habrías sentido	(tú) siente
3. sentiría	habría sentido	(Vd) sienta
1. sentiríamos	habríamos sentido	(nosotros) sintamos
2. sentiríais	habríais sentido	(vosotros) sentid
3. sentirían	habrían sentido	(Vds) sientan

SUBJUNCTIVE		
PRESENT	**IMPERFECT**	**PLUPERFECT**
1. sienta	sint-iera/iese	hubiera sentido
2. sientas	sint-ieras/ieses	hubieras sentido
3. sienta	sint-iera/iese	hubiera sentido
1. sintamos	sint-iéramos/iésemos	hubiéramos sentido
2. sintáis	sint-ierais/ieseis	hubierais sentido
3. sientan	sint-ieran/iesen	hubieran sentido

PERFECT   haya sentido etc

INFINITIVE	*PARTICIPLE*
PRESENT	**PRESENT**
sentir	sintiendo
PAST	**PAST**
haber sentido	sentido

SER
to be

PRESENT	IMPERFECT	FUTURE
1. soy	era	seré
2. eres	eras	serás
3. es	era	será
1. somos	éramos	seremos
2. sois	erais	seréis
3. son	eran	serán

PRETERITE	PERFECT	PLUPERFECT
1. fui	he sido	había sido
2. fuiste	has sido	habías sido
3. fue	ha sido	había sido
1. fuimos	hemos sido	habíamos sido
2. fuisteis	habéis sido	habíais sido
3. fueron	han sido	habían sido

PAST ANTERIOR		FUTURE PERFECT
hube sido etc		habré sido etc

CONDITIONAL		*IMPERATIVE*
PRESENT	**PAST**	
1. sería	habría sido	
2. serías	habrías sido	(tú) sé
3. sería	habría sido	(Vd) sea
1. seríamos	habríamos sido	(nosotros) seamos
2. seríais	habríais sido	(vosotros) sed
3. serían	habrían sido	(Vds) sean

SUBJUNCTIVE		
PRESENT	**IMPERFECT**	**PLUPERFECT**
1. sea	fu-era/ese	hubiera sido
2. seas	fu-eras/eses	hubieras sido
3. sea	fu-era/ese	hubiera sido
1. seamos	fu-éramos/ésemos	hubiéramos sido
2. seáis	fu-erais/eseis	hubierais sido
3. sean	fu-eran/esen	hubieran sido

PERFECT haya sido etc

INFINITIVE	*PARTICIPLE*
PRESENT	**PRESENT**
ser	siendo
PAST	**PAST**
haber sido	sido

PRESENT	IMPERFECT	FUTURE
1. sirvo	servía	serviré
2. sirves	servías	servirás
3. sirve	servía	servirá
1. servimos	servíamos	serviremos
2. servís	servíais	serviréis
3. sirven	servían	servirán

PRETERITE	PERFECT	PLUPERFECT
1. serví	he servido	había servido
2. serviste	has servido	habías servido
3. sirvió	ha servido	había servido
1. servimos	hemos servido	habíamos servido
2. servisteis	habéis servido	habíais servido
3. sirvieron	han servido	habían servido

PAST ANTERIOR	FUTURE PERFECT
hube servido etc	habré servido etc

CONDITIONAL		*IMPERATIVE*
PRESENT	**PAST**	
1. serviría	habría servido	
2. servirías	habrías servido	(tú) sirve
3. serviría	habría servido	(Vd) sirva
1. serviríamos	habríamos servido	(nosotros) sirvamos
2. serviríais	habríais servido	(vosotros) servid
3. servirían	habrían servido	(Vds) sirvan

SUBJUNCTIVE

PRESENT	IMPERFECT	PLUPERFECT
1. sirva	sirv-iera/iese	hubiera servido
2. sirvas	sirv-ieras/ieses	hubieras servido
3. sirva	sirv-iera/iese	hubiera servido
1. sirvamos	sirv-iéramos/iésemos	hubiéramos servido
2. sirváis	sirv-ierais/ieseis	hubierais servido
3. sirvan	sirv-ieran/iesen	hubieran servido

PERFECT   haya servido etc

INFINITIVE	*PARTICIPLE*
PRESENT	**PRESENT**
servir	sirviendo
PAST	**PAST**
haber servido	servido

SITUAR
to situate

PRESENT	IMPERFECT	FUTURE
1. sitúo	situaba	situaré
2. sitúas	situabas	situarás
3. sitúa	situaba	situará
1. situamos	situábamos	situaremos
2. situáis	situabais	situaréis
3. sitúan	situaban	situarán

PRETERITE	PERFECT	PLUPERFECT
1. situé	he situado	había situado
2. situaste	has situado	habías situado
3. situó	ha situado	había situado
1. situamos	hemos situado	habíamos situado
2. situasteis	habéis situado	habíais situado
3. situaron	han situado	habían situado

PAST ANTERIOR	FUTURE PERFECT
hube situado etc	habré situado etc

CONDITIONAL		*IMPERATIVE*
PRESENT	**PAST**	
1. situaría	habría situado	
2. situarías	habrías situado	(tú) sitúa
3. situaría	habría situado	(Vd) sitúe
1. situaríamos	habríamos situado	(nosotros) situemos
2. situaríais	habríais situado	(vosotros) situad
3. situarían	habrían situado	(Vds) sitúen

SUBJUNCTIVE		
PRESENT	**IMPERFECT**	**PLUPERFECT**
1. sitúe	situ-ara/ase	hubiera situado
2. sitúes	situ-aras/ases	hubiera situado
3. sitúe	situ-ara/ase	hubiera situado
1. situemos	situ-áramos/ásemos	hubiéramos situado
2. situéis	situ-arais/aseis	hubierais situado
3. sitúen	situ-aran/asen	hubieran situado

PERFECT haya situado etc

INFINITIVE	*PARTICIPLE*
PRESENT	**PRESENT**
situar	situando
PAST	**PAST**
haber situado	situado

to be in the habit of

PRESENT	IMPERFECT	FUTURE
1. suelo	solía	
2. sueles	solías	
3. suele	solía	
1. solemos	solíamos	
2. soléis	solíais	
3. suelen	solían	

PRETERITE	PERFECT	PLUPERFECT

PAST ANTERIOR		FUTURE PERFECT

CONDITIONAL		*IMPERATIVE*
PRESENT	PAST	

SUBJUNCTIVE		
PRESENT	IMPERFECT	PLUPERFECT
1. suela		
2. suelas		
3. suela		
1. solamos		
2. soláis		
3. suelan		

PERFECT

INFINITIVE	*PARTICIPLE*	*NOTE*
PRESENT	PRESENT	
soler		The other tenses rarely occur.
PAST	PAST	

SOÑAR
to dream

PRESENT	IMPERFECT	FUTURE
1. sueño	soñaba	soñaré
2. sueñas	soñabas	soñarás
3. sueña	soñaba	soñará
1. soñamos	soñábamos	soñaremos
2. soñáis	soñabais	soñaréis
3. sueñan	soñaban	soñarán

PRETERITE	PERFECT	PLUPERFECT
1. soñé	he soñado	había soñado
2. soñaste	has soñado	habías soñado
3. soñó	ha soñado	había soñado
1. soñamos	hemos soñado	habíamos soñado
2. soñasteis	habéis soñado	habíais soñado
3. soñaron	han soñado	habían soñado

PAST ANTERIOR	FUTURE PERFECT
hube soñado etc	habré soñado etc

CONDITIONAL		IMPERATIVE
PRESENT	PAST	
1. soñaría	habría soñado	
2. soñarías	habrías soñado	(tú) sueña
3. soñaría	habría soñado	(Vd) sueñe
1. soñaríamos	habríamos soñado	(nosotros) soñemos
2. soñaríais	habríais soñado	(vosotros) soñad
3. soñarían	habrían soñado	(Vds) sueñen

SUBJUNCTIVE

PRESENT	IMPERFECT	PLUPERFECT
1. sueñe	soñ-ara/ase	hubiera soñado
2. sueñes	soñ-aras/ases	hubieras soñado
3. sueñe	soñ-ara/ase	hubiera soñado
1. soñemos	soñ-áramos/ásemos	hubiéramos soñado
2. soñéis	soñ-arais/aseis	hubierais soñado
3. sueñen	soñ-aran/asen	hubieran soñado

PERFECT	haya soñado etc

INFINITIVE	PARTICIPLE
PRESENT	PRESENT
soñar	soñando
PAST	PAST
haber soñado	soñado

PRESENT	IMPERFECT	FUTURE
1. subo	subía	subiré
2. subes	subías	subirás
3. sube	subía	subirá
1. subimos	subíamos	subiremos
2. subís	subíais	subiréis
3. suben	subían	subirán

PRETERITE	PERFECT	PLUPERFECT
1. subí	he subido	había subido
2. subiste	has subido	habías subido
3. subió	ha subido	había subido
1. subimos	hemos subido	habíamos subido
2. subisteis	habéis subido	habíais subido
3. subieron	han subido	habían subido

PAST ANTERIOR	FUTURE PERFECT
hube subido etc	habré subido etc

CONDITIONAL		*IMPERATIVE*
PRESENT	PAST	
1. subiría	habría subido	
2. subirías	habrías subido	(tú) sube
3. subiría	habría subido	(Vd) suba
1. subiríamos	habríamos subido	(nosotros) subamos
2. subiríais	habríais subido	(vosotros) subid
3. subirían	habrían subido	(Vds) suban

SUBJUNCTIVE		
PRESENT	IMPERFECT	PLUPERFECT
1. suba	sub-iera/iese	hubiera subido
2. subas	sub-ieras/ieses	hubieras subido
3. suba	sub-iera/iese	hubiera subido
1. subamos	sub-iéramos/iésemos	hubiéramos subido
2. subáis	sub-ierais/ieseis	hubierais subido
3. suban	sub-ieran/iesen	hubieran subido

PERFECT haya subido etc

INFINITIVE	*PARTICIPLE*
PRESENT	PRESENT
subir	subiendo
PAST	PAST
haber subido	subido

PRESENT	IMPERFECT	FUTURE
1. sugiero	sugeriría	sugeriré
2. sugieres	sugerirías	sugerirás
3. sugiere	sugeriría	sugerirá
1. sugerimos	sugeriríamos	sugeriremos
2. sugerís	sugeriríais	sugeriréis
3. sugieren	sugerirían	sugerirán

PRETERITE	PERFECT	PLUPERFECT
1. sugerí	he sugerido	había sugerido
2. sugeriste	has sugerido	habías sugerido
3. sugirió	ha sugerido	había sugerido
1. sugerimos	hemos sugerido	habíamos sugerido
2. sugeristeis	habéis sugerido	habíais sugerido
3. sugirieron	han sugerido	habían sugerido

PAST ANTERIOR	FUTURE PERFECT
hube sugerido etc	habré sugerido etc

CONDITIONAL		IMPERATIVE
PRESENT	**PAST**	
1. sugeriría	habría sugerido	
2. sugerirías	habrías sugerido	(tú) sugiere
3. sugeriría	habría sugerido	(Vd) sugiera
1. sugeriríamos	habríamos sugerido	(nosotros) sugiramos
2. sugeriríais	habríais sugerido	(vosotros) sugerid
3. sugerirían	habrían sugerido	(Vds) sugieran

SUBJUNCTIVE		
PRESENT	**IMPERFECT**	**PLUPERFECT**
1. sugiera	sugir-iera/iese	hubiera sugerido
2. sugieras	sugir-ieras/ieses	hubieras sugerido
3. sugiera	sugir-iera/iese	hubiera sugerido
1. sugiramos	sugir-iéramos/iésemos	hubiéramos sugerido
2. sugiráis	sugir-ierais/ieseis	hubierais sugerido
3. sugieran	sugir-ieran/iesen	hubieran sugerido

PERFECT   haya sugerido etc

INFINITIVE	PARTICIPLE
PRESENT	**PRESENT**
sugerir	sugiriendo
PAST	**PAST**
haber sugerido	sugerido

TENER
to have
188

PRESENT	IMPERFECT	FUTURE
1. tengo	tenía	tendré
2. tienes	tenías	tendrás
3. tiene	tenía	tendrá
1. tenemos	teníamos	tendremos
2. tenéis	teníais	tendréis
3. tienen	tenían	tendrán

PRETERITE	PERFECT	PLUPERFECT
1. tuve	he tenido	había tenido
2. tuviste	has tenido	habías tenido
3. tuvo	ha tenido	había tenido
1. tuvimos	hemos tenido	habíamos tenido
2. tuvisteis	habéis tenido	habíais tenido
3. tuvieron	han tenido	habían tenido

PAST ANTERIOR	FUTURE PERFECT
hube tenido etc	habré tenido etc

CONDITIONAL

PRESENT	PAST	*IMPERATIVE*
1. tendría	habría tenido	
2. tendrías	habrías tenido	(tú) ten
3. tendría	habría tenido	(Vd) tenga
1. tendríamos	habríamos tenido	(nosotros) tengamos
2. tendríais	habríais tenido	(vosotros) tened
3. tendrían	habrían tenido	(Vds) tengan

SUBJUNCTIVE

PRESENT	IMPERFECT	PLUPERFECT
1. tenga	tuv-iera/iese	hubiera tenido
2. tengas	tuv-ieras/ieses	hubieras tenido
3. tenga	tuv-iera/iese	hubiera tenido
1. tengamos	tuv-iéramos/iésemos	hubiéramos tenido
2. tengáis	tuv-ierais/ieseis	hubierais tenido
3. tengan	tuv-ieran/iesen	hubieran tenido

PERFECT haya tenido etc

INFINITIVE	*PARTICIPLE*
PRESENT	**PRESENT**
tener	teniendo
PAST	**PAST**
haber tenido	tenido

189 TERMINAR
to finish

PRESENT	IMPERFECT	FUTURE
1. termino	terminaba	terminaré
2. terminas	terminabas	terminarás
3. termina	terminaba	terminará
1. terminamos	terminábamos	terminaremos
2. termináis	terminabais	terminaréis
3. terminan	terminaban	terminarán

PRETERITE	PERFECT	PLUPERFECT
1. terminé	he terminado	había terminado
2. terminaste	has terminado	habías terminado
3. terminó	ha terminado	había terminado
1. terminamos	hemos terminado	habíamos terminado
2. terminasteis	habéis terminado	habíais terminado
3. terminaron	han terminado	habían terminado

PAST ANTERIOR	FUTURE PERFECT
hube terminado etc	habré terminado etc

CONDITIONAL

PRESENT	PAST	IMPERATIVE
1. terminaría	habría terminado	
2. terminarías	habrías terminado	(tú) termina
3. terminaría	habría terminado	(Vd) termine
1. terminaríamos	habríamos terminado	(nosotros) terminemos
2. terminaríais	habríais terminado	(vosotros) terminad
3. terminarían	habrían terminado	(Vds) terminen

SUBJUNCTIVE

PRESENT	IMPERFECT	PLUPERFECT
1. termine	termin-ara/ase	hubiera terminado
2. termines	termin-aras/ases	hubieras terminado
3. termine	termin-ara/ase	hubiera terminado
1. terminemos	termin-áramos/ásemos	hubiéramos terminado
2. terminéis	termin-arais/aseis	hubierais terminado
3. terminen	termin-aran/asen	hubieran terminado

PERFECT   haya terminado etc

INFINITIVE	PARTICIPLE
PRESENT	PRESENT
terminar	terminando
PAST	PAST
haber terminado	terminado

444

PRESENT	IMPERFECT	FUTURE
1. toco	tocaba	tocaré
2. tocas	tocabas	tocarás
3. toca	tocaba	tocará
1. tocamos	tocábamos	tocaremos
2. tocáis	tocabais	tocaréis
3. tocan	tocaban	tocarán

PRETERITE	PERFECT	PLUPERFECT
1. toqué	he tocado	había tocado
2. tocaste	has tocado	habías tocado
3. tocó	ha tocado	había tocado
1. tocamos	hemos tocado	habíamos tocado
2. tocasteis	habéis tocado	habíais tocado
3. tocaron	han tocado	habían tocado

PAST ANTERIOR	FUTURE PERFECT
hube tocado etc	habré tocado etc

CONDITIONAL		*IMPERATIVE*
PRESENT	**PAST**	
1. tocaría	habría tocado	
2. tocarías	habrías tocado	(tú) toca
3. tocaría	habría tocado	(Vd) toque
1. tocaríamos	habríamos tocado	(nosotros) toquemos
2. tocaríais	habríais tocado	(vosotros) tocad
3. tocarían	habrían tocado	(Vds) toquen

SUBJUNCTIVE		
PRESENT	**IMPERFECT**	**PLUPERFECT**
1. toque	toc-ara/ase	hubiera tocado
2. toques	toc-aras/ases	hubieras tocado
3. toque	toc-ara/ase	hubiera tocado
1. toquemos	toc-áramos/ásemos	hubiéramos tocado
2. toquéis	toc-arais/aseis	hubierais tocado
3. toquen	toc-aran/asen	hubieran tocado

PERFECT	haya tocado etc

INFINITIVE	*PARTICIPLE*
PRESENT	**PRESENT**
tocar	tocando
PAST	**PAST**
haber tocado	tocado

TOMAR
to take

PRESENT	IMPERFECT	FUTURE
1. tomo	tomaba	tomaré
2. tomas	tomabas	tomarás
3. toma	tomaba	tomará
1. tomamos	tomábamos	tomaremos
2. tomáis	tomabais	tomaréis
3. toman	tomaban	tomarán

PRETERITE	PERFECT	PLUPERFECT
1. tomé	he tomado	había tomado
2. tomaste	has tomado	habías tomado
3. tomó	ha tomado	había tomado
1. tomamos	hemos tomado	habíamos tomado
2. tomasteis	habéis tomado	habíais tomado
3. tomaron	han tomado	habían tomado

PAST ANTERIOR	FUTURE PERFECT
hube tomado etc	habré tomado etc

CONDITIONAL

PRESENT	PAST	IMPERATIVE
1. tomaría	habría tomado	
2. tomarías	habrías tomado	(tú) toma
3. tomaría	habría tomado	(Vd) tome
1. tomaríamos	habríamos tomado	(nosotros) tomemos
2. tomaríais	habríais tomado	(vosotros) tomad
3. tomarían	habrían tomado	(Vds) tomen

SUBJUNCTIVE

PRESENT	IMPERFECT	PLUPERFECT
1. tome	tom-ara/ase	hubiera tomado
2. tomes	tom-aras/ases	hubieras tomado
3. tome	tom-ara/ase	hubiera tomado
1. tomemos	tom-áramos/ásemos	hubiéramos tomado
2. toméis	tom-arais/aseis	hubierais tomado
3. tomen	tom-aran/asen	hubieran tomado

PERFECT	haya tomado etc

INFINITIVE	PARTICIPLE
PRESENT	PRESENT
tomar	tomando
PAST	PAST
haber tomado	tomado

446

TORCER 192
to twist

PRESENT	IMPERFECT	FUTURE
1. tuerzo	torcía	torceré
2. tuerces	torcías	torcerás
3. tuerce	torcía	torcerá
1. torcemos	torcíamos	torceremos
2. torcéis	toríais	torceréis
3. tuercen	torcían	torcerán

PRETERITE	PERFECT	PLUPERFECT
1. torcí	he torcido	había torcido
2. torciste	has torcido	habías torcido
3. torció	ha torcido	había torcido
1. torcimos	hemos torcido	habíamos torcido
2. torcisteis	habéis torcido	habíais torcido
3. torcieron	han torcido	habían torcido

PAST ANTERIOR	FUTURE PERFECT
hube torcido etc	habré torcido etc

CONDITIONAL		*IMPERATIVE*
PRESENT	**PAST**	
1. torcería	habría torcido	
2. torcerías	habrías torcido	(tú) tuerce
3. torcería	habría torcido	(Vd) tuerza
1. torceríamos	habríamos torcido	(nosotros) torzamos
2. torceríais	habíais torcido	(vosotros) torced
3. torcerían	habrían torcido	(Vds) tuerzan

SUBJUNCTIVE		
PRESENT	**IMPERFECT**	**PLUPERFECT**
1. tuerza	torc-iera/iese	hubiera torcido
2. tuerzas	torc-ieras/ieses	hubieras torcido
3. tuerza	torc-iera/iese	hubiera torcido
1. torzamos	torc-iéramos/iésemos	hubiéramos torcido
2. torzáis	torc-ierais/ieseis	hubierais torcido
3. tuerzan	torc-ieran/iesen	hubieran torcido

PERFECT	haya torcido etc

INFINITIVE	*PARTICIPLE*
PRESENT	**PRESENT**
torcer	torciendo
PAST	**PAST**
haber torcido	torcido

TOSER
to cough

PRESENT	IMPERFECT	FUTURE
1. toso	tosía	toseré
2. toses	tosías	toserás
3. tose	tosía	toserá
1. tosemos	tosíamos	toseremos
2. toséis	tosíais	toseréis
3. tosen	tosían	toserán

PRETERITE	PERFECT	PLUPERFECT
1. tosí	he tosido	había tosido
2. tosiste	has tosido	habías tosido
3. tosió	ha tosido	había tosido
1. tosimos	hemos tosido	habíamos tosido
2. tosisteis	habéis tosido	habíais tosido
3. tosieron	han tosido	habían tosido

PAST ANTERIOR	FUTURE PERFECT
hube tosido etc	habré tosido etc

CONDITIONAL		IMPERATIVE
PRESENT	PAST	
1. tosería	habría tosido	
2. toserías	habrías tosido	(tú) tose
3. tosería	habría tosido	(Vd) tosa
1. toseríamos	habríamos tosido	(nosotros) tosamos
2. toseríais	habríais tosido	(vosotros) tosed
3. toserían	habrían tosido	(Vds) tosan

SUBJUNCTIVE

PRESENT	IMPERFECT	PLUPERFECT
1. tosa	tos-iera/iese	hubiera tosido
2. tosas	tos-ieras/ieses	hubieras tosido
3. tosa	tos-iera/iese	hubiera tosido
1. tosamos	tos-iéramos/iésemos	hubiéramos tosido
2. tosáis	tos-ierais/ieseis	hubierais tosido
3. tosan	tos-ieran/iesen	hubieran tosido

PERFECT haya tosido etc

INFINITIVE	PARTICIPLE
PRESENT	PRESENT
toser	tosiendo
PAST	PAST
haber tosido	tosido

to work

PRESENT	IMPERFECT	FUTURE
1. trabajo	trabajaba	trabajaré
2. trabajas	trabajabas	trabajarás
3. trabaja	trabajaba	trabajará
1. trabajamos	trabajábamos	trabajaremos
2. trabajáis	trabajabais	trabajaréis
3. trabajan	trabajaban	trabajarán

PRETERITE	PERFECT	PLUPERFECT
1. trabajé	he trabajado	había trabajado
2. trabajaste	has trabajado	habías trabajado
3. trabajó	ha trabajado	había trabajado
1. trabajamos	hemos trabajado	habíamos trabajado
2. trabajasteis	habéis trabajado	habíais trabajado
3. trabajaron	han trabajado	habían trabajado

PAST ANTERIOR	FUTURE PERFECT
hube trabajado etc	habré trabajado etc

CONDITIONAL		IMPERATIVE
PRESENT	PAST	
1. trabajaría	habría trabajado	
2. trabajarías	habrías trabajado	(tú) trabaja
3. trabajaría	habría trabajado	(Vd) trabaje
1. trabajaríamos	habríamos trabajado	(nosotros) trabajemos
2. trabajaríais	habríais trabajado	(vosotros) trabajad
3. trabajarían	habrían trabajado	(Vds) trabajen

SUBJUNCTIVE

PRESENT	IMPERFECT	PLUPERFECT
1. trabaje	trabaj-ara/ase	hubiera trabajado
2. trabajes	trabaj-aras/ases	hubieras trabajado
3. trabaje	trabaj-ara/ase	hubiera trabajado
1. trabajemos	trabaj-áramos/ásemos	hubiéramos trabajado
2. trabajéis	trabaj-arais/aseis	hubierais trabajado
3. trabajen	trabaj-aran/asen	hubieran trabajado

PERFECT   haya trabajado etc

INFINITIVE	PARTICIPLE
PRESENT	PRESENT
trabajar	trabajando
PAST	PAST
haber trabajado	trabajado

TRADUCIR
to translate

PRESENT	IMPERFECT	FUTURE
1. traduzco	traducía	traduciré
2. traduces	traducías	traducirás
3. traduce	traducía	traducirá
1. traducimos	traducíamos	traduciremos
2. traducís	traducíais	traduciréis
3. traducen	traducían	traducirán

PRETERITE	PERFECT	PLUPERFECT
1. traduje	he traducido	había traducido
2. tradujiste	has traducido	habías traducido
3. tradujo	ha traducido	había traducido
1. tradujimos	hemos traducido	habíamos traducido
2. tradujisteis	habéis traducido	habíais traducido
3. tradujeron	han traducido	habían traducido

PAST ANTERIOR	FUTURE PERFECT
hube traducido etc	habré traducido etc

CONDITIONAL		*IMPERATIVE*
PRESENT	PAST	
1. traduciría	habría traducido	
2. traducirías	habrías traducido	(tú) traduce
3. traduciría	habría traducido	(Vd) traduzca
1. traduciríamos	habríamos traducido	(nosotros) traduzcamos
2. traduciríais	habríais traducido	(vosotros) traducid
3. traducirían	habrían traducido	(Vds) traduzcan

SUBJUNCTIVE

PRESENT	IMPERFECT	PLUPERFECT
1. traduzca	traduj-era/ese	hubiera traducido
2. traduzcas	traduj-eras/eses	hubieras traducido
3. traduzca	traduj-era/ese	hubiera traducido
1. traduzcamos	traduj-éramos/ésemos	hubiéramos traducido
2. traduzcáis	traduj-erais/eseis	hubierais traducido
3. traduzcan	traduj-eran/esen	hubieran traducido

PERFECT   haya traducido etc

INFINITIVE	*PARTICIPLE*
PRESENT	PRESENT
traducir	traduciendo
PAST	PAST
haber traducido	traducido

PRESENT	IMPERFECT	FUTURE
1. traigo	traía	traeré
2. traes	traías	traerás
3. trae	traía	traerá
1. traemos	traíamos	traeremos
2. traéis	traíais	traeréis
3. traen	traían	traerán

PRETERITE	PERFECT	PLUPERFECT
1. traje	he traído	había traído
2. trajiste	has traído	habías traído
3. trajo	ha traído	había traído
1. trajimos	hemos traído	habíamos traído
2. trajisteis	habéis traído	habíais traído
3. trajeron	han traído	habían traído

PAST ANTERIOR		FUTURE PERFECT
hube traído etc		habré traído etc

CONDITIONAL		*IMPERATIVE*
PRESENT	**PAST**	
1. traería	habría traído	
2. traerías	habrías traído	(tú) trae
3. traería	habría traído	(Vd) traiga
1. traeríamos	habríamos traído	(nosotros) traigamos
2. traeríais	habríais traído	(vosotros) traed
3. traerían	habrían traído	(Vds) traigan

SUBJUNCTIVE		
PRESENT	**IMPERFECT**	**PLUPERFECT**
1. traiga	traj-era/ese	hubiera traído
2. traigas	traj-eras/eses	hubieras traído
3. traiga	traj-era/ese	hubiera traído
1. traigamos	traj-éramos/ésemos	hubiéramos traído
2. traigáis	traj-erais/eseis	hubierais traído
3. traigan	traj-eran/esen	hubieran traído

PERFECT haya traído etc

INFINITIVE	*PARTICIPLE*
PRESENT	**PRESENT**
traer	trayendo
PAST	**PAST**
haber traído	traído

197 TRONAR
to thunder

PRESENT	IMPERFECT	FUTURE
3. truena	tronaba	tronará
PRETERITE	**PERFECT**	**PLUPERFECT**
3. tronó	ha tronado	había tronado
PAST ANTERIOR		**FUTURE PERFECT**
hubo tronado		habrá tronado

CONDITIONAL		*IMPERATIVE*
PRESENT	**PAST**	
3. tronaría	habría tronado	

SUBJUNCTIVE

PRESENT	IMPERFECT	PLUPERFECT
3. truene	tron-ara/ase	hubiera tronado
PERFECT haya tronado		

INFINITIVE	*PARTICIPLE*
PRESENT	**PRESENT**
tronar	tronado
PAST	**PAST**
haber tronado	tronado

TROPEZAR
to trip, to stumble

PRESENT	IMPERFECT	FUTURE
1. tropiezo	tropezaba	tropezaré
2. tropiezas	tropezabas	tropezarás
3. tropieza	tropezaba	tropezará
1. tropezamos	tropezábamos	tropezaremos
2. tropezáis	tropezabais	tropezaréis
3. tropiezan	tropezaban	tropezarán

PRETERITE	PERFECT	PLUPERFECT
1. tropecé	he tropezado	había tropezado
2. tropezaste	has tropezado	habías tropezado
3. tropezó	ha tropezado	había tropezado
1. tropezamos	hemos tropezado	habíamos tropezado
2. tropezasteis	habéis tropezado	habíais tropezado
3. tropezaron	han tropezado	habían tropezado

PAST ANTERIOR	FUTURE PERFECT
hube tropezado etc	habré tropezado etc

CONDITIONAL		*IMPERATIVE*
PRESENT	**PAST**	
1. tropezaría	habría tropezado	
2. tropezarías	habrías tropezado	(tú) tropieza
3. tropezaria	habría tropezado	(Vd) tropiece
1. tropezaríamos	habríamos tropezado	(nosotros) tropecemos
2. tropezaríais	habríais tropezado	(vosotros) tropezad
3. tropezarían	habrían tropezado	(Vds) tropiecen

SUBJUNCTIVE

PRESENT	IMPERFECT	PLUPERFECT
1. tropiece	tropez-ara/ase	hubiera tropezado
2. tropieces	tropez-aras/ases	hubieras tropezado
3. tropiece	tropez-ara/ase	hubiera tropezado
1. tropecemos	tropez-áramos/ásemos	hubiéramos tropezado
2. tropecéis	tropez-arais/aseis	hubierais tropezado
3. tropiecen	tropez-aran/asen	hubieran tropezado

PERFECT haya tropezado etc

INFINITIVE	*PARTICIPLE*
PRESENT	**PRESENT**
tropezar	tropezando
PAST	**PAST**
haber tropezado	tropezado

VACIAR
to empty

PRESENT	IMPERFECT	FUTURE
1. vació	vaciaba	vaciaré
2. vacías	vaciabas	vaciarás
3. vacía	vaciaba	vaciará
1. vaciamos	vaciábamos	vaciaremos
2. vaciáis	vaciabais	vaciaréis
3. vacían	vaciaban	vaciarán

PRETERITE	PERFECT	PLUPERFECT
1. vacié	he vaciado	había vaciado
2. vaciaste	has vaciado	habías vaciado
3. vació	ha vaciado	había vaciado
1. vaciamos	hemos vaciado	habíamos vaciado
2. vaciasteis	habéis vaciado	habíais vaciado
3. vaciaron	han vaciado	habían vaciado

PAST ANTERIOR	FUTURE PERFECT
hube vaciado etc	habré vaciado etc

CONDITIONAL		*IMPERATIVE*
PRESENT	PAST	
1. vaciaría	habría vaciado	
2. vaciarías	habrías vaciado	(tú) vacía
3. vaciaría	habría vaciado	(Vd) vacíe
1. vaciaríamos	habríamos vaciado	(nosotros) vaciemos
2. vaciaríais	habríais vaciado	(vosotros) vaciad
3. vaciarían	habrían vaciado	(Vds) vacíen

SUBJUNCTIVE

PRESENT	IMPERFECT	PLUPERFECT
1. vacíe	vaci-ara/ase	hubiera vaciado
2. vacíes	vaci-aras/ases	hubieras vaciado
3. vacíe	vaci-ara/ase	hubiera vaciado
1. vaciemos	vaci-áramos/ásemos	hubiéramos vaciado
2. vaciéis	vaci-arais/aseis	hubierais vaciado
3. vacíen	vaci-aran/asen	hubieran vaciado

PERFECT	haya vaciado etc

INFINITIVE	*PARTICIPLE*
PRESENT	PRESENT
vaciar	vaciando
PAST	PAST
haber vaciado	vaciado

VALER
to be worth
200

PRESENT	IMPERFECT	FUTURE
1. valgo	valía	valdré
2. vales	valías	valdrás
3. vale	valía	valdrá
1. valemos	valíamos	valdremos
2. valéis	valíais	valdréis
3. valen	valían	valdrán

PRETERITE	PERFECT	PLUPERFECT
1. valí	he valido	había valido
2. valiste	has valido	habías valido
3. valió	ha valido	había valido
1. valimos	hemos valido	habíamos valido
2. valisteis	habéis valido	habíais valido
3. valieron	han valido	habían valido

PAST ANTERIOR	FUTURE PERFECT
hube valido etc	habré valido etc

CONDITIONAL

IMPERATIVE

PRESENT	PAST	
1. valdría	habría valido	
2. valdrías	habrías valido	(tú) vale
3. valdría	habría valido	(Vd) valga
1. valdríamos	habríamos valido	(nosotros) valgamos
2. valdríais	habríais valido	(vosotros) valed
3. valdrían	habrían valido	(Vds) valgan

SUBJUNCTIVE

PRESENT	IMPERFECT	PLUPERFECT
1. valga	val-iera/iese	hubiera valido
2. valgas	val-ieras/ieses	hubieras valido
3. valga	val-iera/iese	hubiera valido
1. valgamos	val-iéramos/iésemos	hubiéramos valido
2. valgáis	val-ierais/ieseis	hubierais valido
3. valgan	val-ieran/iesen	hubieran valido

PERFECT haya valido etc

INFINITIVE	*PARTICIPLE*
PRESENT	PRESENT
valer	valiendo
PAST	PAST
haber valido	valido

VENCER
to win, to defeat

PRESENT	IMPERFECT	FUTURE
1. venzo	vencía	venceré
2. vences	vencías	vencerás
3. vence	vencía	vencerá
1. vencemos	vencíamos	venceremos
2. vencéis	vencíais	venceréis
3. vencen	vencían	vencerán

PRETERITE	PERFECT	PLUPERFECT
1. vencí	he vencido	había vencido
2. venciste	has vencido	habías vencido
3. venció	ha vencido	había vencido
1. vencimos	hemos vencido	habíamos vencido
2. vencisteis	habéis vencido	habíais vencido
3. vencieron	han vencido	habían vencido

PAST ANTERIOR	FUTURE PERFECT
hube vencido etc	habré vencido etc

CONDITIONAL		*IMPERATIVE*
PRESENT	PAST	
1. vencería	habría vencido	
2. vencerías	habrías vencido	(tú) vence
3. vencería	habría vencido	(Vd) venza
1. venceríamos	habríamos vencido	(nosotros) venzamos
2. venceríais	habríais vencido	(vosotros) venced
3. vencerían	habrían vencido	(Vds) venzan

SUBJUNCTIVE		
PRESENT	IMPERFECT	PLUPERFECT
1. venza	venc-iera/iese	hubiera vencido
2. venzas	venc-ieras/ieses	hubieras vencido
3. venza	venc-iera/iese	hubiera vencido
1. venzamos	venc-iéramos/iésemos	hubiéramos vencido
2. venzáis	venc-ierais/ieseis	hubierais vencido
3. venzan	venc-ieran/iesen	hubieran vencido

PERFECT haya vencido etc

INFINITIVE	*PARTICIPLE*
PRESENT	PRESENT
vencer	venciendo
PAST	PAST
haber vencido	vencido

456

PRESENT	IMPERFECT	FUTURE
1. vendo	vendía	venderé
2. vendes	vendías	venderás
3. vende	vendía	venderá
1. vendemos	vendíamos	venderemos
2. vendéis	vendíais	venderéis
3. venden	vendían	venderán

PRETERITE	PERFECT	PLUPERFECT
1. vendí	he vendido	había vendido
2. vendiste	has vendido	habías vendido
3. vendió	ha vendido	había vendido
1. vendimos	hemos vendido	habíamos vendido
2. vendisteis	habéis vendido	habíais vendido
3. vendieron	han vendido	habían vendido

PAST ANTERIOR	FUTURE PERFECT
hube vendido etc	habré vendido etc

CONDITIONAL		*IMPERATIVE*
PRESENT	**PAST**	
1. vendería	habría vendido	
2. venderías	habrías vendido	(tú) vende
3. vendería	habría vendido	(Vd) venda
1. venderíamos	habríamos vendido	(nosotros) vendamos
2. venderíais	habríais vendido	(vosotros) vended
3. venderían	habrían vendido	(Vds) vendan

SUBJUNCTIVE

PRESENT	IMPERFECT	PLUPERFECT
1. venda	vend-iera/iese	hubiera vendido
2. vendas	vend-ieras/ieses	hubieras vendido
3. venda	vend-iera/iese	hubiera vendido
1. vendamos	vend-iéramos/iésemos	hubiéramos vendido
2. vendáis	vend-ierais/ieseis	hubierais vendido
3. vendan	vend-ieran/iesen	hubieran vendido

PERFECT haya vendido etc

INFINITIVE	*PARTICIPLE*
PRESENT	**PRESENT**
vender	vendiendo
PAST	**PAST**
haber vendido	vendido

203

VENIR
to come

PRESENT	IMPERFECT	FUTURE
1. vengo	venía	vendré
2. vienes	venías	vendrás
3. viene	venía	vendrá
1. venimos	veníamos	vendremos
2. venís	veníais	vendréis
3. vienen	venían	vendrán

PRETERITE	PERFECT	PLUPERFECT
1. vine	he venido	había venido
2. viniste	has venido	habías venido
3. vino	ha venido	había venido
1. vinimos	hemos venido	habíamos venido
2. vinisteis	habéis venido	habíais venido
3. vinieron	han venido	habían venido

PAST ANTERIOR	FUTURE PERFECT
hube venido etc	habré venido etc

CONDITIONAL		IMPERATIVE
PRESENT	**PAST**	
1. vendría	habría venido	
2. vendrías	habrías venido	(tú) ven
3. vendría	habría venido	(Vd) venga
1. vendríamos	habríamos venido	(nosotros) vengamos
2. vendríais	habríais venido	(vosotros) venid
3. vendrían	habrían venido	(Vds) vengan

SUBJUNCTIVE

PRESENT	IMPERFECT	PLUPERFECT
1. venga	vin-iera/iese	hubiera venido
2. vengas	vin-ieras/ieses	hubieras venido
3. venga	vin-iera/iese	hubiera venido
1. vengamos	vin-iéramos/iésemos	hubiéramos venido
2. vengáis	vin-ierais/ieseis	hubierais venido
3. vengan	vin-ieran/iesen	hubieran venido

PERFECT haya venido etc

INFINITIVE	PARTICIPLE
PRESENT	**PRESENT**
venir	viniendo
PAST	**PAST**
haber venido	venido

PRESENT	IMPERFECT	FUTURE
1. veo	veía	veré
2. ves	veías	verás
3. ve	veía	verá
1. vemos	veíamos	veremos
2. veis	veíais	veréis
3. ven	veían	verán

PRETERITE	PERFECT	PLUPERFECT
1. vi	he visto	había visto
2. viste	has visto	habías visto
3. vio	ha visto	había visto
1. vimos	hemos visto	habíamos visto
2. visteis	habéis visto	habíais visto
3. vieron	han visto	habían visto

PAST ANTERIOR	FUTURE PERFECT
hube visto etc	habré visto etc

CONDITIONAL		*IMPERATIVE*
PRESENT	PAST	
1. vería	habría visto	
2. verías	habrías visto	(tú) ve
3. vería	habría visto	(Vd) vea
1. veríamos	habríamos visto	(nosotros) veamos
2. veríais	habríais visto	(vosotros) ved
3. verían	habrían visto	(Vds) vean

SUBJUNCTIVE

PRESENT	IMPERFECT	PLUPERFECT
1. vea	v-iera/iese	hubiera visto
2. veas	v-ieras/ieses	hubieras visto
3. vea	v-iera/iese	hubiera visto
1. veamos	v-iéramos/iésemos	hubiéramos visto
2. veáis	v-ierais/ieseis	hubierais visto
3. vean	v-ieran/iesen	hubieran visto

PERFECT   haya visto etc

INFINITIVE	*PARTICIPLE*
PRESENT	PRESENT
ver	viendo
PAST	PAST
haber visto	visto

PRESENT	IMPERFECT	FUTURE
1. me visto	me vestía	me vestiré
2. te vistes	te vestías	te vestirás
3. se viste	se vestía	se vestirá
1. nos vestimos	nos vestíamos	nos vestiremos
2. os vestís	os vestíais	os vestiréis
3. se visten	se vestían	se vestirán

PRETERITE	PERFECT	PLUPERFECT
1. me vestí	me he vestido	me había vestido
2. te vestiste	te has vestido	te habías vestido
3. se vistió	se ha vestido	se había vestido
1. nos vestimos	nos hemos vestido	nos habíamos vestido
2. os vestisteis	os habéis vestido	os habíais vestido
3. se vistieron	se han vestido	se habían vestido

PAST ANTERIOR	FUTURE PERFECT
me hube vestido etc	me habré vestido etc

CONDITIONAL		*IMPERATIVE*
PRESENT	**PAST**	
1. me vestiría	me habría vestido	
2. te vestirías	te habrías vestido	(tú) vístete
3. se vestiría	se habría vestido	(Vd) vístase
1. nos vestiríamos	nos habríamos vestido	(nosotros) vistámonos
2. os vestiríais	os habríais vestido	(vosotros) vestíos
3. se vestirían	se habrían vestido	(Vds) vístanse

SUBJUNCTIVE		
PRESENT	**IMPERFECT**	**PLUPERFECT**
1. me vista	me vist-iera/iese	me hubiera vestido
2. te vistas	te vist-ieras/ieses	te hubieras vestido
3. se vista	se vist-iera/iese	se hubiera vestido
1. nos vistamos	nos vist-iéramos/iésemos	nos hubiéramos vestido
2. os vistáis	os vist-ierais/ieseis	os hubierais vestido
3. se vistan	se vist-ieran/iesen	se hubieran vestido

PERFECT me haya vestido etc

INFINITIVE	*PARTICIPLE*
PRESENT	**PRESENT**
vestirse	vistiéndose
PAST	**PAST**
haberse vestido	vestido

PRESENT	IMPERFECT	FUTURE
1. viajo	viajaba	viajaré
2. viajas	viajabas	viajarás
3. viaja	viajaba	viajará
1. viajamos	viajábamos	viajaremos
2. viajáis	viajabais	viajaréis
3. viajan	viajaban	viajarán

PRETERITE	PERFECT	PLUPERFECT
1. viajé	he viajado	había viajado
2. viajaste	has viajado	habías viajado
3. viajó	ha viajado	había viajado
1. viajamos	hemos viajado	habíamos viajado
2. viajasteis	habéis viajado	habíais viajado
3. viajaron	han viajado	habían viajado

PAST ANTERIOR	FUTURE PERFECT
hube viajado etc	habré viajado etc

CONDITIONAL		*IMPERATIVE*
PRESENT	**PAST**	
1. viajaría	habría viajado	
2. viajarías	habrías viajado	(tú) viaja
3. viajaría	habría viajado	(Vd) viaje
1. viajaríamos	habríamos viajado	(nosotros) viajemos
2. viajaríais	habríais viajado	(vosotros) viajad
3. viajarían	habrían viajado	(Vds) viajen

SUBJUNCTIVE		
PRESENT	**IMPERFECT**	**PLUPERFECT**
1. viaje	viaj-ara/ase	hubiera viajado
2. viajes	viaj-aras/ases	hubieras viajado
3. viaje	viaj-ara/ase	hubiera viajado
1. viajemos	viaj-áramos/ásemos	hubiéramos viajado
2. viajéis	viaj-arais/aseis	hubierais viajado
3. viajen	viaj-aran/asen	hubieran viajado

PERFECT   haya viajado etc

INFINITIVE	*PARTICIPLE*
PRESENT	**PRESENT**
viajar	viajando
PAST	**PAST**
haber viajado	viajado

VIVIR
to live

PRESENT	IMPERFECT	FUTURE
1. vivo	vivía	viviré
2. vives	vivías	vivirás
3. vive	vivía	vivirá
1. vivimos	vivíamos	viviremos
2. vivís	vivíais	viviréis
3. viven	vivían	vivirán

PRETERITE	PERFECT	PLUPERFECT
1. viví	he vivido	había vivido
2. viviste	has vivido	habías vivido
3. vivió	ha vivido	había vivido
1. vivimos	hemos vivido	habíamos vivido
2. vivisteis	habéis vivido	habíais vivido
3. vivieron	han vivido	habían vivido

PAST ANTERIOR	FUTURE PERFECT
hube vivido etc	habré vivido etc

CONDITIONAL		IMPERATIVE
PRESENT	**PAST**	
1. viviría	habría vivido	
2. vivirías	habrías vivido	(tú) vive
3. viviría	habría vivido	(Vd) viva
1. viviríamos	habríamos vivido	(nosotros) vivamos
2. viviríais	habríais vivido	(vosotros) vivid
3. vivirían	habrían vivido	(Vds) vivan

SUBJUNCTIVE		
PRESENT	**IMPERFECT**	**PLUPERFECT**
1. viva	viv-iera/iese	hubiera vivido
2. vivas	viv-ieras/ieses	hubieras vivido
3. viva	viv-iera/iese	hubiera vivido
1. vivamos	viv-iéramos/iésemos	hubiéramos vivido
2. viváis	viv-ierais/ieseis	hubierais vivido
3. vivan	viv-ieran/iesen	hubieran vivido

PERFECT   haya vivido etc

INFINITIVE	PARTICIPLE
PRESENT	**PRESENT**
vivir	viviendo
PAST	**PAST**
haber vivido	vivido

VOLAR
to fly

PRESENT	IMPERFECT	FUTURE
1. vuelo	volaba	volaré
2. vuelas	volabas	volarás
3. vuela	volaba	volará
1. volamos	volábamos	volaremos
2. voláis	volabais	volaréis
3. vuelan	volaban	volarán

PRETERITE	PERFECT	PLUPERFECT
1. volé	he volado	había volado
2. volaste	has volado	habías volado
3. voló	ha volado	había volado
1. volamos	hemos volado	habíamos volado
2. volasteis	habéis volado	habíais volado
3. volaron	han volado	habían volado

PAST ANTERIOR	FUTURE PERFECT
hube volado etc	habré volado etc

CONDITIONAL		*IMPERATIVE*
PRESENT	**PAST**	
1. volaría	habría volado	
2. volarías	habrías volado	(tú) vuela
3. volaría	habría volado	(Vd) vuele
1. volaríamos	habríamos volado	(nosotros) volemos
2. volaríais	habríais volado	(vosotros) volad
3. volarían	habrían volado	(Vds) vuelen

SUBJUNCTIVE

PRESENT	IMPERFECT	PLUPERFECT
1. vuele	vol-ara/ase	hubiera volado
2. vueles	vol-aras/ases	hubieras volado
3. vuele	vol-ara/ase	hubiera volado
1. volemos	vol-áramos/ásemos	hubiéramos volado
2. voléis	vol-arais/aseis	hubierais volado
3. vuelen	vol-aran/asen	hubieran volado

PERFECT   haya volado etc

INFINITIVE	*PARTICIPLE*
PRESENT	**PRESENT**
volar	volando
PAST	**PAST**
haber volado	volado

VOLCAR
to overturn

PRESENT	IMPERFECT	FUTURE
1. vuelco	volcaba	volcaré
2. vuelcas	volcabas	volcarás
3. vuelca	volcaba	volcará
1. volcamos	volcábamos	volcaremos
2. volcáis	volcabais	volcaréis
3. vuelcan	volcaban	volcarán

PRETERITE	PERFECT	PLUPERFECT
1. volqué	he volcado	había volcado
2. volcaste	has volcado	habías volcado
3. volcó	ha volcado	había volcado
1. volcamos	hemos volcado	habíamos volcado
2. volcasteis	habéis volcado	habíais volcado
3. volcaron	han volcado	habían volcado

PAST ANTERIOR	FUTURE PERFECT
hube volcado etc	habré volcado etc

CONDITIONAL		IMPERATIVE
PRESENT	PAST	
1. volcaría	habría volcado	
2. volcarías	habrías volcado	(tú) vuelca
3. volcaría	habría volcado	(Vd) vuelque
1. volcaríamos	habríamos volcado	(nosotros) volquemos
2. volcaríais	habríais volcado	(vosotros) volcad
3. volcarían	habrían volcado	(Vds) vuelquen

SUBJUNCTIVE

PRESENT	IMPERFECT	PLUPERFECT
1. vuelque	volc-ara/ase	hubiera volcado
2. vuelques	volc-aras/ases	hubieras volcado
3. vuelque	volc-ara/ase	hubiera volcado
1. volquemos	volc-áramos/ásemos	hubiéramos volcado
2. volquéis	volc-arais/aseis	hubierais volcado
3. vuelquen	volc-aran/asen	hubieran volcado

PERFECT	haya volcado etc

INFINITIVE	PARTICIPLE
PRESENT	PRESENT
volcar	volcando
PAST	PAST
haber volcado	volcado

PRESENT	**IMPERFECT**	**FUTURE**
1. vuelvo	volvía	volveré
2. vuelves	volvías	volverás
3. vuelve	volvía	volverá
1. volvemos	volvíamos	volveremos
2. volvéis	volvíais	volveréis
3. vuelven	volvían	volverán

PRETERITE	**PERFECT**	**PLUPERFECT**
1. volví	he vuelto	había vuelto
2. volviste	has vuelto	habías vuelto
3. volvió	ha vuelto	había vuelto
1. volvimos	hemos vuelto	habíamos vuelto
2. volvisteis	habéis vuelto	habíais vuelto
3. volvieron	han vuelto	habían vuelto

PAST ANTERIOR	**FUTURE PERFECT**
hube vuelto etc	habré vuelto etc

CONDITIONAL		*IMPERATIVE*
PRESENT	**PAST**	
1. volvería	habría vuelto	
2. volverías	habrías vuelto	(tú) vuelve
3. volvería	habría vuelto	(Vd) vuelva
1. volveríamos	habríamos vuelto	(nosotros) volvamos
2. volveríais	habríais vuelto	(vosotros) volved
3. volverían	habrían vuelto	(Vds) vuelvan

SUBJUNCTIVE

PRESENT	**IMPERFECT**	**PLUPERFECT**
1. vuelva	volv-iera/iese	hubiera vuelto
2. vuelvas	volv-ieras/ieses	hubieras vuelto
3. vuelva	volv-iera/iese	hubiera vuelto
1. volvamos	volv-iéramos/iésemos	hubiéramos vuelto
2. volváis	volv-ierais/ieseis	hubierais vuelto
3. vuelvan	volv-ieran/iesen	hubieran vuelto

PERFECT   haya vuelto etc

INFINITIVE	*PARTICIPLE*
PRESENT	**PRESENT**
volver	volviendo
PAST	**PAST**
haber vuelto	vuelto

211

YACER
to be lying (down)

PRESENT	IMPERFECT	FUTURE
1. yazgo/yago/yazco	yacía	yaceré
2. yaces	yacías	yacerás
3. yace	yacía	yacerá
1. yacemos	yacíamos	yaceremos
2. yacéis	yacíais	yaceréis
3. yacen	yacían	yacerán

PRETERITE	PERFECT	PLUPERFECT
1. yací	he yacido	había yacido
2. yaciste	has yacido	habías yacido
3. yació	ha yacido	había yacido
1. yacimos	hemos yacido	habíamos yacido
2. yacisteis	habéis yacido	habíais yacido
3. yacieron	han yacido	habían yacido

PAST ANTERIOR	FUTURE PERFECT
hube yacido etc	habré yacido etc

CONDITIONAL		*IMPERATIVE*
PRESENT	**PAST**	
1. yacería	habría yacido	
2. yacerías	habrías yacido	(tú) yace
3. yacería	habría yacido	(Vd) yazga
1. yaceríamos	habríamos yacido	(nosotros) yazgamos
2. yaceríais	habríais yacido	(vosotros) yaced
3. yacerían	habrían yacido	(Vds) yazgan

SUBJUNCTIVE

PRESENT	IMPERFECT	PLUPERFECT
1. yazga	yac-iera/iese	hubiera yacido
2. yazgas	yac-ieras/ieses	hubieras yacido
3. yazga	yac-iera/iese	hubiera yacido
1. yazgamos	yac-iéramos/iésemos	hubiéramos yacido
2. yazgáis	yac-ierais/ieseis	hubierais yacido
3. yazgan	yac-ieran/iesen	hubieran yacido

PERFECT	haya yacido etc

INFINITIVE	*PARTICIPLE*	*NOTE*
PRESENT	**PRESENT**	
yacer	yaciendo	Present subjunctive: The following forms are also found yazca/yaga etc
PAST	**PAST**	
haber yacido	yacido	

ZURCIR
to darn

PRESENT	IMPERFECT	FUTURE
1. zurzo	zurcía	zurciré
2. zurces	zurcías	zurcirás
3. zurce	zurcía	zurcirá
1. zurcimos	zurcíamos	zurciremos
2. zurcís	zurcíais	zurciréis
3. zurcen	zurcían	zurcirán

PRETERITE	PERFECT	PLUPERFECT
1. zurcí	he zurcido	había zurcido
2. zurciste	has zurcido	habías zurcido
3. zurció	ha zurcido	había zurcido
1. zurcimos	hemos zurcido	habíamos zurcido
2. zurcisteis	habéis zurcido	habíais zurcido
3. zurcieron	han zurcido	habían zurcido

PAST ANTERIOR	FUTURE PERFECT
hube zurcido etc	habré zurcido etc

CONDITIONAL		IMPERATIVE
PRESENT	**PAST**	
1. zurciría	habría zurcido	
2. zurcirías	habrías zurcido	(tú) zurce
3. zurciría	habría zurcido	(Vd) zurza
1. zurciríamos	habríamos zurcido	(nosotros) zurzamos
2. zurciríais	habríais zurcido	(vosotros) zurcid
3. zurcirían	habrían zurcido	(Vds) zurzan

SUBJUNCTIVE		
PRESENT	**IMPERFECT**	**PLUPERFECT**
1. zurza	zurc-iera/iese	hubiera zurcido
2. zurzas	zurc-ieras/ieses	hubieras zurcido
3. zurza	zurc-iera/iese	hubiera zurcido
1. zurzamos	zurc-iéramos/iésemos	hubiéramos zurcido
2. zurzáis	zurc-ierais/ieseis	hubierais zurcido
3. zurzan	zurc-ieran/iesen	hubieran zurcido

PERFECT	haya zurcido etc

INFINITIVE	PARTICIPLE
PRESENT	**PRESENT**
zurcir	zurciendo
PAST	**PAST**
haber zurcido	zurcido

Index

The verbs given in full in the tables on the preceding pages are used as models for all other Spanish verbs given in this index. The number in the index is that of the corresponding *verb table*.

The index also contains irregular verb forms. These are each referred to in the respective infinitive form of the same verb.

All verbs in this index have been referred to model verbs with corresponding features wherever possible. Most reflexive verbs have been referred to reflexive model verbs. However, if this model is not reflexive, the reflexive pronouns have to be added.

Bold type denotes a verb that is itself given as a model.

An a in parentheses (a) indicates that the verb, contrary to the model verb that it is referred to, omits the non-accented i after ñ.

A b in parentheses (b) indicates that the verb, contrary to the model verb that it is referred to, has the accented ú as in 164.

Note that in the Spanish alphabet, 'ch' comes after 'c' in alphabetical order, 'll' comes after 'l' and 'ñ' after 'n'.

471